江苏高校品牌专业建设工程资助项目
江苏省高等教育教学改革研究课题(编号:2017JSJG255)成果
江苏省社科应用研究精品工程课题(编号:18SYC-193)成果
江苏省教育科学“十三五”规划重点课题(编号:B-b/2016/01/46)成果

基于校企深度融合的应用型本科创新创业人才培养研究与实践

陈建明　杨　雪　孟凡婷　编著

中国矿业大学出版社
·徐州·

图书在版编目(CIP)数据

基于校企深度融合的应用型本科创新创业人才培养研究与实践/陈建明,杨雪,孟凡婷编著. —徐州:中国矿业大学出版社,2018.12

ISBN 978-7-5646-4341-6

Ⅰ. ①基… Ⅱ. ①陈… ②杨… ③孟… Ⅲ. ①高等学校—产学合作—创造型人才—人才培养—研究—中国 Ⅳ. ①G649.2

中国版本图书馆 CIP 数据核字(2018)第 302136 号

书　　名 基于校企深度融合的应用型本科创新创业人才培养研究与实践
编　　著 陈建明　杨　雪　孟凡婷
责任编辑 侯　明
出版发行 中国矿业大学出版社有限责任公司
(江苏省徐州市解放南路　邮编 221008)
营销热线 (0516)83884103　83885105
出版服务 (0516)83995789　83884920
网　　址 http://www.cumtp.com　**E-mail**:cumtpvip@cumtp.com
印　　刷 徐州中矿大印发科技有限公司
开　　本 787 mm×1092 mm　1/16　**印张** 17.5　**字数** 328 千字
版次印次 2018 年 12 月第 1 版　2018 年 12 月第 1 次印刷
定　　价 36.00 元

序

21 世纪是一个充满创新、创造的新时代，人才竞争激烈，人才成为推动国家经济发展和社会进步的核心力量。2020 年我国将建设成为创新型国家。创新型国家应该培养具有知识扩散能力与应用能力以及创新实践能力的人才。2015 年 3 月，李克强总理在《政府工作报告》中提出“大众创业、万众创新”“以创业带动就业”。高校应侧重培养创新创业型人才。目前，我国已经把创新创业教育列入《国家中长期教育改革和发展规划纲要(2010—2020 年)》。为了顺应高等教育改革的时代要求，一部分本科院校要转型为应用型本科院校。在全国 1 200 所普通本科院校中，有 600 多所逐步向应用型本科院校转变。新转型的应用型本科院校不仅要担负培养服务一线的中高级技术技能型人才的历史重任，还应该培养更多具备创新精神、创业能力和技术应用能力的创新创业型人才。新建地方本科院校需要转变其基于知识体系的传统的学术型人才培养范式，改革高校人才培养内容，将人才培养与产业需求紧密联系，理论联系实际，提高人才培养质量，探索一种基于能力培养的应用型人才培养模式。应用型本科创新创业人才培养的研究与实践，既是高等教育改革能否顺利进行的关键问题，又将会对实现国家创新驱动发展战略、人才强国战略，建设创新型国家产生重要的影响。

人力资源和社会保障部数据显示，2017 年全国高校毕业生达 795 万人，相比 2016 年的 765 万毕业生增长了 30 万人，再创历史新高。现在我国大学生就业形势严峻，“就业难”被毕业生、家长以及媒体广泛关注。大学生就业难，一则与高校人才培养和市场需求脱节相关，二则与大学生综合素质不理想密切相关。而创新创业教育的开展，可以通过实践动手能力环节的增多、专业教育中创业教育理念的渗透、课程设置的优化等途径，来提高学生的综合素质。创业教育是推进素质教育的重要突破口，是素质教育的具体化，是核心与关键，是高层次的素质教育。目前，应用型本科大学生创新创业人才培养尚存在着种种问题，诸如受传统思想的影响、缺乏创新创业教育文化氛围等方面的问题，致使应用型本科大学生创新创业教育难以深入实施。从应用型本科院校来看,部分院校转型为应用型本科的时间不久,尚不能全面认识创新创业教育对转型的重要作用,因而对学生的创新创业人才培养不够重视。另外,政校企的联动机制尚未建立健全,地方政府和企业也没有参与到大学生创新创业人才培养的行列中,致使应用型本科大学生创新创业人才培养缺乏相应的政策。因此,要大力推进应用型本科创新创业人才培养研究与实践,鼓励大学生创业,培养具有创业能力和企业家思维的新一代创业人才,增加就业机会与就业岗位,这对缓解大学生就业压力,对促进我国经济社会的协调发展具有特殊意义。

从国外高等教育的经验中我们可以看到,校企深度融合培养创新创业人才是世界各国,尤其是经济发达国家的教育改革与发展的一个主要趋势,是教育与产业经济相结合、培养应用型人才的有效途径。近年来,校企深度融合人才培养模式作为一种新型的人才培养模式,越来越受到我国高校、企业乃至整个社会的重视。地方应用型本科院校具有自身独特优势,它有着丰富的社会资源。应用型本科院校培养创新创业人才,可以充分发挥应用型本科院校自身优势,利用校企合作的途径进行高效率的改革并创新人才培养模式。然而,目前我国校企合作水平与其他发达国家的校企合作水平相比还存在较大的差距,国内校企合作的理论研究大都停滞在经验介绍和经验总结的层面上,缺乏理论研究,尚未形成系统性;在校企合作的实际操作上,应用型本科院校与企业之间合作的深度和广度还不够,仅仅停留在表面,形式大于内容,不够深入,“校热企冷”现象仍然存在。政府为解决校企深度融合问题,出台了《卓越工程师教育培养计划通用标准》《国务院办公厅关于深化产教融合的若干意见》等系列文件,大力提倡企业、行业与学校进行深度合作,共同关注创新创业人才培养工作。但是应用型本科院校如何贯彻落实国家的教育政策,在实践中如何实行校企深度融合,还需要进行进一步的探索。

本书以创新创业人才培养为切入点,基于校企深度合作平台,构建基于校企深度融合的应用型本科创新创业人才培养模式。本书通过文献梳理,对应用型本科院校、创业及创业能力、校企深度融合和人才培养模式等核心概念进行了界定,梳理、归纳、总结相关的研究成果和研究理论基础;通过问卷调查法、访谈法等方法系统调研了应用型本科院校创新创业人才培养、应用型本科院校校企深度融合和利用校企深度融合培养人才的现状、存在的问题及原因,并将最为突出的问题归结为政校企三方在校企深度融合观念上存在差异、在校企深度融合管理制度上存在缺陷、在校企融合深度上有所欠缺等方面。同时,创新创业人才培养关键在创业能力的培养，基于创业理论和创业能力理论等，本书综合运用实证研究方法，构建了符合应用型本科大学生创业特征和能力需求的创业能力要素结构模型。最后，本书通过比较国外校企深度融合人才培养案例的成功经验，基于创业能力要素结构模型，从树立科学的创业教育理念、完善学校创业教育体系、加强创新创业教育师资队伍建设、建立并有效利用创新创业实践基地、营造社会良好创业环境等方面提出了应用型本科院校大学生创新创业能力的培养途径；从校企深度融合人才培养的目标定位、教学体系、培养过程、校企深度融合的机制、观念与文化、评价标准、体系运行保障等层面提出了基于校企深度融合的应用型本科创新创业人才培养的对策建议，希望能够解决应用型本科院校培养的人才创新创业能力不足、与企业实际需求的人才脱节的问题，提高大学生就业率，从激发和培养企业方面承担起培养人才的责任意识出发，使得校企合作办学的内涵以及外延得到拓展，优化应用型本科院校创新创业人才培养模式，提升人才培养质量。

作　者

2018年12月

目 录

序 …… 1

第 1 章 绪论 …… 1
1.1 研究缘起与研究意义 …… 1
1.2 相关概念界定 …… 5
1.3 研究思路与研究方法 …… 11

第 2 章 研究文献综述及相关理论基础 …… 13
2.1 研究文献综述 …… 13
2.2 相关理论基础 …… 26

第 3 章 应用型本科院校创新创业人才培养现状与存在问题分析 …… 32
3.1 创新创业教育发展现状 …… 32
3.2 创新创业人才培养模式 …… 35
3.3 应用型本科院校创新创业人才培养中存在的问题 …… 42

第 4 章 应用型本科院校校企深度融合的特殊性与存在问题分析 …… 55
4.1 应用型本科院校校企深度融合的特殊性 …… 55
4.2 应用型本科院校校企深度融合存在的问题 …… 58

第 5 章 国内外校企深度融合创新创业人才培养的比较研究 …… 61
5.1 国外校企深度融合人才培养分析 …… 61
5.2 国内校企深度融合人才培养分析 …… 64

第 6 章 大学生创业能力要素与结构体系研究 …… 66
6.1 大学生创业能力要素识别 …… 66
6.2 大学生创业能力要素结构概念模型构建 …… 69

6.3 大学生创业能力量表设计与调研 …… 71
6.4 大学生创业能力要素结构实证分析 …… 76
6.5 大学生创业能力要素结构模型的启示 …… 83

第 7 章 校企深度融合创新创业人才培养案例分析 …… 85
7.1 大连理工大学校企深度融合案例分析 …… 85
7.2 山东交通学院校企深度融合案例分析 …… 87
7.3 华南农业大学校企深度融合案例分析 …… 89
7.4 徐州工程学院校企深度融合案例分析 …… 91

第 8 章 应用型本科院校大学生创新创业能力的培养途径 …… 104
8.1 树立科学的创新创业教育理念 …… 104
8.2 完善学校创业教育体系 …… 105
8.3 加强创新创业教育师资队伍建设 …… 108
8.4 建立并有效利用创新创业实践基地 …… 109
8.5 营造社会良好创业环境 …… 111

第 9 章 校企深度融合创新创业人才培养体系的构建 …… 112
9.1 校企深度融合人才培养的目标定位 …… 112
9.2 校企共建教学体系 …… 113
9.3 校企深度融合实施培养过程 …… 116
9.4 建立校企深度融合的机制 …… 119
9.5 改变校企双方传统的观念与文化 …… 119
9.6 校企深度融合人才培养的评价标准 …… 121

第 10 章 校企深度融合创新创业人才培养体系运行的保障 …… 123
10.1 完善校企深度融合的创新创业人才培养的体制机制保障 …… 123
10.2 明确校企深度融合中参与者的作用 …… 126

附录:徐州工程学院“校企深度融合创新创业人才培养实践活动纪实” …… 129

参考文献 …… 248

第1章　绪　　论

随着高等学校招生规模高峰期的到来，大学毕业生的就业压力日益增加，社会对高等学校人才培养的要求也正向多元化方向发展，这就迫切需要高等学校重视并加强对大学生创业能力的培育。本书主要探讨应用型本科院校人才培养中基于校企深度融合的创新创业人才培养模式，为应用型本科院校大学生成功创业提供理论依据和实践路径。

1.1　研究缘起与研究意义

1.1.1　研究缘起

(1) 国家鼓励高校学生自主创业，社会需要越来越多的创业人才

随着经济全球化的快速发展，世界各国面临着巨大的经济挑战，同时也拥有新的机遇。21 世纪是一个充满创新、创造的新时代，人才竞争激烈，人才成为推动国家经济发展和社会进步的核心力量。2020 年我国将建设成为创新型国家。创新型国家应该培养具有知识扩散能力与应用能力以及创新实践能力的人才。因此创新型国家最重要的是要培养创新创业人才。创新创业教育是新时代产生的一种新的教育思路，最早产生于美国，现已在全球范围内兴起。1998 年，联合国教科文组织在世界高等教育大会上提出："为了方便毕业生就业，培养创业技能与主动精神应成为高等教育主要关心的问题：毕业生将愈来愈不再仅仅是求职者，而首先应成为工作岗位的创造者"。会议指明了未来高等教育发展的方向，强调了创新创业人才培养的重要性。2015 年 3 月，李克强总理在《政府工作报告》中提出"大众创业、万众创新""以创业带动就业"。高校应侧重培养创新创业人才。目前，我国已经把创新创业教育列入《国家中长期教育改革和发展规划纲要(2010—2020 年)》。创新创业人才培

养主要包括创新意识与思维、创新精神及创业能力等方面的培养。高校应改革人才培养内容及模式，将人才培养与产业需求紧密联系，理论联系实际，提高人才培养质量。

(2) 创业教育现已成为高等教育改革的方向

创业教育于20世纪70年代末，首先在美国兴起并迅速发展，被联合国教科文组织称为教育的“第三本护照”，与学术教育、职业教育同等重要。随着知识经济社会的到来，创业教育于20世纪八九十年代成为世界高等教育改革的方向。目前全球大多数高校都开设了创业课程，而美国高校的创业教育发展得最成熟，具有完备的教学和实践体系。创业教育为美国培养了大量的优秀创业人才，为美国经济的发展提供了不竭动力。从经济全球化的角度来看，随着经济全球化步伐的推进，国家与国家之间的竞争日益加剧。而国与国之间的竞争其实是科技和经济实力的竞争，要推动科技与经济的发展就必须培养一批创新创业人才，发挥人才对科技和经济的促进作用。大学的重要使命就是培养人才，如何培养优秀的创新创业人才成为新时代高等教育改革的方向。

20世纪90年代，我国才开始有了创业教育的星星之火。我国高校正式开启规模化的创业教育是在2002年，以确定清华、人大、北航、上海交大等9所高校为创业教育试点院校为标志。创业教育的提出、探索是符合大学发展的内在逻辑的。无论何种类型的高校都需要进行创业教育，它推动着大学由知识生产向知识应用转型。2014年初，国务院和教育部的有关文件指出，地方本科院校要向应用技术类型高校转型。新建地方本科院校需要转变其基于知识体系的传统的学科性人才培养范式，探索一种基于能力培养的应用型人才培养模式。这与创业教育的本质内涵不谋而合，创业教育正是致力于大学生实践应用能力、创新创业能力的培养的一种人才培养方式。

(3) 应用型本科院校需开展创业教育，提高竞争力，获得可持续发展

创业教育的推进离不开高等院校，应用型本科院校开展创业教育是适应社会发展需求的表现。开展创业教育，是凸显应用型本科院校自身办学特色的重要手段，更是促进其内涵发展的突破口。应用型本科院校的学生需要通过创业教育提高素质，促进其顺利就业或创业。为了顺应高等教育改革的时代要求，一部分本科院校要转型为应用型本科院校。转型后的应用型本科院校占高校总数的50%左右，占据了我国高校的半壁江山。新转型的应用型本科院校不仅要担负培养服务一线的中高级技术技能型人才的历史重任，而且应该培养更多具备创新精神、创业能力和技术应用能力的创新创业人才。作为新时代我国高等教育的重要组成部分，应用型本科院校在我国高等教育序列中占据着重要位

置，其大学生创新创业人才培养模式的构建，既是高等教育改革能否顺利进行的关键问题，又将会对实现国家创新驱动发展战略、人才驱动战略，建设创新型国家产生重要的影响。

人力资源和社会保障部数据显示，2017 年全国高校毕业生人数 795 万人，相比 2016 年的 765 万毕业生增长了 30 万人，再创历史新高。现在我国大学生就业形势严峻，“就业难”被毕业生、家长以及媒体广泛关注。大学生就业难，一则与高校人才培养和市场需求脱节有关，二则与大学生综合素质不理想密切相关。而创业教育的开展，可以通过实践动手能力环节的增多、创业教育理念在专业教育中的渗透、课程设置的优化等途径，来提高学生的综合素质。首先，创业教育是推进素质教育的重要突破口，是素质教育的具体化，是高层次的素质教育。学生综合素质的提升和创业能力的增强，一方面能解决学生自己的就业问题，还能为社会做贡献，为他人提供就业岗位；另一方面也能提高应用型本科院校学生整体的就业率和创业率，提高了应用型本科院校的办学竞争力。其次，创业人才的培养是应用型本科院校自身可持续发展的必然选择。应用型本科院校作为新转型的高等院校，办学和人才培养的模式上有些方面还处于摸索的状态。当下我国高校在办学方面面临着生源下滑和市场竞争激烈的不利处境，应用型本科院校需要通过开展创业教育、培养创业人才，进行人才培养模式的优化和创新，以提高学生的培养质量和综合素质，从而增强应用型本科院校自身的办学竞争力和社会认可度。再次，应用型本科院校培养创新创业人才、开展创业教育不仅符合时代和社会的呼唤与要求，也是充分发挥应用型本科院校自身特点的有效途径。地方应用型本科院校具有自身独特优势，有着丰富的社会资源，可以高效率地进行改革和创新，如在设置新专业以贴近市场需求、探索新教学模式、发展校企合作的人才培养模式等方面的改革与创新。

从目前已有的研究情况来看，应用型本科院校创新创业教育尚存在种种问题，如受传统思想的影响，缺乏创新创业教育文化氛围，致使应用型本科院校创新创业教育难以深入实施等。从应用型本科院校来看，转型为应用型本科的时间不久，尚不能全面认识创新创业教育对转型的重要作用，因而对学生的创新创业教育不够重视。另外，政校企的联动机制不够完善，地方政府和企业也没有参与到大学生创新创业教育的行列中来，致使应用型本科院校创新创业教育缺乏具体实施政策。

1.1.2 研究意义

大力推进创业教育，开展创业教育的研究与实践，鼓励大学生创业，培养具有创业能力和企业家思维的新一代创业人才，增加就业机会与就业岗位，对缓解大学生就业压力，对促进我国经济社会的协调发展具有特殊意义。

(1) 加强大学生创业教育是高等学校培养高素质、创业型人才的重要内容

高等学校大学生创业教育的目的是使学生具有合理的专业知识结构，养成良好的创业心理品质和创业意识，挖掘学生的创业潜力，并使其具备一定的创业能力。可以说，应用型本科院校对大学生实施创业教育是从教育的超前性出发而提出的，旨在培养具有创新、创业精神的应用型人才，让大学生真正成为高素质、高技能的创业者。因此，建设有中国特色的应用型本科院校，为社会经济发展培养应用型人才，就必须通过加强创业教育，努力形成培养高素质、具有创业精神的大学毕业生的创业教育教学体系。

(2) 加强大学生创业教育是促进大学毕业生就业、缓解就业压力的重要途径

随着我国高等教育由精英式教育阶段向大众化教育阶段发展的加速，我国高校招生总体规模一直在不断扩大。与此同时，近几年来，我国每年从高等学校进入劳动力市场的毕业生总量为700万人左右，高校毕业生就业难和技术技能人才供给不足的矛盾已成为今后相当长时间内新增劳动力就业结构性矛盾的突出表现。而加强大学生创业教育，采取多种形式积极引导和鼓励大学生参与创业实践，从而培养大学生的创业意识，激发创业潜能，提升创业能力，帮助更多的大学生加入创业队伍，不仅能够解决大学生自身的就业问题，使其实现自我价值，而且能为社会创造更多的就业机会和就业岗位，以创业促就业，有效缓解不断增大的社会就业压力。

(3) 加强大学生创业教育是促进大学生自身发展、社会和谐发展的重要手段

信息时代和知识经济时代的到来，赋予大学生明显的时代特征，他们思想活跃、个性突出、敢于创新，接受新鲜事物能力强，有着强烈的自我意识，积极追求自身价值的实现，对创新、创造的要求也越来越强烈。在就业岗位的选择上，他们有着自己的职业目标和生涯追求，希望在就业岗位上能够充分展现自己的才华，体现自己的人生价值。大学生创业教育不同于单纯的知识教育和技能教育，它更注重对大学生综合素质和实践能力的提升，尤其注重对大学生创新意识和创业观念的培养。因此，加强大学生创业教育，培育大学生创业能力，为他们实现自身的职业发展提供了条件与可能。在创业实践活动中，他们通过选择

适合自己发展的领域，以自己独特的思维和优势去突破和创新，最终实现自己的人生价值，为经济社会的和谐发展做出大学生应有的贡献。

1.2 相关概念界定

1.2.1 应用型本科院校

应用型本科院校的人才培养重在实践与应用，培养能够面向区域社会经济发展的适应生产、建设、管理和服务第一线需要的具有专业知识、专业技能及实践操作能力的高技术应用型人才。国外高校很早就已经进入高等教育大众化阶段，创立于19世纪末的美国社区学院、20世纪60年代末70年代初的德国应用科技大学、20世纪70年代的法国“大学校”等，虽然并没有提出“应用型本科院校”的具体概念，但这些国外高校都选择了应用型院校的办学模式。如德国应用技术大学在人才培养目标上侧重体现了应用性和实践性，为企业培养适合生产一线的复合型的应用型人才，学生毕业后不仅具有扎实的理论基础，同时具有较强的实践能力。

在我国，对应用型本科教育的研究与实践时间不长。1998年龚震伟第一次提出“应用型本科”的概念，2014年《国务院关于加快发展现代职业教育的决定》中把本科层次院校发展应用型职业教育的学校称为“应用技术类型高等学校”。应用型本科院校的发展是高等教育发展的客观要求，也是办学层次多元化的具体体现。应用型本科院校在人才培养目标、教学方式、课程设置、专业建设、师资培养等方面都具有不同于研究型高校的地方，体现了应用型、专业性和实践性的特点。潘懋元认为，应用型本科院校和其他类型院校相比，区别在类型上，而非层次上的优劣，应用型本科院校强调教学内容与社会生产的接轨，理论知识与实践能力的融合。魏鋆等认为应用型本科院校是我国高等教育体系中的一个重要组成部分，其人才培养目标具备普通高等教育和职业教育的双重特征，主要通过校企深度融合的方式，培养能够面向生产一线的能力和素质全面协调发展的应用型创新人才。

综合学者们的观点，本书中的“应用型本科院校”主要是指面向区域社会经济发展，以社会需求为导向，以应用型为办学定位，以专业教育为基础，培养高层次应用型、技能型和创新型人才的本科院校。

1.2.2 创业和创业者

随着创业活动在全球范围内的兴起，对创业理论的研究引发了学术界的兴趣和关注，研究领域涉及社会学、心理学、管理学、经济学等多个学科，每个学科都从其特定的研究视角对创业的概念和内涵展开了研究，但至今尚未形成一个单独的理论体系，对创业的概念和内涵形成了不同的理解。

1921 年，美国经济学家奈特最早给出了创业的定义，认为创业是一种成功预测未来的能力。创业学的鼻祖熊彼特从创新的角度研究创业，认为创业是指创业者使用和执行新生产要素组合实现创新活动的过程，这些新生产要素包括引进新产品、开拓新市场、引进新生产方式、采用新原料和新的生产组织形式等。奥地利经济学家柯兹纳从创业者心理的角度提出，创业者需要有更高的主观能动性，能够敏感地感知到市场获利的机会，实现创业活动。美国商学院著名教授、创业教育大师蒂蒙斯认为创业是一种思考、推理和行为方式，创业者需要识别并抓住机会，创新组织，并具备能够通盘考虑和谐发展的领导能力。美国战略管理学家霍杰茨则认为创业是一个动态的过程，在这个动态过程中创业的必要性因素包括投入的时间和资本、承担风险的意愿、创造和创新能力、合理配置资源的技能、机会识别能力和洞察力以及组建创业团队的能力。霍杰茨的创业理论更强调了创业的动态性和创新性。哈佛商学院教授史蒂芬逊指出，创业是不拘泥于当前资源条件的限制，将不同的资源组合并加以利用，开发机会并创造价值的过程，史蒂芬逊关于创业的定义充分揭示了创业的实质内涵。

综合学者们对创业的观点，我国学者对创业的内涵进行了归纳和总结，认为创业内涵主要包括以下几个方面：第一，基于个性特征的创业定义。该类型的定义侧重强调创业者的个性特征，如创业者的心理特性、创业者的能力等，这些个性特征是创业者创业成功的关键。第二，基于组织创建的创业定义。该类型的定义侧重强调创业组织的创建过程，认为创业是组合新资源、开拓新业务、创造新价值、建立新组织、创立新企业的一系列创新性活动。第三，基于感知机会的创业定义。该类型的定义侧重于对机会的感知和利用。第四，基于资源配置的创业定义。该类型的定义侧重于创业者对各类资源的整合利用和有效配置。

综上所述，本书认为创业是创业者通过创业团队或个人发现、识别和利用机会，运用组织管理、资源整合、创新能力达到创造价值和提升企业绩效的过程。其中,创造价值和提升企业绩效是创业追求的最终结果,也是创业的根本要求;机会的识别与利用则是获得该结果的重要过程;在这个过程中创业者的个性特征和能力发挥着重要的作用,需要创业者具备识别利用机会的能力,资源合理配置的能力,创建新组织、开展新业务的能力等。因此,创业者又是创业活动的主体。

关于创业者,专家学者们也从不同的角度阐述了其概念和内涵。法国经济学家坎蒂隆(1755)最早提出了创业者的概念,认为创业者是一种风险承担者,他们承担了创业过程中由于不确定价格带来的风险。著名经济学家熊彼特(1934)认为创业者是通过创新和提前行动创造变化和不均衡的人。在欧美学术界,创业者被理解为企业家和创始人。企业家是指那些在企业经营活动中敢于承担风险、具有超前行动意识,并且负责企业主要经营活动和重大决策的领导者;创始人则主要指那些刚刚或即将创办新企业、拓展新业务的领导者。随着经济社会的飞速发展,创业者的内涵不断丰富,创业者不再仅仅指创业领导者,还包括参与创业活动的全部人员。本书所提到的创业者主要是指创业活动的核心成员即创业领导者,是能够发现、识别和有效利用机会,通过组织管理活动将潜在的市场机会或需求转化为新价值,并敢于承担一定风险的人。

1.2.3 创业能力

钱德勒和汉克斯(1993)在其研究中首先运用了"创业能力"(entrepreneurial competence)这一术语,并将其定义为"识别、预见并利用机会的能力",指在一个组织中绩效优异的员工所具备的能够胜任工作岗位要求的知识、技术、能力和特质。伯德(1995)认为创业能力是可观察的和系列行为表现出来的特征,既包含创业者的个性特征,又包含创业者的知识和能力等综合特征,是创业者成功实现其角色应该具备的全部能力。这些能力的高低又取决于创业者拥有的创业经验、培训教育情况、家庭背景等因素的影响。对于创业者来说,创业能力是影响其获取竞争优势的核心能力,也是其获取持续的、动态的创业绩效的核心能力。劳(2002)等人认为创业能力属于创业者能够胜任工作角色的较高层次的能力总和。曼和劳(2002)在其研究中从创业过程的角度提出,创业能力是创业者在能够成功履行其岗位职责、获取优异的创业绩效的过程中所具有的个人特质、知识和能力的总和。国内学者在国外学者研究的基础上也归纳总结了创业能力的概念内涵,认为创业能力是绩效卓越的创业者胜任企业创业任务所应该具备的知识、能力、技术和个人特质,具体表现为在创业过程中能够识别机会、抓住机遇、获取和整合资源的综合能力。

在创业能力的模型构建上，有八维度模型（张炜、王重鸣，2004），也有分为十一维度的模型（仲理峰、时勘，2003），而 Thomas 提出的六维度模型（机会胜任力、关系胜任力、概念胜任力、组织胜任力、战略胜任力、承诺胜任力）是目前运用较为广泛的创业胜任力模型。在创业能力的具体构成要素上，不同层次的管理者具有不同的结果要素。国内外研究者提出的创业能力模型和特征维度，一般是通用意义上的研究成果。事实上，不同环境、任务、阶段下以及不同的创业主体应具备的创业能力是不完全相同的。大学生属于特殊群体的创业主体，其创业能力的构成维度必然存在其独特性。因此，目前的研究缺乏对具体环境、任务、创业阶段以及特定创业人群的创业能力的研究。

1.2.4 校企合作

校企合作又称合作教育，最早起源于美国，是为了填补学校单一的办学模式而产生的一种教学模式。许多发达国家都有已发展得较为成熟的校企合作体系，例如：德国的“双元制”教育、美国的“工学交替式”模式、英国的“三明治”教育、加拿大的“专业学习与实际工作相结合”等。然而每个国家对校企合作这一概念的界定也不尽相同。

例如，姜大源、亓俊国就认为德国的“双元制”的校企合作从本质上来说是合作办学，是对“合作”的形式进行了深入挖掘，可以说是校企深度合作的一种体现，因此德国的校企合作就是“三种融合”：校企两者身份的融合、学校传统人才培养目标和企业用人需求的融合、学校教师和工厂车间技工的融合。以上这些融合要真正得以实现，就必须有国家政策法规的引导和多方的共同协商。美国国家合作教育委员会对合作教育的基本界定是：“合作教育是把课堂学习与相关领域中生产性的工作经验学习结合起来的一种结构性教育策略，学生工作的领域与其学业或职业目标是相关的。合作教育通过把理论与实践结合起来提供渐进的经验。合作教育是学生、教育机构和雇主间的一种伙伴关系，参与的各方有自己特定的责任。”加拿大合作教育协会将合作教育的解释归纳为三种：第一种是将校内的学习与校外的真实工作经历结合在一起，学生在校外的工作与他们所学的知识有直接的联系；第二种是将课堂学习和与学生所学知识有关的校外工作分阶段结合起来；第三种是学生参加真实的工作和学生在学校的课程学习的总和为合作教育。

在我国，徐国庆从广义角度认为校企合作就是企业与学校联合培养技术、技能型人才。还有学者指出校企合作是指教育机构与产业界在人才培养、科学研究和技术服务等领域开展的各种合作活动。职业教育的校企合作也属于广义的校企合作的范畴,但就其核心内容而言主要是院校与企业在相关人才培养、培训中进行的合作,属于国际上通称的合作教育。在此基础上,贺星岳、郭薇进一步分析认为校企合作是各院校根据专业建设需要,加强与企业的多层次、全方位合作,使专业建设、课程设置、教学内容、学生培养的方向更适合企业的需求,依托企业优势,培养学生的职业能力,使企业更愿意接收学生,并据此提高员工队伍的整体素质。

不论哪一种观点,对于校企合作的定义一定要涉及以下几点:一是在人才培养过程中不仅需要提供理论知识,更要结合实际职业需求培养学生的实践能力、职业操作技巧;二是学生的实习、实训经历需要与未来职业定位相符合;三是校企之间应该建立伙伴关系,并且这种关系需要贯穿于整个人才培养过程。

1.2.5 校企深度融合

教育部前副部长鲁昕认为地方本科院校转型培养应用型人才的关键点在于要主动地与地方政府、行业、企业建立更加密切的合作关系,倾听它们的呼声,了解它们的需求,将产教融合、校企合作落实到学校管理、教学的各个层次、各个环节,深入到每一项制度、每一个专业、每一门课程、每一个教师,使学校成为产业的大学、城市的大学、社区的大学。从这种呼吁中可以得知,应用型本科院校要想在高等教育大众化的潮流中坚持下来,就应该目光长远,不能仅仅满足于浅层次的校企合作,要坚持走校企深度合作之路。而校企深度合作如何进行,则需要产教融合、校企深度融合。

杨善江从宏观角度出发,指出产教融合就是产业系统要与教育系统相互融合成有机整体。校企深度融合就是产教融合的一个方面,即转变校企合作不够深入这一实际情况,进一步深入形成全方位互利共赢的利益共同体。这种深度融包括:联合培养应用技术型人才,招生到就业实行校企双主体管理,共建实训基地和实习基地等。吴绍芬也在《校企深度合作培养卓越工程人才的思考》一文中提出,虽然目前我国校企联系逐渐密切,但是还未达到"深度合作",只有将学校和企业视为"双主体",打破单一合作格局,不满足于订单培养、顶岗实习等传统的合作形式,整合校企资源,从将校企视为整体的视角出发挖掘更多的合作形式,才能达到校企共赢。

从杨善江、吴绍芬等人的论述中可看出,校企深度融合不再提倡合作只停滞在浅层次的"校企资源互补型"合作或者校企"松散型"合作,而是形成校企双主体、校企互利的合作关系。总体来说,校企深度融合就是促使应用型本科院校与产业部门发挥各自的优势资源，以信任和真诚为合作态度，以服务高等教育供给侧结构性改革和满足行业需求为出发点，以深度融合育人为核心，以合作共赢为动力，以校企合作为主线，以项目合作、技术转移以及产品研发为载体，以校企文化共融为支撑，政府、产业、企业、学校各要素进行优化组合和高度融合的一种经济教育活动方式。

1.2.6 人才培养模式

(1) 人才培养模式的概念

模式可定义为“某种事物的标准形式或使人可以照着做的标准样式”。可知，模式是人们对具有共同性质事物的归纳，将其转变为一种可供参考的标准或者样式，具有一定的指导性。人才培养模式是指以现代教育理论、教育思想为指导，按照特定的培养目标和人才培养规格，采用相对稳定的教学内容和课程体系、管理制度和评估方式，实施人才教育过程的总和。对于“人才培养模式”这个概念，我国很多学者都对其下过定义。1998 年教育部召开的第一次全国普通高校教学工作会议上，时任教育部副部长周远清同志曾对这一概念做出过阐述。他认为所谓的人才培养模式，实际上就是人才的培养目标和培养规格以及实现这些培养目标的方法或手段。

(2) 应用型人才培养模式的概念

我国高等教育的人才培养模式依据人才分类可以将其分为学术型人才培养模式、应用型人才培养模式以及技能型人才培养模式等。应用型人才培养模式是一种解决培养什么样的应用型人才、如何去培养应用型人才的方式。应用型人才培养模式的具体特点有：① 理论与实践相结合。即在应用型人才的培养上，不仅要关注学生对理论知识的吸收，也要加强对学生的实践能力的培养，使其能够充分将理论知识转化为实际应用。② 以市场需求为导向。在专业设置、课程体系、教学内容方面应该面向市场需求，使培养的学生符合市场需要。③ 知识与技能并重。应用型人才培养模式重视学生基础知识、专业知识的掌握，也看重学生的专业技能，要求知识与能力并重。

(3) 校企合作人才培养模式的概念

校企合作人才培养模式，是一种以市场和社会需求为导向，在互利双赢的前提下，以培养学生的综合职业能力和就业竞争能力为目的，利用学校和企业两种不同的教育环境和教育资源，采取课堂教学与学生实践有机结合，培养适合不同用人单位要求的应用型人才的培养模式。它主要包括专业课程设置、教学设计和教育方法等构成要素，是对高等职业教育人才培养模式的创新。

1.3 研究思路与研究方法

面对我国高等教育从精英式教育向大众化教育发展的新形势，应用型本科院校的学生在校学习期间往往缺乏技术的“硬支撑”，他们要依靠在校期间创业意识与潜质的培养和开发，以及工作中经验的“软积累”效应，通过“校内学”“走出练”来进行“干中创”。因此，应用型本科院校创新创业人才培养模式的研究思路是：拓宽基础知识，强化实践教学，结合开放式的创业教育教学方式，增强创业意识与潜质的培养和开发，提升创业能力，如图 1-1 所示。

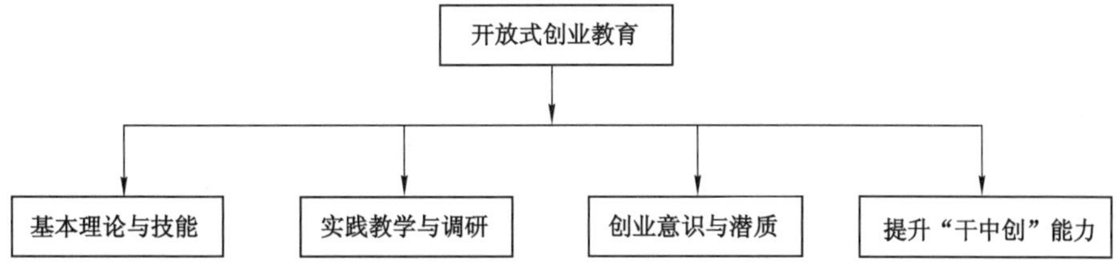

图 1-1 应用型本科院校创新创业教育人才培养模式的研究思路

具体研究方法如下。

(1) 文献研究法

本书的理论研究主要是基于文献研究，通过查阅大量与应用型本科院校人才培养、创业、创业能力等有关的国内外有价值的文献资料，对文献进行筛选分类，相互比较，归纳创新，开阔视野，启发思路，为本书的深层次的分析奠定扎实的理论基础。文献研究主要涉及两个方面：一是理论基础研究，归纳分析创业、创业能力等理论，在相关的理论基础上，提出本书的研究假设，勾勒出本书的研究框架；二是确定影响应用型本科大学生创业的关键因素，围绕“应用型本科大学生创业的影响因素有哪些?”“影响应用型本科大学生创业的关键特征有哪些?”等问题，对相关文献进行梳理和归纳，在文献回顾的基础上析出应用型本科院校创新创业人才培养的关键概念。

(2) 专家访谈法

在对大学生创新创业教育的文献整理及对相关专家的深度访谈的基础上，识别应用型本科院校学生创业中存在的主要问题，通过成果借鉴及专家访谈完成存在问题的主要归因分析。

(3) 问卷调查法

通过问卷调查及整理，运用统计分析软件对回收数据进行处理，主要进行描述性统计分析、信效度分析等，利用数据分析结果归纳出大学生创业能力的关键因素，并据此构建大学生创业能力要素结构模型。

(4) 案例分析法

在理论研究和问卷调查、访谈的基础上，把理论研究与实践应用相结合，选择创业教育相对成熟的应用型本科院校作为案例，分析其创业人才培养的成功经验和先进做法，对照检查目前应用型本科大学生创新创业人才培养中的薄弱环节，提出有针对性的人才培养途径和对策。

第2章　研究文献综述及相关理论基础

本章主要对与本书研究内容相关的国内外文献进行梳理，归纳和总结相关的研究成果，论述与本书研究内容相关的理论基础，通过相关文献和理论的梳理与回顾，进一步明确研究思路和研究问题，建立研究架构，为后期的研究奠定理论基础。

2.1　研究文献综述

2.1.1　关于创新创业教育研究的国内外文献综述

（1）国外创新创业教育研究现状

联合国教科文组织在1988年发表的《21世纪高等教育世界宣言：愿景与行动》报告中正式提出了创业教育的概念。报告指出，21世纪的青年除了接受学术教育和职业教育外，还应当接受创业教育。创业教育也称为教育的"第三本护照"。

美国是创新创业教育起源最早的国家。创新创业教育在美国被称为经济发展的直接驱动力，其理论研究以及实践研究水平位于世界前列，目前已拥有完善的创新创业教育体系。1945年，哈佛大学提出知识应该与能力协调发展，要特别注意开发与训练学生的创新能力。1973年，蒂蒙斯教授在美国开设了第一个创业学的本科专业，其课程保留至今，他在自己主编的《创业学》中提出了"创业遗传代码"的重要概念。百森商学院是美国创新创业教育的典型代表，1967年就在全球第一个推出创业管理的研究生课程，其创业管理本科教育屡次在《美国新闻和世界报道》的排名中位列第一。百森商学院不仅重视学生创新创业知识的传授，还重视学生创新创业能力的培养；其课程内容完善，被誉为全球创新创业教育课程体系的模板。美国教育界已经明确提出把培养具有创新精神的人才作为人才培养目标，百森商学院的创新创业教育也早已波及世界其他国家的政府和大学。英国、德国、法国、日本、韩国、澳大利亚、新加坡等国都提出要把美国的经验吸收到本国来，鼓励大学毕业生创业。

英国重点实施了“企业创办计划”“小工场计划”等创新创业教育形式，强调加强职业培训、提高就业能力、鼓励大学生通过劳动养活自己，一直坚持实施“从福利到工作”的就业计划。1972 年，英国政府发起“高等教育创业计划”，重点培养大学生的创业能力，这是英国创业教育的正式开端。1982 年，英国提出“大学生创业计划”，主要是为了解决大学生就业问题，鼓励大学生进行自主创业以提高就业率。该计划在创业项目资金的资助下，开展创业教育讲座，指导学生创新创业。德国提出“使高校成为创业者熔炉”的口号，对非经济管理类专业的创业教育模式进行积极研究。日本高校的创新创业教育也发展起来，主要是对本科生、高中生的创业教育，以及高校、产业、政府合作下的创业教育。法国创业教育实施“25 岁计划”，鼓励全民创业，特别重视职业教育和职业培训，通过全国职业培训协会等专门机构，重点培养大学生的创业能力和素养。

综上所述，创新创业教育已经成为国际潮流，世界各国早就开始重视培养创新创业人才。国外创新创业教育主要对学生的创新创业意识、思维、知识、能力以及创新创业精神等进行培养。

(2) 国内创新创业教育研究现状

我国高校的创业教育始于 1997 年的“清华大学创业计划大赛”。2002 年 4 月，教育部召开“创业教育试点工作座谈会”，并确定人大、清华等 9 所大学为创业教育试点院校。周彬彬等人于 1986 年发表的《农村面临的挑战与选择》一文是国内最早的关于创新创业的文献。此文章研究的是农村经济改革中涉及的创新创业问题。近年来，越来越多的高校和科研机构把创新创业教育列入教学计划，关于创新创业教育的理论和实践研究取得了显著成果，渐渐步入成熟阶段。关于创新创业教育，国内的学者对其的理解也各不相同。《中国大学创新创业教育发展报告》指出社会建设需要创新创业型人才，创新创业教育是经济与社会教育活动双重作用的结果，是经济社会发展的必然要求。该报告从理论层面界定了创新创业，对创新创业的理解建立在熊彼特的经济学认识上，认为创新就是建立一种新的生产函数关系，在这种新的生产函数上加入新的组织形式，从而实现创新创业。

近年来，关于创新创业的研究成果日渐丰富，通过对文献的梳理发现目前对创新创业的研究主要包括创新创业教育研究现状、存在的问题、保障体系以及创业孵化基地建设等内容。为了更准确地梳理我国创新创业的研究现状，在中国期刊全文数据库以“创新创业教育”为检索词进行文献检索，检索到从 2003 年到 2017 年 12 月份相关论文 25 525 篇。

在实践上，我国高校的创业教育和大学生的创业活动仍处于较低水平和初级阶段。在社会氛围上，缺乏有利于引导学生创业的社会舆论，更谈不上鼓励更多人走入创业行列的社会价值观念的形成。可见，中国创业教育的实践探索、理论研究以及政策推动远远没有能够满足现实发展的需要。就我国而言，深化师生对创业教育重要性的认识，探索提高认识的基本措施，营造良好的创业教育氛围，是深入开展创业教育的重中之重。同时要研究对高校教师的创业教育，实施一系列鼓励师生创业的政策，营造一种宽容失败、推崇创业、鼓励冒险的宽松、自由的环境，通过教师的成功创业，激发学生的创业欲望，使师生共促共进，积极投入创业的洪流中。

(3) 创新创业教育的现状及问题

夏小华在《国外高校创新创业教育的经验与启示——以美国、德国为例》中分别从观念(创新与创业有无联系)、行动(内涵与外延孰重孰轻)、角色(高校应有所为而有所不为)、目标(适应性人才和引领性人才哪个重要)4 个方面阐述了我国创新创业教育存在的问题。王俊在《国内外高校创新创业教育的比较与借鉴》中指出我国高校创新创业教育起步较晚，目前还处于探索阶段，主要还存在以下问题：第一，创新创业教育理念滞后，还仅仅停留在应对大学生的就业困难问题上；第二，创新创业教育边缘化，没有形成完整的课程体系，尚未与专业学科融合，通常依附于其他学科开设课程；第三，创新创业教育师资力量匮乏；第四，创新创业教育实践教学环节薄弱，当前实践平台投入不足，实践不够。王爽英在《“创新驱动发展”战略下高校创新创业教育人才培养优化策略》中指出目前创新创业教育存在很多问题：高校对创新创业教育认识不足，创新创业人才培养体系不完善；创新创业教育与专业教育的融合度不够高；教学方法与教学设施、师资配置等方面，难以满足创新创业教育发展的需求。程冰、赵霞(2015)认为在传统的以教师、教材、课堂为中心的标准化的人才培养模式下，学生的创新意识很难激发出来，其专业培养目标定位不清晰，缺乏创新创业的相关课程设置，教学实践环节不足，实习就业受限制，这些是大学生创新创业能力培养存在的主要问题。

2.1.2　关于应用型人才培养模式研究的国内外文献综述

2015 年 10 月，教育部、国家发展改革委以及财政部发布了《关于引导部分地方普通本科高校向应用型转变的指导意见》的文件，给地方普通本科高校提出了转型建议，建议其向应用型高校转变，培养应用型人才，并提出了相应的指导思想、基本的思路以及转型的任务。人才培养是高等教育的重要目标，在应用型本科院校转型的大背景下，应用型人才培养模式是地方院校在转型发展过程中需要高度关注的内容，我们很有必要对其进行研究探讨。通过查阅中国知网(CNKI)数据库，输入主题名“应用型人才培养模式”“地方本科院校应用型人才培养模式”“地方高校应用型人才培养模式”，设置时间为近 5 年即 2013—2018 年，进行检索发现，主题名“应用型人才培养模式”的硕博论文共有 48 篇，核心期刊文章有 172 篇；主题名为“地方本科院校应用型人才培养模式”的硕士论文仅 1 篇，无博士论文，无核心期刊文章；主题名为“地方高校应用型人才培养模式”的硕士论文 2 篇，无博士论文，核心期刊文章为 6 篇。从上述可知，学者们对地方院校的应用型人才培养模式的研究较少，属于摸索阶段，缺乏一定的理论基础，这是我们值得探求的领域。我们通过阅读大量相关文献，对目前的研究状况进行了梳理。

(1) 国外应用型人才培养模式研究现状

在国外，很早就有大学培养应用型人才。10—11 世纪，由于手工业和商业繁荣发展，各行业逐渐建立了行会，慢慢演变成培养多种行业人才的学校，那个时候就已经有了法律、神学、医学等方面的行业学校。后来，这些行业学校成为中世纪大学。中世纪大学注重职业训练，培养行业需求的应用型人才，具有很强的应用型特点。随着科学技术的发展，大学日益呈现出应用型特征而发展成为应用型大学，如英国多科技术学院、德国应用科技大学、爱尔兰理工学院、美国社区学院等。西方发达国家的经济如此强大的原因之一就是西方的大学不断为社会培养应用型人才。也就是说，国家的强大在很大程度上得益于高等教育，而应用型人才更是为国家的经济发展发挥了不可替代的作用。

① 关于美国社区学院应用型人才培养模式的研究。美国的高等教育拥有 300 多年的历史，其高等教育已处于世界领先地位，拥有众多的一流大学，并且其高等教育体系呈现出多元化、完整化和规模化的特征。美国不仅拥有一流大学，也有综合性普通大学，还有面向普通大众的社区学院。美国在高等教育上的分类分层意识特别强，认为大学不仅要培养研究型人才，更要培养各行各业广泛需求的应用型人才。美国的社区学院就是这样一种培养应用型人才的高校。

在 19 世纪 60 年代至 20 世纪初期，美国的经济高速发展，高等教育经历由精英教育走向大众化教育的过渡阶段，这个时候出现的初级学院主要提供大学前两年的教育。1946 年后，美国的高等教育彻底进入了大众化时代。这时，初级学院规模扩大，数量已占到高校总数的 1/4，学生人数占总学生数的 15%，政府也将初级学院更名为社区学院。

美国社区学院在很多方面都体现出包容与灵活的特点。受教育对象极为广泛，基本是高中毕业后，年龄在 15—70 岁，只要符合入学条件，都可以进入社区学院学习，加上社区学院学费低廉，吸引了大批的低收入者来校学习。美国社区学院在专业设置上结合了政府的教育目标、大学的需求以及当地经济发展的要求，美国的很多大型企业与社区学院有合作关系，因此，社区学院也会依据企业的实际需要来灵活地调整专业设置。此外，美国社区学院特别重视实践学习，课程的设置很多时候是根据生产一线的要求来制定的。教师根据课程需要会将课堂设在实践场所或者模拟场所，授课方式更加灵活，讲课内容更加生动，学生能够自己动手进行操作，学习更富有乐趣。社区学院在师资队伍建设上有一套自己的理论，坚持专职教师与兼职教师并存，并且要求兼职教师一定要有深厚的理论知识和丰富的实践经验，从而保证社区学院培养的人才在应用能力上的优势。

② 关于德国应用科技大学应用型人才培养模式的研究。德国是欧洲近代大学的起源地之一，因此德国的高等教育拥有较长的历史。与众多欧洲高校一样，德国高等教育素有崇尚“学术自由”、重视人文素养的传统，倡导的是一种精英式人才培养的理念。直到 20 世纪 60—80 年代，由于工业化的发展，原本的精英教育模式已不适应当时的形势，迫使德国的高等教育走向大众化。这一次的高等教育转型促进了德国经济社会的发展。在这个时期，德国应用科技大学应运而生。应用科技大学是为了迎合市场需求而专门培养应用型人才的学校。这是一种与德国精英人才培养模式截然不同的模式下的产物，这是一项伟大的创新。现在，应用科技大学已成为德国高等教育进行应用型人才培养的主力军。据数据统计，2007 年时，德国共有 383 所不同类型的高校，其中应用科技大学有 176 所，约占高校总数的 46%；2010 年时，应用科技大学的数量已增长至 208 所。自拥有应用科技大学开始，应用科技大学的魅力已显现无疑，它专门培养应用型人才，盛产工程师和高技能人才，并且在技术革新上屡创佳绩，充分展现了强大的生命力。它培养的应用型人才在德国的社会发展中发挥着巨大作用，引领了德国的经济发展。

③ 关于英国多科技术学院应用型人才培养模式的研究。在 19 世纪之前，英国高等教育注重理论知识的传授，致力于学术能力的培养。“英格兰高等教

育的真正复苏是从新型的教学和研究机构的建立开始的，并且与大学毫无关联。这说明了这样一条真理：假如社会不能从原来的机构中获得它需要的东西，必然导致新机构的产生。”19 世纪开始，英国出现了由产业资本自主资助成立的城市学院，应用型人才培养模式理念开始出现，平衡了以往培养精英人才的单一格局。尤其是第二次世界大战之后，英国政府已经体会到只有大量的人才才能建设强大的国家，因此出台相关政策，对人才培养模式进行了改革。比如 1963 年颁布的《罗宾斯报告》，报告中明确提出高等教育需要改变原来的精英式教育，要向人们提供技术类教育，并且要让符合资质、有意愿接受高等教育的人进入高等学校学习。这就是著名的“罗宾斯原则”。2011 年英国商业、创新与技能部(BIS)发布题为《以学生为中心的教育体系》的高等教育白皮书，也是英国政府为了加强培养的人才与社会、就业融合的举措。英国的大学由此也就形成了应用型人才培养模式。英国的应用型人才培养方式主要是产学合作，即人才培养与工作实践相结合，并且将行业所需要的能力要求编入课程体系，促进以能力为导向的教学内容，并且为学生开展专门的职业能力培养项目来进行应用型人才培养。英国多科技术学院就是为了培养应用型人才而产生的。多科技术学院具有明显的地方性和应用型特点。地方性是指多科技术学院在进行人才培养时，依靠地方政府的财政支持，与地方政府企业进行互动交流，共同培养出市场所需求的应用型人才，以此来服务地方，为地方的经济、文化、科学技术发展提供有力的人才保障。应用型是指多科技术学院能够保持与企业和市场的紧密联系，培养符合市场需求的高素质人才。

从前面分析的这几个国家来看，传统上崇尚的是建立研究型大学，培养精英人才，然而随着社会经济的发展和各行各业的繁荣，精英式教育已不适应现实发展，而应用型人才培养模式恰好满足了这一发展趋势。当前我国的应用型本科院校处于转型时期，与综合性研究型大学相比，缺乏研究型大学的办学条件、师资力量等，无法像研究型大学一样培养研究型人才。在这样的情况下，培养应用型人才反而更加适合应用型本科院校的情形，也更适用于当前我国的经济社会发展，使应用型本科院校能够更好地履行自己的使命，服务于地方。

(2) 国内应用型人才培养模式研究现状

应用型本科院校的迅速崛起和对应用型人才培养模式的探索都是为了更好地适应社会的发展，更好地为社会服务。随着经济转型、产业调整，我国的经济发展进入新常态，原有的本科院校的发展模式已不适应现实发展了，需要向应用型高校转型。进行应用型人才培养是国家人才培养计划战略调整的重大举措，也是高等教育在经济新常态下做出的必然选择。关于应用型人才培养模式的研究较多，笔者通过以下几个角度进行梳理分析。

① 关于应用型本科院校应用型人才培养内涵的研究。地方本科院校向应用型转型，培养应用型人才，这是人们达成的共识。但对于应用型人才培养模式的内涵却难有统一的观点。传统的学术型人才培养观念影响了应用型人才的培养。很多人觉得应用型人才培养是以降低学术性为前提的，偏向于专科技能人才培养。那到底什么是应用型人才培养呢？冯东认为应用型人才培养的内涵要明确培养目标及规格，并认为“基础适度、口径适中、重视应用、强化素质”是应用型人才培养的基本规格。陈晔等认为应用型人才培养要以产业需求为导向，理论与实践充分融合。应用型人才是指能将所掌握的理论与技能结合直接创造经济效益的人才。王青林认为应用型人才培养模式要充分体现应用型人才培养的特征，认为其是在应用型理念倡导下的一个系统工程，是包含应用型教育的理论基础、教育理念、指导思想、人才培养目标的一个教育过程。从上述观点可以看出，应用型人才培养的内涵要明确其培养目标是与市场需求相关联的，实现理论与实践相融合、高校与企业相合作。

② 关于应用型本科院校应用型人才培养的发展概述。应用型人才是大学人才培养的一种类型。应用型人才的历史渊源可以追溯到中世纪大学。中国出现应用型人才可以追溯到洋务运动时期，那时候，国家急需“翻译兼译述的人才，海陆军的将才，及制船造械的技术人才”。为了实现国家对这些人才的需求，于是就有了两种中国近代的高等学校，一种是专门学习语言的语言学堂，另一种是学习军备的水陆军学堂。学习军备的水陆军学堂又分作两种：一种是训练海军人才的水师学堂，一种是训练陆军人才的武备学堂。从这些学堂的专业设置、课程体系来看，它们算是中国第一代高等学校。其人才培养方式也反映了当时的中国非常需要通过培养掌握先进科学技术的专业人才来改变当时中国的社会状况。我们所讲的应用型人才往往是由于高等教育扩张、高等教育进入大众化而形成的，这也是伴随社会经济发展而出现的。在中国经济发展的初期，需要各种类型的人才，尤其是研究型和学术型人才；到了经济高速发展时期，开始大量需要各种能够将知识转化为应用操作的应用型人才。尤其是近些年，出现了大批的新建应用型本科院校，大学生数量剧增，高等教育由精英教育向大众化教育转型，应用型人才培养模式更符合当代经济发展的实际情况。

③ 关于应用型本科院校应用型人才培养模式的研究。提倡应用型人才培养的同时，我们应该思考如何去培养应用型人才，如何来保证人才培养的质量。目前关于应用型人才培养模式的探讨有以下方面：

——在校企合作培养方式方面。余群英指出校企合作表述的是两个主体之间的关系，是在学校和企业两种不同的学习环境下，理论学习与实践工作相结合的一种应用型人才培养模式。校企合作历史渊源已久，最早可追溯至洋务运动时期。校企合作模式可以锻炼学生的动手实践能力，并且能够及时促进科技成果的转化，对经济发展和人才质量的提高都有非常重要的意义，因此很受大家的欢迎。在校企合作的功能方面，杜世禄认为校企合作带动社会经济发展，拓展了高等教育的职能。陶红林认为校企合作为学生提供的实践活动可以促进学生职业素养的提高，可以培养与发展学生真正的责任意识和义务感，为学生提供了真正的自我教育的机会。校企合作模式其实是一种双赢。学校根据企业的需求，对人才进行具有针对性的培养，学校与企业相互合作，资源共享，学校利用企业的先进设备和技术，企业利用学校的生源和师资，不仅节约了企业与学校的育人成本，而且培养的人才更加符合市场的需求。

——产学合作教育模式方面。王捷等认为产学合作教育是一种将理论与实践、课堂学习与企业实践有机结合的方式，是对传统人才培养方式的补充。顾征等认为产学合作不能仅作为高职院校培养人才的专利，工程类高校也可以运用产学合作方式进行科学研究和社会服务，同时也能进行人才培养。胡海青认为应该通过借鉴国外产学研合作经验来解决我国目前在产学合作培养人才方面面临的基本问题，探讨如何利用政策法规来提高企业、学生、学校等主体共同参与产学合作培养人才的积极性并且规范其参与行为。

——学徒制教育模式方面。学徒制的历史可以从青铜器时代算起，不过那时的学徒制就是指简单地把技艺传授给血亲家庭以外的成员；中世纪时期最为鼎盛，还形成了行会组织对学徒制进行监管；16—18 世纪，行会开始腐败，国家为了缓解矛盾，对学徒制进行了立法管理；后来由于工业革命的影响，职业教育开始兴起，学徒制濒临消失。而正当此时，德国通过法律建立了双元制，双元制被认为是校企合作上的现代学徒制。关晶等认为现代学徒制的特征为：在功能目的上从重生产到重教育；教育性质从狭隘到广泛；制度规范从行会上升到国家；利益相关者机制从简单到复杂；教学组织从非结构化到结构化。赵志群等认为探索和建立现代学徒制，对完善我国职业教育和应用型人才培养具有重大意义。学徒制教育模式对于应用型本科院校的人才培养具有一定的启示与借鉴意义。

④ 关于应用型本科院校应用型人才培养对策的研究。应用型本科院校进行应用型人才培养已初步显现成效，但仍存在一些问题，如培养目标及定位模糊、师资队伍无法应对应用型人才培养的局面等。学者们对其进行探讨，并给出了一些建议。王青林认为应根据经济多元化、多样化发展对人才培养提出的

多类化、多样化需求来创新应用型本科院校应用型人才培养模式，探讨了以应用为主导来提高教育教学质量。薛玉香、王占仁认为在当前人才培养目标定位模糊、实践教学模式存在缺陷、人才培养评估系统不完善的情况下，需要建立科学的人才培养方案，改革实践教学模式，完善人才评估系统，以及搭建地方院校人才培养平台。关仲和认为要实现现有应用型人才模式转变，在应用型人才培养中主要有制度与文化、教师队伍和学习环境3个方面的改变。王荣德认为培养应用型人才应坚持“教师为主导、学生为主体、成才为主线”的教育理念，切实提高人才培养质量。学者们提出的建议，主要集中于教育理念要转变、培养方式要创新、学习环境要多样、参与主体要尽心。

(3) 应用型创业人才培养模式研究现状

2010年赵薇、马彩霞发表在《东岳论丛》的论文《企业家创业精神视角下高校创业人才培养模式研究》，以企业家创业精神为视角，通过探讨中外高校创业人才培养现状，找出差异借以发现中国创业人才培养方面存在的问题，提出创业人才必须建立四维（政府、高校、社会、大学生）立体统一体的发展模式，实施“产、学、研”综合一体化模式。2012年童红斌发表在《成人教育》上的论文《基于职业人视角的高职创新创业人才培养模式研究》，通过对高职教育人才培养工程中职业人及创新创业教育理念的分析，提出从企业、学校、专业教师、毕业生、教育主管部门等多角度、多方位出发，构建多点联动、职责明确、多方合力的高职人才培养模式。2012年中国海洋大学陈勇的硕士学位论文《我国高等职业教育创业人才培养模式研究》，从高等院校人才培养的基本流程入手，针对各个环节如现行的招生、教学、实践、管理、评价、服务、保障、就业等存在的问题，提出了从创业人才培养战略、组织结构、课程体系、课程评价体系、招生与就业5个方面来构建我国高等职业教育创业人才培养新模式的建议。2013年刘英娟发表在《教育与职业》上的论文《“三螺旋”理论视角下地方高校创业人才培养模式研究》，采用有关企业、大学和政府在区域经济发展中的互动关系的“三螺旋”理论，来分析我国地方高校创业教育存在的困境，总结了地方高校创业教育的特点，提出了从创业人才培养的目标体系、制度体系、保障体系、评价体系、文化体系等5个方面来构建地方高校创业人才培养模式的策略。2015年陈怡发表在《教育与职业》上的论文《高职院校创新创业人才培养模式研究》，指出我国高职院校培养的人才除具备用人单位需要的基本能力外，还应具备创新创业能力，提出构建高职院校创新创业型人才培养模式的对策如下：培养学生的创新意识；改革传统教学模式，大力推广仿真模拟教学模式；弘扬创新创业教育，深入发展校企联合的人才培养模式。

学术界关于创业人才培养模式的研究在2008年后逐渐多起来。而学者们研究的领域多在重点大学、普通本科院校或者高等职业院校，专门关于应用型本科院校创业人才培养模式的研究很少。而且以上论文大都没有系统地按照人才培养模式的逻辑和原理来探讨，逻辑有些混乱。有的论文把针对创业教育的内容和针对创业人才培养模式的内容混为一谈，虽然两者存在很大的相关度，但并不是一回事。虽然这些研究对于应用型本科院校创业人才培养模式的建立和优化有一定的参考价值，但是价值有限，很多的问题没有研究清楚。

(4) 对已有研究的评述

应用型本科院校占我国本科高校总数的80%之多，培养的人才数量也是本科院校中最多的。大学肩负着为社会输送人才的使命，人才质量的高低关系着我国高等教育的办学水平，也影响着我国综合实力的提升。通过对近5年关于应用型本科院校相关文献的梳理，我们发现：我国高度重视应用型本科院校人才培养，在应用型本科院校转型背景下，学者们纷纷建言献策，也有好多院校将自身转型发展经验、探索出的人才培养模式结集出版，供众人参考评价。关于应用型院校的应用型人才培养的研究成果众多，但仍有不足之处。

第一，在研究方法上，大多数的成果以文献研究法为主，缺少调查实证研究。我国应用型本科院校众多，但是都没有对研究结果进行系统的数据分析，无法看到在进行某一项应用型人才培养研究中量上的变化，大部分是纯理论的描述，显得比较苍白。

第二，在研究内容上，关于应用型本科院校的应用型人才培养更多的是提到了政府、高校的作用，缺少企业、社会公众对于应用型人才培养的参与和评价监督。社会公众的舆论监督作用是很重要的，但是相关学者在具体对策方面大多只做了宏观的描述，缺少系统的对策探讨。

第三，在研究对象方面，很少有站在学生和企业的角度进行的研究。在应用型人才培养模式上，受教育的主体是学生，应该要考虑学生对应用型人才培养模式的看法；企业是应用型人才培养中必不可少的另一主体，也要通过企业的角度考虑需要什么样的应用型人才。这需要高校、企业、学生相互协调，共同构建政府引导、校企主体、学生融入的应用型人才培养模式。

2.1.3 关于校企合作研究的国内外文献综述

(1) 国外校企合作研究现状

目前，国外对校企合作的研究成果颇多，校企深度融合是近几年我国学者提出的，校企深度合作是在校企合作的基础上发展而来的。国外高校开展校企合作培养技能型人才的实践已经有 150 多年的历史。创新理论是国外校企合作的理论源泉，"创新"最早是由经济学家熊彼特 1912 年在其《经济发展理论》中提出的概念。罗斯伯格等学者提出创新过程具有动态化、集合化和综合化的特点，大学、企业以及研究机构成为创新活动的主体，奠定了校企合作创新的理论基础。

1862 年美国通过的《莫里尔赠地法》是校企合作思想的启蒙。法案中规定受赠土地的大学，有责任和义务培养农业和机械相关的从业人员学习其专业知识，同时还为创办学院提供支持。《莫里尔赠地法》打破了传统的办学模式，成为美国高等教育史上一次重大的人才培养模式的创新举动。此举为美国培养了大量的专业技术人才，促进了美国的经济发展。

德国的双元制模式是最早的高校、企业合作培养人才的模式。此模式是以职业能力为本位的人才培养模式，有学校和企业两个培养地点，有实践老师和理论老师，教学内容分别有专业技能培训和专业理论知识，考试形式分为实践考试和专业理论知识考试，强调就业直接面向岗位需求。双元制模式在培养目标上坚持能力为本位的标准。此标准依据企业的实际需求而定，以满足社会以及行业的经济发展需求。

1987 年，英国教育家弗里曼提出国家在校企合作中是必不可少的一部分，在社会经济发展中，仅仅依靠行业、市场不能保证校企合作的顺利开展，还得依靠国家和政府的政策扶持，并且形成了大学—产业—政府的"三螺旋体"。同年，他在提出"国家创新教育"时指出，高校—企业—政府组成的"三螺旋体"在培养学生创新能力中起到了重要作用。

这些发达国家的成功经验都为校企深度合作奠定了理论基础。

(2) 国内校企合作研究现状

校企深度融合是校企合作的一种深度融合模式，是在校企合作的基础上发展而来的。校企合作最初指的是高校与企业之间一对一、一对多的合作教育关系，而目前已经不局限于一对一的合作，多校、多企业的产学研深度合作已经成为普遍现象。我国的校企合作人才培养模式开展于 20 世纪 80 年代初期，一些学者在德国斯图加特大学赫尔曼·哈肯教授的"深度融合理论"的研究基础上提出了几种可供高校与企业采用的校企深度融合模式。目前学者们对于校企合作的人才培养模式的研究有了阶段性的成果。在我国校企合作的相关文献中，校企合作又被称为"产学研合作"。目前这一说法已被大多数学者认同。"产学研合作"是高校与科研部门以及产业合作，充分利用学校与企业、科研部门等多种不同的教育环境和教育资源培养人才。“校企深度融合”是高校和企业在政府其他部门的监管之下建立的一种长期的战略合作关系，区别于原有的校企合作。校企深度融合强调的是政、产、学、研之间的合作关系，更具有保障性和约束性，调动企业、高校、政府参与的积极性，促进多方共同发展。

吴元欣、王存文(2012)表示校企深度融合作为高校与企业产学合作的重要方式，是高校与企业为实现教学、研究、机构组织的目的，建立的契约式的战略合作伙伴关系。校企深度融合通常被称为“高校战略深度融合”“教学联合体”“大学深度融合”。余昶、王志军(2013)认为“创业型大学模式”成为高校创新创业教育的新趋势，构建了以知识为主体的大学—企业—政府三螺旋关系，也称为校企深度融合。在此模式下，大学、企业、政府之间相互联系，以行业需求为中心，建立创新创业基地，跨学科教学，共同培养学生的创新创业能力，从而促进产业创新，提高行业发展。沈国斐(2016)表示校企深度融合的建立将加强高校和企业在人才培养、专业建设、学生实习就业和产品开发、服务、咨询等方面的全面深度合作，学院融入企业的需求当中进行生产和研发，为企业的发展提供技术支持，企业人员融入课堂和教学当中，为学生及老师提供一线的工作经验和所需的专业知识及技术要求，实现校企双方资源的深度融合，从而创造出新的能力。徐燕(2015)提出在校企深度融合模式中，高校和企业处于平等的地位，各自履行自己的教学任务，共同承担起培养人的责任，学校负责前期基础知识、基本技能的培养，企业负责后期实践能力的培养。

(3) 校企合作模式

吴树山、孔繁河等(2007)将校企合作的模式分为市场需求牵引型、政府宏观指导合作型两种类型。陈学春、叶雅丽(2006)提出校企合作没有固定的模式，可以根据专业的特点和企业的实际情况进行选择，并提出了浅层次的实习合作，中层次的教学、实习与就业的合作，高层次的订单式合作 3 种递进式、不同层次的合作方式。姜丽丽等(2011)认为校企合作的主要模式有“产教一体”模式、“订单培养”模式、“顶岗实习与就业相结合”模式、共建学校实训基地和师资基地以及校企合资办学等形式。

(4) 校企合作途径

广泛开展校企合作这一观点已得到国内学者的普遍认同，但纵观我国应用型本科院校校企合作整体情况，各高校合作水平参差不一，大部分应用型本科院校校企合作的水平较低、结构松散、合作程度较浅，与发达国家的校企合作整体情况相比还存在较大的差距，暂处于不成熟的阶段。通过翻阅以往文献可知，我国应用型本科院校校企合作亟须解决的问题主要有 3 方面：一是目前我国没有出台硬性政策法规或管理办法支撑校企合作，无法保障合作顺利开展；二是合作运行机制与我国社会主义市场经济体制对人才的需求不相适应；三是企业合作积极性低，与学校合作多是应付了事，合作过程中常年扮演“甩手掌柜”的角色。国内学者针对以上问题纷纷总结国内外成功经验，提出校企合作办学的规律性经验。陈新民认为保证校企合作的有效性要求政府来做校企合作的引导者和支持者。他指出政府要加大对合作的资金投入，宣传校企融合的价值，完善合作相关的法律法规。为此他还提出了“官产学”三重螺旋模式，强调政府在该模式中要发挥宏观指导作用，出台促进合作的积极政策，政策应该对产学结合、知识产权的归属、合作项目资金的筹集等一系列问题有清楚的说明。曹向峰等人考察了某学院高尔夫专业校企合作办学经验，总结出 5 条合作经验：一是校企共建合作平台，为校企双方提供双向服务；二是根据专业的就业特点，创新人才培养模式，使专业学习更贴近用人单位的需求；三是优化课程体系建设，特别注重加大实践课程和专业课的比重，突出知识的实用性和前沿性；四是校企共同编写以专业为导向的学习教材，使教学内容更加规范，教学有一定系统性；五是构建具有“双向聘任、双向服务”特征的双师型队伍，使学校教师队伍的梯队结构、学历结构更趋于合理化。大部分学者是对工科专业的校企合作方式进行实证研究的，李冬梅等则针对文科专业如何进行校企合作这一问题考察了某大学英语专业的校企合作情况。她认为，首先，提升合作质量不能仅仅滞留在企业为学校提供实习这一浅层面上，需要深度挖掘更多可能的合作形式；其次，还需要校企共建双赢机制，激励企业为学生提供更多的优质实习资源；最后，完善校企合作的评估机制，防止合作出现问题，避免合作开展无头绪，保证各项合作资源能发挥最大价值。叶晓晴运用博弈论的知识建议创建校企合作技术交易模式，以解决校企合作过程中的科学和技术不匹配的问题。张昌松以分析校企合作主客体之间的交流渠道为脉络，并且考虑合作双方所处的社会背景，建议高校和企业合作时要权衡各种要素，再进行创新，以此降低合作成本。从以上国内关于应用型本科院校校企合作的相关研究可以得知，我国本科阶段的合作教育受到关注的时间较晚，还存在诸多问题。首要问题在于没有制定硬性的政策法规以规定校企合作应该如何开展，高校开展合作的流程无法可依，许多机制体制不够完善。但这也可以说明我国应用型本科院校校企合作的发展空间较大。另外，虽然我国学者积极通过考察国内应用型本科院校校企合作途径来总结合作的规律性经验，但是深入研究校企合作的运作流程、实施机制、保障体系的文献还是较少，需要进一步完善，并且大部分学者是从企业和学校角度提出提升合作质量的对策，对政府在合作中的职能定位研究较少。由此可见，我国应用型本科院校校企深入合作还需要进行深入探索。

(5) 校企合作存在的问题

易洪雷等(2011)认为目前校企合作主要存在的问题有：企业热情不高，实习基地不够稳定；校企双方责、权、利划分不清；校企双方合作深度不够，实习效果普遍不乐观。钱茜露(2017)认为缺乏政府和行业的指导、合作中校企双方定位不明确、无成功经验可借鉴以及实施力度不够，是目前校企合作人才培养存在的主要问题。程丹等(2014)提出当前高校深度融合创新创业教育缺乏科学的深度融合合作机制，学校需要协调好与企业、政府等其他部门之间的合作关系，深度融合寻找创新创业人才培养的有效路径；高校缺乏结构合理的创业教师队伍，高校教师具有专业的理论知识，但是没有受过专业化的培训，缺乏创业经历，难以激发学生的创新创业意识；高校与科研院所、行业企业与政府相关部门之间的深度融合力度不够，导致创新创业人才培养的效果不佳。

综上所述，校企合作在人才培养过程中存在的主要问题是校企之间的合作缺乏政府及监管部门的指导，合作机制不健全，导致校企双方定位不准确，各方参与热情度不够，人才培养效果欠佳。

2.2 相关理论基础

2.2.1 深度融合理论

深度融合理论是 20 世纪 70 年代以来在多学科研究基础上逐渐形成和发展起来的一门新兴学科，是德国物理学家哈肯在 1971 年提出的概念。深度融合理论主要研究远离平衡态的开放系统在与外界有物质或能量交换的情况下，如何通过自己内部深度融合作用，自发地出现时间、空间和功能上的有序结合。深度融合理论具有广阔的应用范围，它在物理学、化学、生物学、天文学、经济学、社会学以及管理科学等许多方面都取得了重要的应用成果。深度融合理论告诉我们，系统能否发挥深度融合效应是由系统内部各子系统或各组成部分的深度融合作用决定的，深度融合得好，系统的整体性功能就好。

本书将深度融合理论运用到人才培养中，我们将校企深度融合培养人才看作一个深度融合系统，在这个系统中学校、企业、政府都是它的子系统。校企深度融合能否达到最优的人才培养状态，就要看学校、企业、政府这些子系统之间的协调配合。只要三方通力合作，为了共同的目标齐心协力运作，那么产生良好的深度融合效应也就不足为奇了。反之，如果这个系统内部的各元素相互掣肘、互相牵制、离散、冲突或摩擦，就会造成整个系统内耗增加，系统内各子系统难以发挥其应有的功能，致使整个系统陷于一种混乱无序的状态。

2.2.2　资源依赖理论

资源依赖理论(resource dependence theory)是组织理论的重要流派之一。该理论提出于 20 世纪 40 年代，经过多年的发展演变后被广泛应用到组织关系的研究中，是研究组织变迁活动的一个重要理论。目前，它与新制度主义理论被并列为组织研究中两个重要的理论。该理论的主要代表著作是普费弗和萨兰奇克在 1978 年出版的《组织的外部控制》。

资源依赖理论认为组织就是一个在不确定环境下运作的开放系统，外界环境会对组织的结构、功能和运作效果产生较大的影响。因此资源依赖理论得出这样一个假设，没有组织是自给自足的，任何组织都要通过与环境要素进行交换最终保持长久的组织生命力，而环境要素中就包含其他组织。由此可见，任何一个组织与环境要素进行交换的过程就是与环境中的其他组织产生互相依赖的过程。值得注意的是，资源依赖理论中强调的组织与组织之间的依赖关系是相互因为资源而依赖，并不是一个组织对另一个组织的索取或施舍，而是一种对等性的资源交换。这种交换意味着一个组织在为另一个组织不断提供它所需的资源，同时，也要求该组织可以给出相应的回报。如果该组织未能提供对等的回报，或回报的不是其所需求的，依赖关系就难以维持。

从资源依赖理论角度考察校企合作过程，即合作利益相关主体以资源的交换作为互动关系的纽带，其目的是获取各自所需要的资源。例如，企业将资金、场地、人力资源和社会资源等与学校进行交换，以期学校能够在人力资本、生产成本降低、技术改造等方面给予回报，政府给予政策支持、拨款扶持等；政府在校企合作中为校企提供财政拨款、政策导向、管理规定等，是为了校企合力推进社会发展和促进生产力的发展；学校将知识、技术、人力资本等作为交换以期获取政府、企业提供资金、政企扶持、内容更新、教学场地、多元文化等多项资源。从校政企对资源的供给与需求可以看出，校企合作中各方提供的资源是具有互补性的，不存在竞争的矛盾。从资源的角度分析，校企合作主要是为了获得互补性资源，而不是互担风险或实现规模经济。

2.2.3　建构主义学习理论

建构主义学习理论是心理学家皮亚杰通过探究人类获取知识的过程得出的一种学习规律。建构主义学习理论推动了学习理论体系的进一步发展，丰富了学习理论流派。建构主义学习理论认为一个人只有首先处在特定的社会场景下，在他人的帮助下，借助必要的学习资料才能获取知识，这个过程是通过意义建构的方式完成的。而传统学习理论认为知识只能依靠老师讲授来获得。显而易见，建构主义学习理论将“情境”“协作”“会话”和“意义建构”看作完成学习必备的四大要素或四大属性。“情境”是指要使学习者处于一个容易获取所需知识的场景中；“协作”是指学习者在学习时要与自身内部对话、与教师互动、与其他学习者商榷以便收集更多有利于理解学习内容的学习资料，同时使学习结果得到客观评价；“会话”是指每个学习活动的参与者都要积极交流，促进信息的流动，提升学习效率；“意义建构”是学习者的最终目标，是指学习者通过前三个环节之后自己对所学知识有深刻理解，能够透过现象看本质，将知识运用到实际生活中。

这种学习知识的过程突出了学习者的主动地位，强调学生应该主动建构知识而非被动接受学习资料。学习者只有进行意义建构，才能将已有知识和新的学习内容在脑中进行调整，形成一套新的知识结构，而这个过程单单通过被动地信息灌入、存储是办不到的。建构主义学习理论的学习观对应用型本科院校如何培养学生的职业操作能力提供了工作思路——开展校企合作。职业操作能力的特殊性，再加之每个学生已掌握经验的程度参差不齐，单单凭借课堂与教师交流和小组同学讨论是难以对职业操作能力进行意义建构的，因此必须同时设立与未来工作环境相似的情境来丰富学生的知识经验，促使学习者在“教”与“做”两种情境交互作用的过程中通过判断、理解完成对知识、技能的意义建构。根据以上论述，校企集中资源，设立仿真的工作环境才能使学生将理论运用于操作技巧中，认识到技能中蕴含的一般性规律，最终对如何运用好职业技能有更深刻的理解。

2.2.4 行动学习理论

(1) 行动学习理论的基本流派及其观点

① 科学方法流派。这一派的代表人物是行动学习的创始人雷格·瑞文斯。他认为行动学习的过程包括三个阶段：一是理解问题提出的系统；二是以科学方法为基础，商讨实施解决问题的流程；三是行动学习者将自己的观点在现实生活中验证。这一流派重点借鉴了科学方法，使得在思考问题和进行行动学习过程设计时，可以有一个比较规范的过程，从而让行动学习更具有说服力。

② 体验学习流派。这一派的观念是以库博的经验学习圈为基础的，将学

习理解为行动、反思、理论、实践之间循环往复的过程。学习小组以一个学习行动为起点，在小组成员的支持和质疑中，产生对行动过程的进一步反思，继而引发行动转变，不再简单重复以前的行为而得到提升。这一流派重视学习与行动的交互过程，重视学习风格的配合和相互借鉴，重视让小组成员学会如何学习。

③ 批判反思流派。这一派的代表人物有阿基里斯、熊恩和彼得·圣吉等。他们借鉴梅兹罗关于批判性反思可以改变看法的观点，提出来自工作生活经验的观点由于未经验证而可能存在缺陷，特别是以偏概全等。这些缺陷扭曲了人们对环境的认知从而使人们做出无效甚至错误的反应。他们认为可以通过批判性反思，使人的心智模式发生根本转变，使组织发生根本改变。

三个流派的行动学习理论都具有非凡的理论意义，清楚这些流派的区别，对于更好地设计和引导在实践行动中的学习与发展项目，是至关重要的。

(2) 行动学习理论对创业研究的指导

创业是一项实践性极强的活动，创业能力发展也必然是无法脱离实践锻炼的工程。大学生创业能力的研究，必须基于实际问题，依托可以物化、具象化的资源，开展经验获取。行动学习理论集知识学习、经验分享、创造性思考和实际行动于一体，对大学生创业能力发展研究具有良好的指导意义。

行动学习理论普遍强调"做中学"，提示大学生创业能力发展过程同样离不开实践环节，必须依托实践平台等资源；强调以小组形式进行学习以实现知识共享，发挥集体智慧，提示大学生创业能力发展过程必须研究团队存在的重要意义；强调注重学习者的主动参与和反思，提示不能停留在表面的显性知识的认知阶段，但忽视了隐性创业知识的获取与转化，往往会阻碍大学生创业能力的提升。

2.2.5 三螺旋理论

三螺旋理论在西方国家已经得到了广泛的应用。社会经济的发展，产业对创新创业人才的需求不断增加，政府对创新能力和创业能力的重视程度也不断提高，促使高校、产业、政府之间的关系更加密切。政府在高校、产业之间起着协调作用，为高校和产业提供政策、资金支持，使各方深度融合进行技术创新活动，培养创新创业人才。三螺旋理论构建了一种呈螺旋状的创新模式，学校、政府、企业三者之间既相互独立又相互协作，共同创建新的创新环境，实现利益最大化。三螺旋理论是目前研究"校企深度融合"最合适的理论系统。

(1) 三螺旋理论的提出

三螺旋理论是美国社会学家亨利·埃茨科威兹和荷兰经济学者罗伊特·雷德斯多夫在总结美国公路和硅谷形成的经验基础上产生的。两人合作将生物学中有关三螺旋的原理应用到校企深度融合模式中,提出了三螺旋理论,用以研究政府—大学—产业之间的关系,并称之为“三螺旋模式”。1995 年,两人在合作的“The Triple Helix of University-Industry-Government Relations:A Laboratory for Knowledge Based Economies Development”一文中,对“产学研三重螺旋”理论做了进一步的推广和发展。

(2) 三螺旋理论的含义

三螺旋理论认为,在知识经济社会内部,政府、企业与大学是相互独立、相互联系、相互作用的三个核心社会机构,它们根据市场要求而联合起来,形成三种力量交叉影响呈螺旋上升的趋势,也称为三螺旋关系。三螺旋理论不同于传统的官产学研合作,其最终目标是探索大学、企业、政府的深度融合合作,实现资源、信息的最大化利用,形成创新、育人的长效动力机制。

在三螺旋理论中,高校、企业、政府是构成三螺旋模式的三个重要因素。三螺旋理论强调高校、政府、企业三个创新主体联合起来建立互惠互利的关系,深度融合发展,这一理论可以运用到高校创新创业人才培养的工作当中。高校创新创业人才培养需要政府、企业、高校的通力合作,三者在创新创业人才培养中各尽其职,相互推动,共同培养创新创业型人才。

(3) 三螺旋理论的运行机制

三螺旋理论是指学校、企业、政府以某种共同利益为目的,在一定的组织和制度保障下,使三者呈螺旋状上升,实现资源共享,达成各自的目的。三螺旋理论是一种创新型模式,其创新主体是政府、企业、高校。在三螺旋模式中,政府、高校、企业在保持各自独立身份的同时,又表现出各自的一些特征和能力。三个主体如同螺旋上升的螺旋线一样交叉、互动、重叠、融合,形成不同的关联模式和组织结构,从而推动整个创新活动的螺旋式上升。

在创新创业人才培养的三螺旋模式中,高校、政府、企业之间的关系存在极大的不稳定性,会随着内外部环境的改变而变化。首先,高校、政府、企业在三螺旋模式中发挥各自的职能。高校主要担任科学研究职能,通过提供良好的科研氛围和培养高素质人才与企业对接,形成联系;企业以及产业提供产业发展动态,使得高校、政府把握市场需求,进行人才培养,进一步促进产业经济发展;政府在政策环境中发挥着重要作用,通过制定相应的政策保障体系,协调各部分之间的关系,加强主体之间的合作。其次,高校、政府、企业三者之间相互促进、互相影响，实现角色互换。大学借助孵化器成为企业，企业通过自主研发活动成为教育和科研机构，政府通过各种投资项目成为风险投资商。然后，高校、政府、企业三者相互推动，产生合力，结合各自的需求以及相同的目标和利益，相互联系沟通，促进发展。最后，高校、政府、企业三者之间相互作用对社会产生了积极的影响，满足了各自的需求也支持了政府的政策，实现多赢局面。高校、政府、企业三者共同努力，结合得更加紧密，最终形成一个独立的、相互支持的、跨区域合作的三螺旋结构。

第3章　应用型本科院校创新创业人才培养现状与存在问题分析

3.1　创新创业教育发展现状

3.1.1　创新创业教育发展历程

1989年，联合国教科文组织提出“创业教育”的概念。1998年，我国国务院和教育部分别出台了指导性政策意见，提出要重视大学生的创新创业教育，强调对学生创新创业能力和实践能力的培养。1999年，清华大学举办了第一届创业计划大赛，同年，全国首届“挑战杯”大学生创业大赛开赛。2002年，教育部确定了清华、人大、北航、武大等9所高校作为创业教育试点，这是我国大学生创新创业教育正式启动的标志。2003年，教育部举办了“创业教育骨干教师培训班”，邀请澳大利亚创业教育专家彼得·谢尔德雷克(Peter Sheldrake)为全国100所高校的200多名教师进行讲学，促进了高校创新创业教育的进一步开展。2005年，KAB(know about business，了解企业)项目首次在国内举行，目前全国已有上千所高校的上万名教师参加了该项目的培训，还有更为广大的师生受益。此后，政府相关部门对高校创新创业教育、创业基地建设等做出了一系列部署和安排。总体来说，近年来我国的创新创业教育在国家政策指导下取得了很大的进展，政府对创新创业教育非常重视，制定了具体的要求，做了相应的详细部署，同时还创建了创新创业教育的试点单位，以便总结经验，逐步推广，最终达到深化高等教育改革的目标。

3.1.2　应用型本科院校创新创业教育现状

与发达国家相比，我国创新创业教育起步较晚，基础薄弱，目前仍处于初步发展阶段。应用型本科院校作为应用型人才培养基地，也逐渐认识到了创新创业教育的重要性和必要性，纷纷走上了创新创业教育的发展道路上，但因种种因素的制约，目前的发展状况并不理想，主要体现在以下 6 个方面。

(1) 起步晚，起点低

应用型本科院校的前身大多是高职、师专，本科办学历史较短，办学条件、师资力量、教学体系以及文化内涵与老牌本科院校相比不具优势。因此，相比于国内一些重点大学，应用型本科院校不仅在创新创业教育方面的基础落后，而且大部分才刚刚起步，受到办学资金、政策支持、师资力量等方面的制约，发展缓慢。

(2) 资金和政策制度保障不力

大部分应用型本科院校创新创业教育处于起步阶段，并没有一套完善的政策制度保障其运行，而且对于创新创业教育的投入往往不能起到立竿见影的效果，资金投入也不积极。没有政策制度的保障和资金的投入，创新创业教育的发展也停滞不前。

(3) 教育形式及内容创新不够

虽然随着国家的重视和学校的发展，应用型本科院校也顺应形势发展，在创新创业教育方面进行了积极的探索和实践，有些高校还形成了具有自身特色的经验和模式，但总体上，在教育的形式和内容的创新方面还存在诸多问题。一方面，创新创业教育的形式主要采取课堂讲授、专题讲座等灌输式的传统教学手段和方法，这种教学形式以完成教学任务为主，不受学生欢迎，起不到作用；另一方面，创新创业教育的内容偏向于政府各类政策、创新创业的基本理论和案例分享等，学生缺乏体验式的学习环节。

(4) 发展不平衡

应用型本科院校与综合性重点大学相比，学科、专业的数量较少，也都有自己偏重的学科和方向。很多以经管类、工科类专业为主的院校，因为学科与创新思维更加贴近的原因，很早就开始有意识地培养学生的创新创业意识，因此在创新创业教育上也起步较早，发展较快。比如浙江万里学院提出了“育创新性人才，建创业型大学”的办学理念，早在 2010 年以前就创立了校园孵化基地，设立了基金，还开设了创新创业相关课程，毕业生创业率也是连年攀升。2010 年，浙江万里学院被教育部确定为创业教育实验区。

(5) 师资力量不足

应用型本科院校在创新创业教育师资力量的准备上不仅数量不足，而且大多数教师虽然拥有较高的学历，但缺乏在政府、企业等部门的经历和锻炼，知识结构也很难符合理论和实践的全方位要求。

(6) 缺乏实践平台

应用型本科院校由于资金投入、制度保障不到位,在创新创业教育的实践平台建设上投入力度不够,校内孵化基地建设不完善或利用率不高,同时缺乏校外的实践基地,因而学生往往停留在理论层面,缺乏实践平台的历练。这是创新创业教育实效性低的重要原因。

3.1.3 应用型本科院校创新创业教育的特点

应用型本科院校在开展大学生创新创业教育活动的过程中,结合自身人才培养目标和定位,形成了自己的一套做法,主要体现出以下 4 个特点。

(1) 培养目标体现应用性

应用性是应用型本科院校的特色和优势,"应用"也是专业设置的核心思想,这就决定了应用型本科院校必须根据地方经济发展的实际需求,突出"应用"的指导思想。应用型本科院校在发展创新创业教育过程中也充分考虑到了这一点,其专业设置和课程体系建设也会根据地方行业的发展不断进行相应的调整,再将创新创业教育与专业课程相融合,两者相辅相成,最终实现人才培养目标。

(2) 课程设置体现复合性

应用型本科教育培养的人才是复合型的人才,学生不仅要有扎实的专业基础,还要具备较高的人文素养、科学精神、道德和心理素质、创新精神和团队精神等。应用型本科院校在课程设置上,也充分考虑到了这些因素,从而有了创新创业教育课程的融入,进一步补充和完善了课程体系;同时,众多学科的交汇融合,也给创新创业教育提出了更高的要求。

(3) 价值取向体现行业性

应用型本科院校的共同特点是服务区域经济,注重为区域行业发展提供高层次人才,其价值取向体现了行业性。一方面,应用型本科院校多数是依托于地方政府的支持,为了满足地方经济发展而建设发展的,因此,学校在发展创新创业教育的过程中,要充分考虑将创新创业教育与地方行业相结合,立足于地方行业,培养行业急需的人才,主动与地方行业对接,为地方经济发展发挥积极的推动作用;另一方面,地方政府在制订教育改革、人才发展等战略性计划时,也会结合行业特点,出台相关的政策措施,为地方经济发展服务,因此,应用型本科院校在考虑创新创业教育时,要与地方政策的战略性计划相契合,这样才能达到事半功倍的效果。

(4) 培养过程体现实践性

立足于地方的应用型本科院校与地方企业经常性开展校企合作、校企深度融合等,联系密切。在创新创业教育活动中,学校方面也充分利用了这一资源,在企业建立了很多校外实践基地,完成了多项合作项目,开展了一系列合作活动,为学生创新创业教育的实际应用提供了广阔的平台。

3.2 创新创业人才培养模式

3.2.1 国外常用的创新创业人才培养模式

一些国家很早就注重企业和学校合作共同培养高水平技术人才的模式,对学生的评价不仅仅看一张成绩单,更看重学习的过程中学生主动发现了什么、解决了什么、贡献了什么。这就从另一个角度要求学生要善于思考、发现问题、解决问题和反思。学生在校外实习中的表现是老师们比较看重的,那是体现学习成果的关键。国外政府还建设了多种中介服务机构,并在功能划分上日趋完善,配合周密,成为保障政产学结合顺利进行的有效措施。

很多国家除了在学校创业型人才培养方面做出调整,还出现了一种政府支持、高校和企业共同参与的大项目联合新模式。这是一种跨国的"政、产、学"联合创新。这种模式,调动了政府、高校、企业等多方面的力量,将政府的资源分配和战略计划、高校的研究成果和企业的生产能力结合起来。这样一方面企业能为学校提供实训基地,有助于创业型人才的培养;另一方面促进企业的发展,也有效地促进了该领域的产学结合,促进科技成果的转化。

(1) 美国的综合模式

美国的创业教育起源于20世纪40年代后期的哈佛大学。美国是最早在学校中开展创业研究和实践的国家,当时已具备较为完善的教育体系,直到现在美国的创业教育仍处于世界领先地位。美国的创业教育,在培养方法上,注重创业教育过程的培养模式;在教育手段上,以创业竞赛为主要方式。美国有完善的创业课程体系,1973年开设本科创业学专业,还有丰富的竞赛活动,让学校和企业合作,提供实习机会,让学生从接触创业理论开始就要了解和尝试参与实践活动。

除了拥有完备的创业教育体系、高素质的师资队伍和丰富的创业活动外,值得一提的还有灵活的教学方法。高校充分利用案例分析、学术讲座、社区项目、商业教学等形式,将理论教学和实践训练相结合,以问题为中心,根据创业的客观因素和创业规划,引导学生推测事情的发展,提出相应的解决措施,完全模拟创业实战。

美国还有多样化的创业服务保障机构，主要有 3 类：一是官方的创业服务机构；二是创业类社会中介服务机构；三是校内创业服务机构。它们不仅提供技术上的帮助还给予资金上的支援。美国创业型人才培养在课程体系、创业平台、校企合作、政策扶持方面都取得了一定的成效，他们将创业教育融入人才培养计划，更看重人才创业能力的提升，从而为部分学生的未来创业奠定坚实的理论基础，开展技能训练，有针对性地培养创业人才。

在美国，高校建立创业研究中心为学生提供孵化器，定期邀请企业家开设讲座，并且允许学生创办公司。许多企业把大学科技园作为自己的科研基地，大力投资建设，政府则通过优惠政策和导向性投资来增强科技园的创新能力和竞争能力。美国政府政策的引导和倾斜，促进了美国大学生的创业活动直接向产业领域发展。成功的科技园以著名的大学为依托，利用大学的科技资源与人才优势创建技术开发区，发挥高新技术的辐射作用。同时，美国政府以法律的形式保护企业应得的权益，通过校企合作技术成果的转化，提高了企业自身的竞争力。

高校十分注重创业文化的建设。美国具有自由、开放、实用的创业文化，为创业型人才培养打下了坚实基础。美国的传统文化就是鼓励人们接受挑战，争取民主和自由。这种文化使美国社会重视创业。高等教育最现实的目的就是帮助学生找到适合自己的职业。创业教育就是教会学生寻找一条道路，向着自己的梦想前行。宽泛的创业环境需要健全的保障机制作为后盾，给予学生在创业方面最大的支持。美国由此形成了高校出人、企业出项目、政府提供指导的创业型人才培养的综合模式。

(2) 德国的师徒模式

德国在人才培养上，特别是理工科人才培养方面，更多奉行“师徒制”“双元制”的精英人才培养模式，更注重人才培养的针对性、实用性，强调实践导向。德国要求工科学生在入学前要有 1 年以上的工程训练经历。技术师范大学对此则要求不少于 1 年半。在应用型工科大学的 6 年中，3 年时间是在企业里进行工程训练和进行 1 年以上的毕业设计及论文撰写工作，而毕业设计和撰写毕业论文的过程实际上也包含技术培训的成分。

德国高校广泛与工业界开展合作，为学生提供更多的实习机会，锻炼学生的创业技能和创业思维，大力支持毕业生的创业活动，并在终身学习理念倡导下为开始创业的毕业生提供接受培训的机会，将最新的科研成果融入人才培养过程，强化人才培养的适用性，通过跨学科教学、开展宣讲会、提供网络信息和咨询服务等，培养学生树立正确的创业理念和创业意识。这样的培养与熏陶，为学生将来自我创业或是成为创业型员工，打下了坚实的基础。

德国高校认为学生和科学家一样，也蕴藏着科研潜力，要想使这些资源得到充分利用，就需要高校提高学生的科研能力，培养学生的科研兴趣，发扬学术精神，使他们了解学术进步的过程。赫尔曼认为，大学成功的 4 个关键是良好的教育、研究和创新的超越、教育和研究的不可分割以及提供更高的灵活性。多学科、多文化、多领域的知识相结合更适宜创业型人才的培养，所以德国高校重视跨学科、跨国家的交流合作，建立了更多的合作平台，校企合作成效显著，也符合这个重工业国家对人才的需要。高校开展与企业的广泛合作，一方面希望合作企业可以接纳高校毕业生，解决就业问题，肯定自身的教育质量；另一方面也在根据企业和社会的要求不断调整自身的培养目标和培养方式，促进自身的发展。学生一般在大一的时候就可以直接参与到企业的项目中，工作能力和人际交往都得到了锻炼，从学生适应社会这个角度来看，也加快了学生的社会化。

这样严格的管理和调控使得政产学结合井然有序，获得了很大的成功。学生既是企业的员工，也是学校的学生，这种双重身份在一定程度上提高了学生的创业能力。学校教育充分利用职业教育的手段和方式进行创业人才培养，企业的技术专家直接运用师傅带徒弟的方式，手把手直接教学，在整个过程中给学生充分的自由和空间，注重学生的创新精神，在创业型人才培养方面独具特色。

(3) 英国的植入模式

英国高校在政府的引导下，转变以知识为本位的办学理念，把服务社会作为大学的重要职能，创业型人才的培养也随之受到了重视，有将近一半的大学开设了创业教育课程。英国大学生创业促进委员会则把英国的大学创业型人才培养模式概括为完全一体植入模式。在英国的大学中，重视培养创业型人才已经形成一种文化。创业教育由课程教育进入到专业与学位教育行列之中，以小组为单位，以真实的创业案例为讲授的主要内容，学生通过讲座、访谈等形式获得创业经验。英国政府也有多样化的鼓励方式，为大学生提供创业服务、创业启动项目、创业资金保障，同时开展创业教育研究，还通过网络提供创业资源。

英国的创业教育早已突破专业的限制，通过创业选修课、创业公共课等方式培养创业型的专业人才。大多数的英国高校都为非经济类专业的学生提供了创业联合学位，例如开设历史与商业研究、化学与商业发展等双学位课程，使学生可以在不耽误本专业学习的同时，选择创业课程。这样创业教育不再局限于专业和学校，完全融入人才培养计划，使更多专业的学生成为创业型人才。

英国政府为创业者提供了良好的政策环境，比如小企业融资和税收优惠、免费企业培训、资金扶持、保护技术成果、高校知识产权保护等一系列创业扶持政策，鼓励学生到科技园内创业或者实习。科技园有独立的管理权，创业初期可以帮助创业者进行技术转化，达到创业标准还提供鼓励奖金。创业型人才培养评价体系十分客观，把创业成果作为创业型人培养成败的重要标准。

英国高校同企业保持联系的方式有两种，一种是产权或完全或部分归学校所有，另一种是允许企业在高校内建立实验室。这两种方式都能够使企业和高校之间的联系更密切，能够及时发现问题解决问题，可以说是一种达成双赢的模式。所以在英国，学校和企业都是乐于进行合作的，相互之间也有一定的默契。这种合作模式，把创业精神完全植入学生的培养过程，使创业教育快速普及。

(4) 日本的联动模式

日本自 20 世纪 70 年代起便注重优秀工程技术人才的培养和先进制造工艺的开发，除了利用先进的工艺做出产品，投入市场取得巨大的经济效益，在专业技术人才培养方面也取得了一定的成功。日本在借鉴各国成果的基础上，逐渐形成了“以创业精神培养”为主线的广义创业教育理念，将创业理论与实践相结合，采取政府、企业、高校联动的培养方式，唤起学生的创业意识。

21 世纪初期，日本成立创业能力开发中心，是为了培养学生的创业能力，给大学生创业提供一定的专业知识扶持。这个机构是由企业自助成立的非营利组织，企业间接为高校提供了资金和技术支持，从而建立以地域为主的高校和企业合作联盟，达成共同培养创业型人才的目的。日本政府一向注重人才的培养，对于创业型人才培养发布了相关政策，鼓励民办企业的发展，在资金、管理和法律方面都给予充分的支持，并且严格审核监督机制和评估办法，收获了很多成功经验，也出现很多的本科院校创业教育的成功案例，如大阪商业大学等。

日本高校的创业教育纷纷出现了各自的独特模式，教育对象也不局限于在校学生，还为社会人士提供创业教育。在政府和企业的帮助下，面对非在校学生的创业继续教育，日本高校采用特殊的模式，即学生可以选修课程，独立完成创业策划，经教师指导可行便开始准备，创业资金由政府提供，并通过其他商业组织或者企业的支持提供创业场所。

这种模式在创业型人才培养的教学、指导、评价、反馈和跟踪服务等环节实施得非常细致，使得创业者更敢于尝试创业，且成功率更高。日本在创业型人才培养方面，不仅是学校和企业的合作，还会连接政府、社会组织、研究机构、中介服务组织等，形成一条创业服务链，提供更多的资讯和技术给创业者，全程提供创业帮扶。日本的培养模式没有局限于创业教育阶段的知识讲授，还提供创业的后续服务，完善了创业型人才的培养体系。

(5) 启示与借鉴

从以上几种创新创业人才培养模式来看，创业教育应将创业理论课程与不同专业的基础知识相融合，采用多元化的教学方法，从教师自身提高创业素养，多渠道激发学生的创业热情，在向学生渗透创业文化的同时，加强政府的主导作用，建立中介和管理机构，宏观调控学校和企业的关系，促进校企结合，加快科研成果转化，提高利润收益，增强企业合作意愿。同时，还要为学生创建多种结构的实习平台，使学生亲身参与到创业的实践过程中，帮助学生内化理论知识，增强学生做科研的内在动力，构建合理的法律保障体系，保证学校和企业的利益。

① 普及创业型人才培养。借鉴国外高校创业型人才培养的经验，我国要构建适合普及的培养创业精神和创业能力的课程体系，把创业教育完全融入学生的课程内容。针对创业教育的客观需求，要根据我国的文化特点和学生的认知水平，编制具有较高科学性、研究性和实践性的教材。还要建立一支较强的创业教育师资队伍，聘用既有丰富创业经验和教学技能，又具有较高科研素质的精英教师团队。要将理论教学环节与实践教学环节相结合，注重基础知识在实训过程中的应用，建立多种形式的实习实训平台，全面提高学生的创业素质。

② 改进教学方式。传统的人才培养方式以课堂教学为主，教师主要对学生进行知识的讲授，但是这样的教育方式对创业型人才的培养并不适用。我们要培养的人才是既有实践能力又有科研水平的创业型人才，他们不但要有获取基础知识的能力，还要有探索发现的能力。因此我国高校的人才培养路径可以从最直接的教学方法开始做出调整，根据专业和学生接受知识的能力来为学生设计不同的教学方法，如启发法、讨论法、探究法、练习法、实验法等，调动学生的积极性，使课堂不再是一堂“教师讲座”，而更像是师生之间的一场创业能力的切磋，在密切师生关系的基础上，培养学生独立思考、解决问题的能力。

③ 注重实践教学功能。创业能力的培养依赖于实践环节的探索与锻炼，只有不断地思考和尝试才能进一步掌握创业技能。要完善创业型人才培养体系，就需要注重实践教学的功能，将实践教学放在与理论教学同等重要的位置上，使知与行达到统一。通过对国外高校人才培养模式的借鉴，我们了解到高校要在人才培养方法方面不断更新，开展多种形式的实践活动来提升学生的创业能力，让学生在实践过程中提高创业能力，巩固自身的创业理论知识。

④ 建立创业活动的服务体系。在创业型人才培养过程中，并不只是学校单

方面的努力就能取得预想的效果的，创业型人才的培养需要多方面因素的支持，政府、企业、社会团体等可以为创业型人才培养提供帮助和服务，包括技术方面和资金方面。一些由政府组织或者社会团体自发组织的创业社区、基金会等，低成本甚至免费为大学生提供创业实习的机会，在技术和资金上提供帮助。创业社区会有免费的创业培训，及时为创业者提供前沿资讯。政府在政策方面也有一定的保障和扶持，使企业可以在一个良好的环境中发展。

3.2.2 国内常用的创新创业人才培养模式

(1)“3＋1”型创新创业人才培养模式

所谓“3＋1”型创新创业人才培养模式就是把应用型本科院校创新创业教育分为两个阶段，第一个阶段指本科阶段的前3年，第二个阶段指本科阶段的最后1年。大学生前3年主要系统地学习公共基础课程、专业理论课程以及创新创业的理论课程。这一阶段的课程大纲和内容是在教育主管部门批准下，由企业与高校共同设计开发的创新创业教育的有关课程，课程将专业教育与创新创业教育有机融合起来。在“3＋1”型创新创业人才培养模式下，应用型本科大学生前3年的寒暑假去本专业对口的企业岗位参加实践教学，主要以实践观摩和体验为主。最后1年，大学生离开学校，前往企业接受实战化的创新创业教育实践，即在企业顶岗实习，承担所在岗位一定的工作任务。企业方委派1名指导老师，该指导老师既负责指导大学生完成本岗位的任务，又要与应用型本科院校的老师共同指导学生的毕业论文(设计)。“3＋1”型创新创业人才培养安排了相应的实践教育教学环节，这种模式克服了以往本科教育教学课时安排比较松散的弊端，有效弥补了传统课堂教学的不足，在时间安排上比较紧凑，但是在这种创新创业人才培养模式下，学生大部分的时间是在学校里接受创新创业教育，因此相对于其他创新创业人才培养模式而言，“3＋1”型创新创业人才培养模式还是比较传统的。

(2)“订单式”创新创业人才培养模式

“订单式”创新创业人才培养模式指的是在政府的主导下，企业与高校签订深度融合创新创业教育、科学研究的相关协议，有效发挥各自的优势资源，实现资源优势互补，双方共同参与创新创新创业人才的培养，大学生毕业后直接到最匹配的企业实现就业。“订单式”创新创业人才培养模式使高校、企业均处于主体地位，通过发挥各自的比较优势实现共赢。在“订单式”创新创业人才培养模式中，企业和高校以当前行业的发展状况为背景，结合企业和行业实际需求提出人才培养数量和规格方面的要求，双方对人才实行联合培养。创新创业教育的课程由应用型本科院校和企业共同开设，实践教学主要由企业来承担。在“订单式”人才培养过程中，企业和高校把当前行业发展的情况和学生的具体情况相结合，并以此为基础进行课程设置和教学计划设计。

在“订单式”创新创业人才培养模式下，企业和高校严格遵循人岗匹配的原则，以职业岗位能力培养为主，采取一个专业对应一个企业岗位的方式，按照要求组建创新创业教育班级。创新创业班级是在师资队伍和实践平台比较完善的情况下组建的。在班级学生的选拔上，采取自愿报名方式，并通过考核进行择优录取。该班级的学生定期在实训基地接受创新创业教育，经过严格的培养和训练，创新创业意识和创新创业思维、能力得到充分锻炼。这种创新创业人才培养模式能够有效提升学生的综合素质，从而使其顺利就业或者创业成功。“订单式”创新创业人才培养模式，既体现了应用型本科院校人才培养以企业需求为导向，也体现了人才培养与服务地方经济紧密相连。此类型的创新创业人才培养模式有效地避免了人、财、物等资源的浪费，实现了人才培养的针对性和精准性。

(3) “商学院型”创新创业人才培养模式

“商学院型”创新创业人才培养模式指在政府的大力支持下，高校联合企业建立创新创业中心，由学生本人自愿申请加入创新创业中心(基地)，学生在接受专业教育之余，在创新创业中心辅修创新创业教育课程，该中心的老师对创新创业教育课程进行全面的讲解和指导。在相关的课程设置上，以企业实战案例和沙盘模拟为主，同时大学生可以在创新创业中心开办公司。此种人才培养模式以实践为主，理论教学为辅，做到理论与实操的有机结合，并实现二者互为补充。从内容上来看，“商学院型”的创新创业教育课程更多地侧重于实践，在课程设置中就比较重视风险评估、机会识别、机会创造、资金筹措等方面，通过相关理论课程和实践教学使学生树立整体观念和全局思维，并充分认识到自身以某种方式与企业存在着种种联系。

从理念上看，这种创新创业人才培养模式强调学生要积极参与和发挥自身的主观能动性，大胆探索，不断实践。在这种人才培养模式下，应用型本科院校也可以与海内外知名高校或企业开展联合办学，不断拓宽学生的创新创业教育渠道，双方共同培养创新创业型人才，为学生养成创新意识、成功创业打好基础。

但目前这种创新创业人才培养模式还不太成熟，因此可先开展试点，在试点过程中不断探索新的模式，学习知名大学或企业的经验，把握行业与企业需求，并与之建立良好的合作关系，寻找多方共同的价值诉求。在试点比较成功的基础上，可进一步展开相应的推广，逐步扩大这种创新创业人才培养模式的覆盖面。

(4)“工程项目型”创新创业人才培养模式

“工程项目型”创新创业人才培养模式，主要适用于以理工科专业为主的应用型本科高校。此类型创新创业人才培养模式，在传授大学生工程项目相关的基本理论知识的基础上，开设与工程项目相关的创新创业课程，要求组建大学生创新创业工程项目团队，在老师的指导下研发创新成果，并推动创新成果技术专利商业化。为了进一步加强创新成果和技术的推广，可在应用型本科院校内部成立企业。该企业面向全体学生，要求全体学生必须参加创新创业教育工程项目，并在校内企业进行创新创业实验实训，通过实验实训培养学生的创新意识和创业能力。“工程项目型”创新创业人才培养模式与以上 3 种创新创业人才培养模式的不同之处在于，这种模式对教师和学生的要求比较高，投入人力、物力、财力等资源较多，对教学中的软件、硬件要求高，难度比较大，要随时准备技术创新，并将技术推广和应用。此外，在课程设置上该模式不仅开设工程项目等相关创新创业课程，而且还要求大学生系统学习创新创业管理、风险评估、经济管理等专业知识。

3.3 应用型本科院校创新创业人才培养中存在的问题

3.3.1 调查问卷设计

本节的数据收集采用问卷调查的方式。首先通过阅读大量文献资料，针对本节的研究内容设计问卷。在问卷初稿完成后，征求专家对初稿的题项设计、措辞等方面的意见，进行修改，得到修改后的问卷。预调查期间，通过问卷星网站及电子邮件发放给应用型本科院校的学生填写问卷，就他们对问卷本身提出的问题进行适度的修改，对容易引起误解的语句进行调整，形成最终问卷。正式问卷调查采取匿名的方式，使被调查者能够放心作答，确保调查的客观性与真实性，保证调查结果的信度。

本节所使用的调查问卷以应用型本科院校学生为调查对象，对本科生创新创业情况进行调查，了解应用型本科院校学生对创新创业的认知、动机，包括对创新创业知识的认识与需求，创新创业应具备什么样的素质以及影响创新创业的原因等内容。问卷由选择题和表格题组成。

本次调查共发放问卷 200 份，收回 192 份，其中有效问卷 183 份。本问卷调查结果数据用 Excel 做统计处理，并对统计结果进行了分析。

3.3.2　调查结果分析

(1) 调查对象基本情况

回收的问卷中，68.3%是女生，31.7%为男生。调查样本主要分布在江苏省内的应用型本科院校，主要来自南京、徐州、连云港、宿迁、盐城、苏州、常州等城市。

(2) 应用型本科院校学生对创新创业的态度

经调查发现，在被问到“大学毕业后的打算”时，37.2%的学生选择考研，44.8%的学生选择就业，5.5%的学生选择留学，只有 12.6%的学生选择创业（见图 3-1）。在被问到“对创新创业持什么态度”时，65.6%的学生持支持态度，49.7%的学生持积极参与态度，2.7%的学生持反对态度，13.1%的学生持中立态度，不反对也不支持。在被问到“是否会选择创业”时，19.1%的学生有自主创业的打算，8.2%的学生正在自主创业当中，46.4%的学生有创业的想法，但是没有实际行动，还有 25.7%的学生从未考虑过创业。在被问到“是否参加过学校组织的创新创业实训、实践或其他相关活动”时，只有 14.2%的学生参加过很多这样的活动，53.6%的学生参加过少量活动，32.2%的学生没有参加过此类活动。由此可见，学生对于创新创业的态度不是很积极，因此高校要注意加强对创新创业教育的普及，引导学生对创新创业的兴趣，提高他们的积极性。

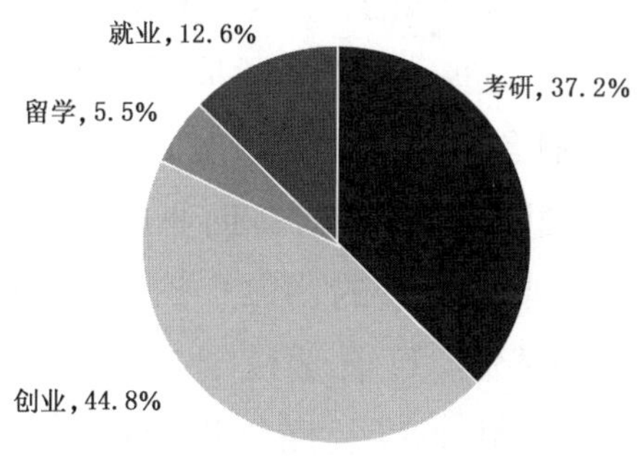

图 3-1　应用型本科院校学生毕业打算情况调查结果

(3) 应用型本科院校学生对自身创新能力及创新创业内涵的认知

在被问到“目前的创新能力如何”时，只有 6.6%的同学回答很好，73.8%的同学回答一般，11.5%的同学回答较差，8.2%的同学回答很差（见表 3-1）。可见，多数同学认为自己的创新能力一般。

表 3-1 应用型本科院校学生创新能力认知调查表

评价	很好	一般	较差	很差
人数	12	135	21	15
占比	6.6%	73.8%	11.5%	8.2%

在被问到“什么是创新创业”时，41.5%的学生认为创新创业是创新性地开创一份新事业，23.0%的学生认为创新创业就是开办一个公司，14.8%的学生认为创新创业是开发一个新项目，20.8%的学生认为创新创业就是所从事的工作性质具有创新性(见图 3-2)。从中可以看出，很多学生没有真正理解创新创业的内涵和创新创业所包含的内容，认知存在狭隘性和片面性。

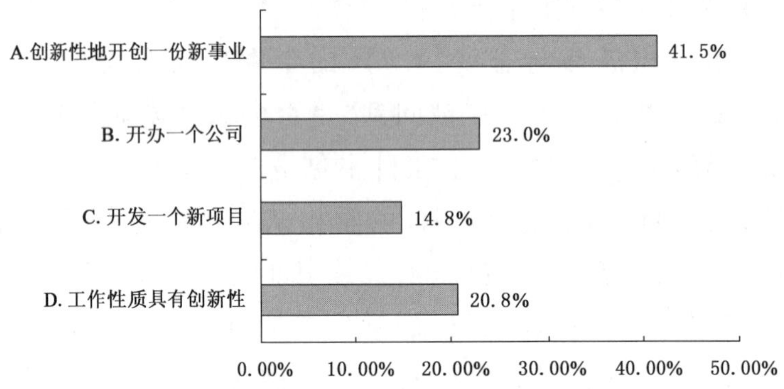

图 3-2 应用型本科院校学生创新创业认知调查结果

在被问到“是否了解创新创业知识”时，只有 5.0%的同学对创新创业知识十分了解，75.4%的同学了解一些，19.7%的同学一点都不了解创新创业知识；在被问到“通过什么形式了解创新创业内容”时，通过讲座和网络视频了解创新创业内容的各占 37.2%，通过书本自学创新创业内容的仅占 4.4%，通过学院设置的专业课程来了解创新创业知识的占 14.2%，通过社会实践来了解的占 7.1%(见图 3-3)。从中可以看出，目前学校创新创业课程还不够普及，大多数学生了解创新创业知识是通过讲座以及网络视频的方式，只有少部分人是通过学院设置的专业课程获得的。因此，应用型本科院校应该优化课程体系，开设创新创业课程，加强学生的理解，满足学生对创新创业知识的需求。

(4) 应用型本科院校学生创新创业动机及影响因素

当代大学生为何选择创业？他们创新创业的动机是什么？什么原因影响他们创新创业？通过调查统计发现，通过创业减轻就业压力的人数占 40.4%，为了实现自己的社会价值的占 72.1%，认为创业可以带来可观收入的占

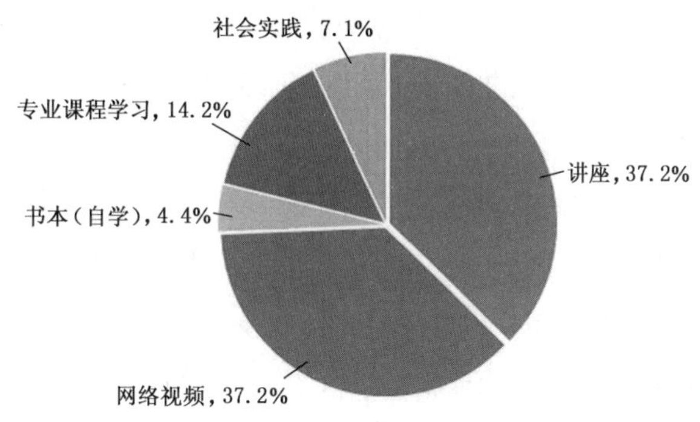

图 3-3 应用型本科院校学生创新创业内容获取方式调查结果

80.3%，体验人生的占 74.3%，认为有好的创业项目才打算创业的占 46.4%，一直有创业的想法才选择创业的占 38.3%，受创业成功者启发才选择创业的占 11.5%，因为有朋友鼓励才选择创业的占 15.8%（见图 3-4）。当代大学生创业动机呈现多样化趋势，从调查结果可看出，更多的同学选择把"实现自己的社会价值""体验人生"和"可以带来可观收入"作为创业动机，并且，选择"可以带来可观收入"的人数多于选择其他选项的人，这说明动机选择非常务实，无可厚非。但是，高校在进行创新创业人才培养时，应该积极引导学生，更多地实现社会价值，回馈社会。

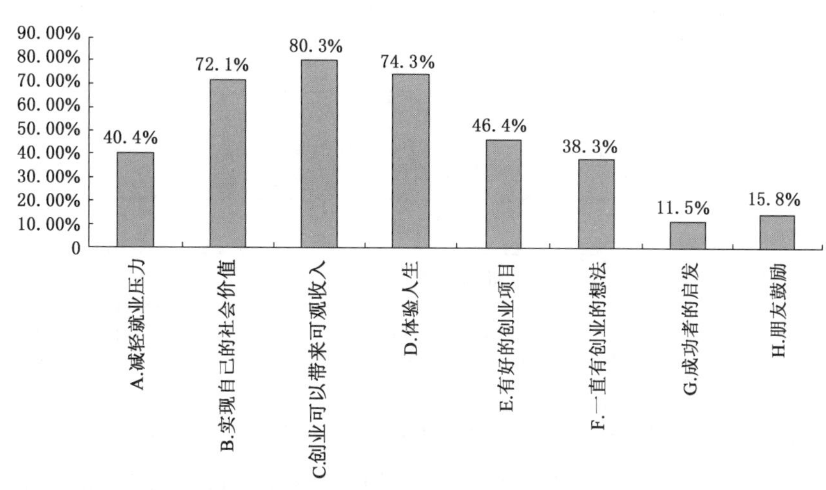

图 3-4 应用型本科院校学生创业动机调查结果

大学生创业意愿虽然有时候很强烈，但是创业成功率不高，这存在很多主观原因和客观原因。在调查中，被问到"不想创业的原因是什么"时，5.0%的学生称工作已经安排好，34.4%的学生称想找一份稳定的工作，82.5%的学生认为创业资金不足，42.6%的学生认为创业太辛苦，53.0%的学生认为目前的创业条件还不够成熟，包括自己的创业信心、创业能力以及创业经验等方面都存在欠缺。在被问到“创业过程中会遇到什么问题”时，90.7%的学生认为缺少足够的创业资金是创业过程中遇到的最大困难，86.9%的学生认为创业经验不足是主要问题，80.3%的学生认为缺少好的创业项目是主要问题，71.6%的学生认为实践能力不够也阻碍了创业的进行，41.5%的学生认为创业政策的扶持力度不够，51.9%的学生选择缺乏创业意向，23.5%的学生选择社会资源不够，还有10.4%的学生认为目前的创业团队不成熟导致创业不顺利，见表 3-2。

表 3-2　应用型本科院校学生创业影响因素调查结果表

调查项目	选项	人数	占比
不想创业的原因是什么？	工作已安排好	9	5.0%
	想找一份稳定的工作	63	34.4%
	创业资金不足	151	82.5%
	创业太辛苦	78	42.6%
	创业条件不成熟（信心、能力、经验等）	97	53.0%
创业过程中会遇到什么问题？	缺少足够的创业资金	166	90.7%
	创业政策的扶持力度不够	76	41.5%
	缺少好的创业项目	147	80.3%
	创业经验不足	159	86.9%
	实践能力不够	131	71.6%
	缺乏创业意向	95	51.9%
	社会资源不够	43	23.5%
	创业团队不成熟	19	10.4%

从调查结果可以看出，“缺少足够的创业资金”“创业经验不足”“缺少好的创业项目”以及“实践能力不够”成为影响应用型本科院校学生创新创业的主要因素。应用型本科院校如何开展创新创业教育、培养哪些创新创业能力、如何解决创业资金困难等问题，成为应用型本科院校创新创业人才培养的主要突破点。

(5) 创新创业内容需求方面

应用型本科院校创新创业内容调查表见表 3-3，应用型本科院校创新创业人才培养内容调查表见表 3-4。

表 3-3　应用型本科院校创新创业内容调查表

调查项目	选项	人数	比例
学生创新创业应该具备哪些素质?	创新创业意识、思维	183	100%
	专业理论知识	179	97.8%
	创新创业以及相关领域知识	181	98.9%
	创新创业精神	165	90.2%
	决策能力	132	72.1%
	团队组建能力	141	77.0%
	团队协作能力	176	96.2%
	机会识别、选择和把握能力	128	70.0%
	资源整合能力	115	62.8%
	组织协调沟通能力以及人际交往能力	170	92.9%
	较强的心理素质	170	92.9%
	语言表达能力	164	89.6%
学生创新创业应该具备哪些条件?	充沛的资金	162	88.5%
	完善的知识结构	153	83.6%
	相关的扶持政策	150	82.0%
	家庭支持	110	60.1%
	学校提供指导	98	53.6%
	成功人士的创业经验	69	37.7%
	丰富的实践经验	134	73.2%
您认为高校应该采取哪些措施鼓励学生创新创业?	讲授创新创业相关领域知识	164	89.6%
	实现校企合作、提高学生的实践能力	176	96.2%
	建立创新创业实践基地	178	97.3%
	提供创新创业资金支持	153	83.6%
	增加创新创业学分	123	67.2%

从表 3-3 可以看出，在 12 项应用型本科院校学生应该具备的创新创业素质中，选择比较多的选项依次是：创新创业意识、思维(100%，被调查的学生都认为此项应该具备)，创新创业以及相关领域知识(98.9%)，专业理论知识(97.8%)，团队协作能力(96.2%)，组织协调沟通能力以及人际交往能力(92.9%)，较强的心理素质(92.9%)，创新创业精神(90.2%)，语言表达能力(89.6%)，团队组建能力(77.0%)，决策能力(72.1%)，机会识别、选择和把握能力(70.0%)，资源整合能力(62.8%)；在应用型本科院校学生创新创业应该具备的条件当中，选择从高到低依次是：充沛的资金(88.5%)，完善的知识结构(83.6%)，相关的扶持政策(82.0%)，丰富的实践经验(73.2%)，家庭支持

(60.1%),学校提供指导(53.6%),成功人士的创业经验(37.7%);而对学校的期望则依次是:建立创新创业实践基地(97.3%),实现校企合作、提高学生的实践能力(96.2%),讲授创新创业相关领域知识(89.6%),提供创新创业资金支持(83.6%),增加创新创业学分(67.2%)。因此,学校应该开设创新创业相关课程,创建实践基地,提高学生的实践能力并且提供创业资金支持。

表 3-4　应用型本科院校创新创业人才培养内容调查表

调查项目	选项	人数	比例
哪些课程有益于创新创业人才培养?	专业领域相关课程	11	57.9%
	创新创业思维扩展类课程	16	84.2%
	创新创业相关意识类课程	14	73.7%
	创新创业相关领域知识类课程	12	63.2%
	创新创业实践类课程	16	84.2%
	素质拓展类课程	8	42.1%
应该培养双创人才什么素质?	创新创业意识	18	94.7%
	创新创业思维	18	94.7%
	创新创业相关领域知识	15	78.9%
	创造力	11	57.9%
	创新创业态度	8	42.1%
	创新创业精神	16	84.2%
	团队协作能力	17	89.5%
	人际交往、沟通能力	12	63.2%
	机会识别能力	9	47.4%
	资源整合能力	13	68.4%
	良好的心理素质	10	52.6%
培养创新创业人才,高校应该做什么?	重视对学生创新能力的培养,激发学生的创新潜能	17	89.5%
	加大创新创业政策与资金的支持力度,营造创新创业环境氛围	15	78.9%
	加强师资队伍建设	18	94.7%
	多样化教学,注重理论与实践相结合,提高学生的实践能力	14	73.7%
	加强学校与企业的联系与合作	17	89.5%
	开设与专业领域相关的课程,拓宽学生的知识领域	13	68.4%

从表 3-4 可看出,在应用型本科院校创新创业人才培养的过程中,教师认为学校应该开设创新创业思维扩展类课程(84.2%)与创新创业实践类课程(84.2%),创新创业相关意识类课程(73.7%),创新创业相关领域知识类课程(63.2%),专业领域相关课程(57.9%),素质拓展类课程(42.1%),让学生全面

了解创新创业有关内容，为创业打下基础；在素质培养方面，应该培养学生创新创业意识(94.7%)，创新创业思维(94.7%)，团队协作能力(89.5%)，创新创业精神(84.2%)，创新创业相关领域知识(78.9%)，资源整合能力(68.4%)，人际交往、沟通能力(63.2%)，创造力(57.9%)，良好的心理素质(52.6%)，机会识别能力(47.4%)，创新创业态度(42.1%)；在高校的支持层面，首先应该加强师资队伍建设(94.7%)，加强学校与企业的联系与合作(89.5%)，此外还要重视对学生创新能力的培养，激发学生的创新潜能(89.5%)，加大创新创业的政策与资金的支持力度，营造创新创业环境氛围(78.9%)，多样化教学，注重理论与实践相结合，提高学生的实践能力(73.7%)，最后要开设与专业领域相关的课程，拓宽学生的知识领域(68.4%)。因此，应用型本科院校创新创业人才培养应该充分考虑学生的发展需要，完善课程体系，开设创新创业相关课程，培养学生的创新创业素质，激发学生的创新潜能，提高学生的实践操作能力，加强师资力量建设以及资金、政策支持，深化校企合作，建立创业孵化基地。

(6) 应用型本科院校创新创业人才培养方面

通过调查分析，可以了解应用型本科院校创新创业人才培养的现状，见表 3-5。

通过调查结果可以对应用型本科院校创新创业人才的培养现状做清晰的了解。在调查的应用型本科院校中，47.4%的院校对创新创业人才培养的重视程度一般，有些院校甚至很不重视此方面的培养。在创新创业课程开设情况以及开设形式方面，从学生层面来说，认为开设课程的占 65.6%，还有一些学生认为没有开设此类课程；从教师层面来看，认为开设创新创业课程的较多(84.2%)，但大多以选修课、讲座、大赛形式开设，而作为学生必修课的情况不太普遍，可见创新创业专业课程设置还不是很普及，并且学院开设的创新创业课程与专业的融合度不高。在师资队伍构成方面，创新创业教师大多数是跨专业教师(73.7%)，此类老师缺乏创新创业理论知识与实践经验，高校配备的有经验的企业导师人数很少，满足不了学生对创新创业理论知识与实践能力的需求。在创新创业政策支持方面，很多院校是有创新创业相关政策与资金保障的(63.2%)，也有少数院校是没有这方面政策支持的(36.8%)。虽然有政策支持与资金保障，但是不被学生知晓(52.6%)，而且创新创业资金也很难获取(73.7%)。创新创业政策与资金保障是为学生创新创业服务的，如果政策不被知晓，资金不易获取，那么就失去了存在的价值，因此应用型本科院校应该让创新创业政策与资金支持更加普及。在创新创业的基地建设方面，无论是学生层面(54.6%)还是教师层面(57.9%)，大多数人认为应用型本科院校没有创新创业实践基地，所以培养的学生只停留在理论层面，实践能力不够。应用型本科院校在与企业联合培养创新创业人才方面也做得不够,因此培养的学生不能满足企业的需求,导致供需错位的矛盾。

表 3-5 应用型本科院校创新创业人才培养调查表

调查对象	调查项目	选项	人数	比例
学生	是否开设创新创业课程	很多	22	12.0%
		很少	98	53.5%
		没有	45	24.6%
		不了解	18	9.8%
	是否有创新创业实践基地	是	62	33.9%
		否	100	54.6%
		不了解	21	11.5%
	是否与企业联合培养创新创业人才	是	57	31.1%
		否	85	46.4%
		不了解	41	22.4%
	是否举办专业相关的创新创业讲座	很多	20	10.9%
		很少	115	62.8%
		从来没有	34	18.6%
		不了解	14	7.7%
	创新创业师资队伍建设	专业教师	37	20.2%
		跨专业教师	112	61.2%
		具有创业经验的企业导师	29	15.8%
		外聘教师	56	30.6%
		不了解	89	48.6%
教师	是否重视创新创业人才培养	很重要	8	42.1%
		一般	9	47.4%
		不重要	2	10.5%
	是否开设创新创业课程	是	16	84.2%
		否	3	15.8%
	开设的创新创业课程是否与专业结合	是	7	36.8%
		否	12	63.2%
	创新创业课程开设形式	必修课	5	26.3%
		选修课	10	52.6%
		讲座或大赛	4	21.1%
	创新创业课程课时设置	12 课时以下	4	21.1%
		12—24 课时	4	21.1%
		24—36 课时	7	36.8%
		36 课时以上	4	21.1%

表 3-5(续)

调查对象	调查项目	选项	人数	比例
教师	是否经常举办创新创业相关讲座及大赛活动	经常	13	68.4%
		很少	6	31.6%
		没有	0	0
	创新创业教师队伍构成	专业教师	10	52.6%
		跨专业教师	14	73.7%
		具有创业经验的企业导师	8	42.1%
		外聘教师	6	31.6%
	是否设有创新创业实践基地	是	8	42.1%
		否	11	57.9%
	是否有创新创业相关政策与资金保障	是	12	63.2%
		否	7	36.8%
	创新创业政策是否被广为人知	是	9	47.4%
		否	10	52.6%
	创新创业保障资金是否易获取	是	5	26.3%
		否	14	73.7%
	是否与企业联合培养创新创业人才	是	8	42.1%
		否	11	57.9%

3.3.3 创新创业人才培养存在的问题

加强应用型本科院校创新创业人才培养已成为人们的共识，但从应用型本科院校人才培养的现实情况来看，仍存在着一系列问题，例如应用型人才培养模式的定位问题、培养目标问题、课程体系问题、培养方式问题、师资队伍问题、保障系统问题等，还有很多问题待进一步研究和探索。

(1) 创新创业内容认知不明晰

创新创业已经成为新时代的关键词，高校创新创业教育也深入发展起来。依据问卷调查结果，只有 5%的应用型本科院校学生对创新创业内容十分了解，其他学生对创新创业内容的理解不清晰，对创新创业内涵的理解很狭隘，学生们简单地认为创新创业就是“开公司”“开发项目”“工作性质具有创新性”等等。这些现象凸显出应用型本科院校对学生创新创业知识的传授还不到位，忽视对学生创新创业素质的培养等问题。

(2) 课程体系设置不健全

课程是实现人才培养目标的基本要素，专业课程构建在应用型人才培养方案中发挥着重要作用,应用型人才培养质量的优劣与学校课程设置是否合理是呈正相关的。高校学科课程设计是否合理、课时安排是否得当,都直接影响着应用型人才培养质量的高低。通过对应用型本科院校创新创业教育开展情况的调查发现,目前应用型本科院校在课程体系上大都沿用公共基础课、学科基础课和专业课程顺序排列的模式,在课程编排中按照由理论到实践、由基础到专业的排列模式,按照学生认知发展规律进行课程编排,强调基础理论知识的系统性、逻辑性学习。当前,许多应用型本科院校在课程体系设置上,还是以理论知识为主、实践教学为辅,理论知识课程远远多于实践教学课程,存在着不同程度的重理论轻实践的现象。应用型本科院校人才培养中创新创业能力培养不够突出,还没有形成全面、规范的创新创业课程体系。创新创业专业课程开设不多,大多以讲座、创业大赛形式出现。有的高校甚至没有开设此类课程,而且即便开设的课程也作为选修课,没有正式纳入必修课行列,如果学生对创新创业没有足够的兴趣也是不会去学习的。同时,学校课程结构不合理,跨学科与交叉学科领域知识涉及较少,学生所接触的知识只局限在自己所学专业范围内,这在很大程度上制约着应用型人才所应具备的"宽口径、厚基础、强能力"的培养特征的实现。另外,学校开设的创新创业课程没有与专业教育相融合,而是独立存在的,因此,在进行创新创业人才培养时,应该把创新创业教育融入教学活动当中,与专业教育结合,培养学生的创新创业理论知识与实践技能。

(3) 师资队伍力量薄弱,缺乏"双师型"教师

从应用型本科院校的创新创业师资队伍构成的调查结果可以看出,我国应用型本科院校创新创业人才培养的师资力量比较薄弱,从事创新创业教育的教师大多数是跨专业教师,专门从事创新创业教育的专业教师很少。有的院校有外聘教师和企业导师,但很少,远远不能满足学生对创新创业内容的需求,甚至很多学生对教师构成情况完全不了解。而且,从事创新创业教学的教师大部分都是因为教学需要从其他岗位上转岗过来的教师,这些教师大多数缺乏完善的创新创业知识体系,也缺乏创业经验,创新创业实践能力不够。有些教师甚至都没有企业从业的经历,在创新创业教学中更多的是进行理论教学,不能很好地培养学生的创新创业实践能力。

在创新创业人才培养的过程中,对教师的创新创业教育能力提出了更高的要求。首先教师要对创新创业教育有自己的认识和一定的了解,在追逐创新创业教育最新的科研成果的同时建立起自己的创新创业教育体系,并将教学内容与之融合,在教学过程中,系统地、循序渐进地向学生渗透创新创业教育的精神,引导学生的创新创业意识。教师也要从心理上、性格上、习惯上等多方面了

解学生的个体差异，有针对性地、因地制宜地对学生进行创新创业教育，而不是进行整齐划一的盲目教育。教师不仅在理论上要有独立的见解，在实践中也要有一定的经验，要能准确把握市场经济的规律，对创业过程中遇到的困难要有科学的预见性，有针对性地引导学生进行创业，采用创新的教学方法，利用情景教学让学生真实体会创业过程，树立学生的创业信心，鼓励学生敢于尝试勇于冒险。这样的教师数量并不多，相对于应用型本科院校预计培养的创新创业人才数量来说，是远远不够的。

(4) 校企合作深度不够，缺少实践教学环节

学生的实践能力日益受到关注，各高校也建立了多样的实习实训基地，如大学科技园、创业孵化园、创业园区等都是提高学生创业能力的平台，可以帮助学生进一步理解创业教育理论知识、发挥创业能力，积累创业经验。但部分基地流于形式，甚至停留在协议书上，缺乏基于学校自身特色的考虑，照搬一些成功经验，盲目效仿，管理混乱，表面上为学生提供创业便利，但缺乏专业的教师一对一进行指导，只是毕业前的“走过场”，并没有起到让学生在实践中强化理论知识，用理论知更好地指导实践的效果，致使学生创业成功率不高，培养的学生没有做到理论与实践的紧密结合。同时学校与企业的合作不够深入、对市场需求不敏感、人才培养与市场需求脱钩等现象普遍存在，导致供需错位矛盾突出。实习实训基地不能最大限度地发挥出作用，一定程度上浪费了教育资源，学生也没有完成真正意义上的实训，这样的创业人才进入工作岗位后，创业能力被束缚，创新思维和科研能力后劲较弱。

(5) 支持力度不够

目前应用型本科院校对创新创业的政策、资金支持有限，有些院校即使有相关政策支持，力度也不够，导致创新创业教育的基础设施不完善。资金是进行创业的重要保障，但是应用型本科院校创新创业资金获取门槛高、难度大，难以调动学生的积极性，阻碍了学生创新创业的发展。

3.3.4　创新创业人才培养问题归因分析

(1) 传统的人才培养模式

传统的教学以“教师、课本、课堂”为中心，注重理论知识的传授，而缺乏对学生实践能力的培养，导致学生的思维被禁锢，缺乏独立思考的能力，因此创新意识、创新思维很难被激发，创新创业也就无从谈起。

(2) 人才培养目标定位不清晰

我国应用型本科院校专业培养目标都是参照教育部的相关文件而制定的。

整体来说，培养目标专业定位过于宽泛，对人才培养的定位不准确，缺失了对学生创新创业能力的培养要求，导致创新创业课程体系设置不健全，培养的人才不符合行业需求特征，也不符合时代发展的要求。

(3) 创新创业环境氛围缺失

目前，无论是社会还是高校都没有形成创新创业人才培养的良好环境。应用型本科院校没有把创新创业列入人才培养体系当中，对创新创业人才培养的重视度还不够，开设的专业课程很少，并且没有与专业教育相融合，满足不了学生对创新创业的需求。从社会层面来说，创新创业刚起步不久，社会认可度还不高，导致重视程度不够，具体体现在鼓励大学生创新创业的政策与资金方面。大学生创新创业最重要的问题就是资金问题，但是目前来说，创新创业政策体系不完善，硬件配套设施不完善，资金投入不足，削弱了大学生创新创业的热情。

第 4 章　应用型本科院校校企深度融合的特殊性与存在问题分析

4.1　应用型本科院校校企深度融合的特殊性

我国普通高等院校中研究型大学、应用型本科院校、高职高专学校是比较有代表性的三类学校。对于这三类高等教育机构而言，开展校企合作是它们得以继续生存和发展的重要途径之一。但是，各类型院校在创新型国家战略体系中的社会职能和人才培养目标这两个方面存在差异，决定了它们在校企深度融合方面具有自身的特殊性。现将三种院校进行比较，梳理出应用型本科院校校企深度融合的特殊性。

4.1.1　应用型本科院校的职能决定其校企深度融合的重点

校企合作主要具有三大功能：培养人才、发展科技、服务社会。虽然这三大功能对不同类型的高等教育机构都适用，但是三大高等教育机构的职能不同，发展规划不同，对国家竞争实力的贡献不同，导致它们在进行校企深度融合时对这三大功能的侧重点有所不同。

研究型大学强调的是科学研究和创新，以输出高水平的科研成果和培养高层次精英人才为目标，促进国家的经济建设、科技进步、文化繁荣。因此研究型大学的社会职能主要是进行创造性知识的生产、传播和应用，通过申请国家级创新项目，在知识生产与创新中实现推进科技进步和服务社会。显而易见，研究型大学校企深度融合主要是通过项目合作这一渠道，将自身和企业的优势进行有机整合，学校和企业共同承担国家各种科技研究开发计划项目或重大工程项目的攻关，最终在合作中实现高校科技成果产业化，达到校企政多赢。并且，研究型大学的校企深度融合水平应该是最高的。研究型大学拥有我国最优秀的生源和顶尖技术人才,掌握着推动我国科技创新的核心技术,合作对象主要为国家大中型企业或集团,合作成果居于本行业的领先水平。

高职高专院校的根本职能是根据岗位和岗位培训要求设置专业,培养技术型人才,而服务社会的职能是通过进行职业技能训练来实现的。因此高职高专院校的校企深度融合的重点应放在教学过程中,校企联系比较紧密,以便共同帮助学生掌握该职业所需的基本知识、技能,提升职业道德素养。这些紧密联系包括校企共同制定专业培养目标,进行课程设置,建设实习基地等。这类合作主要是帮助职业院校学生提前适应未来的工作环境,为区域中小型企业提供工作在第一线的基层技术人才。

应用型本科院校的社会职能应该是介于研究型大学与高职高专院校两者之间的,主要是根据地方经济发展的需求,为区域经济建设与企业发展需求培养一大批下得去、留得住、用得上的高层次应用型人才。这种人才的培养目标应该定位在精英人才和基层技术人才之间,即具有高素质的技能人才,也就是说要培养具有综合实践能力、技术研发能力和一定创新能力三位一体的优秀人才。应用型本科院校的人才输出方向主要是为地方中小型企业培养专业技术人员、技术指导及基层管理人员。应用型本科院校的此种校企深度融合人才培养目标与其他类型普通高等院校相比,在实现校企共赢上见效最快,在解决大学生就业问题和进一步改善高校教学环境的同时,也帮助地方中小型企业解决了技术瓶颈,使我国中小型企业的整体生产水平和产品质量得到较大提高。而校企合作共同产出的高附加值产品,也可以出口海外,实现出口产业链升级,帮助我国中小型企业在全球贸易中占据一席之地,摆脱竞争力不足的尴尬局面。

4.1.2 应用型本科院校的人才培养目标决定其校企深度融合的重点

研究型大学拥有全国顶尖的师资、优质的生源、完备的教学设施和科研设备以及充足的科研经费,这些因素决定了研究型大学必须制定较高的人才培养目标。研究型大学以培养高层次的精英人才和产出高水平的科研成果为目标,培养实践和研究能力并重且具有较强创造性思维的复合型人才。由此可见,研究型大学培养的复合型人才必须具备科研能力、创新精神、高水平的实操能力三个属性,其中科研能力是首位能力。由于研究型大学合作的企业层次比较高,为了建立合作关系,研究型大学主要是培养研究生甚至博士生,因为他们已经具备比较成熟的科研能力,可以在相关人员的指导下直接为大型企业集团的研发项目服务,甚至可以直接担任课题组成员,进行高新技术和核心技术的研发。这样培养出来的学生毕业后便能直接投身于大型企业的研发工作，免去了适应工作岗位的过渡期，节约了育人成本。

高职高专教育是我国高等教育的重要组成部分，培养拥护党的基本路线，适应生产、建设、管理、服务第一线需要的，德、智、体、美等方面全面发展的高等技术应用性专门人才。职业院校的此种人才培养目标要求学校实现与企业的无缝对接，培养毕业后能直接进入某一个企业的技术人才。这种人才培养模式的典型范例有："订单式"培养、学校招生与企业招工挂钩、进行"厂校结合，工学交替"。这种模式使学生在校期间就能循序渐进地掌握该职业的专业知识、技术规范。

应用型本科院校的培养目标是培养可在高新技术产业链中立足的中、高级应用型人才。这种人才在企业中灵活性和适应性较高，集研究开发、集成创新、工程技术应用三种属性于一身，不仅能辅助企业进行技术研究，也能提升企业的生产工艺水平和营销管理水平。我国学者许为民、张国昌则认为我国一般本科院校需要重点培养的是设计性应用型创新人才。这种类型的人才具有较强的面向生产、建设、管理、服务第一线的实践动手能力，同时也具有技术创新和技术二次开发的能力，可以将科学技术运用到生产实践中。

这种人才的就职目标指向中小型企业的一线技术人员与工程师的交叉区域。而应用型本科院校的文科专业培养的则是应用文科理论为社会谋取直接利益的人才。

综上所述，应用型本科院校的人才培养目标相比研究型大学更注重知识的实际应用而非致力于科研。应用型本科院校的授课内容要体现出理论与实践的融合，在教学方法上将学科知识的讲授和实践技能的传授交叉进行，用理论知识掌握度与专业技能应用度来检验教学成果，最终使学生能够在毕业后快速适应岗位环境。应用型本科院校的人才培养目标与高职高专学校的不同在于前者培养的人才是针对某个行业或某类职业，涉及范围更广，而高职高专院校培养的人才适用性相对较窄，往往只面向单一企业或职业。因此应用型本科院校的学生在学习某个具体岗位的操作技能时，还要掌握管理、销售、办公操作、公文书写、设计、研究等实际工作能力。这就导致应用型本科院校要寻找具有一定规模的地方优秀企业。一是这种企业能够为学生营造出多种实践场景，有能力承担大批学生下厂实习的任务，同时也有大量的专业技术人员指导学生实习；二是地方优秀企业在当地具有引领和示范作用，它们更加渴求以合作促生产，用科技创造效益，与应用型本科院校进行合作符合它们的未来发展趋势。通过分析研究型大学、应用型本科院校、高职高专学校的职能和人才培养目标可以看出，虽然不论何种类型的大学都需要通过校企合作的方式来服务社会，但是它们的合作侧重点是不同的。

4.2 应用型本科院校校企深度融合存在的问题

目前，大部分应用型本科院校已经意识到校企合作是教学计划中不可或缺的一部分，因此在校企合作方面进行各种尝试。但是无论在教学上还是在行政管理上保守思想仍然起着支配作用，又缺乏有效的制度支持，我国的应用型本科院校的校企深度合作尚处于探索阶段，与发达国家相比还有一定的差距。

4.2.1 政校企三方在校企深度融合观念上存在差异

参考发达国家校企深度融合的成功经验，我们认为校企深度融合不能只依靠应用型本科院校和企业的自发合作，更需要政府在学校与企业间发挥积极的协调中介作用，在校企深度融合中发挥调控、引导和规划的作用。我国政府在这方面还需要进一步转变职能，更好地发挥自身的作用。

应用型本科院校，对校企深度融合的意义认识不足，由于受传统思想的约束，仍然对办“学术型”大学有特殊情结，但是自身办学条件和科研水平与研究型大学还存在一定的距离。

现阶段我国的就业市场正处于非常尴尬的局面中，主要是大学生找工作难，企业寻找理论与实践能力都突出的优秀人才困难。导致这种局面的原因之一便是企业对待校企深度融合的观念错误。企业认为校企深度融合作用不大，对校企深度融合的态度比较消极。大部分企业将参与企业实习的学生看作廉价劳动力，不积极为实习学生提供专门的技术人员进行实习指导或提供生产设备安排与学生专业相符的生产性操作。深究企业产生这种观念的原因，是在社会主义市场经济体制中，我国企业主要集中精力思考如何获取最大的眼前利益，而缺乏对人才储备的长远考虑。

4.2.2 政校企三方在校企深度融合管理制度上存在缺陷

政府从宏观角度在校企深度融合中起着指导作用，但是政府对如何管理好校企深度融合却缺乏良好的顶层设计。这主要体现在有关校企深度融合，特别是针对应用本科院校校企深度融合的政策不完善，强制性法律法规不健全。例如目前我国关于校企深度融合的政策主要是方向性政策，对于如何推进校企深度融合人才培养模式、制定校企深度融合机制、调动企业积极性、经费投入等细节方面缺少科学指导；法律层面上校企深度融合更是缺少保障，我国暂未出台能够保证校企深度融合健康运行的法律法规，使得校企双方对彼此的权利与义务认识不清。

从微观角度来看，学校和企业不能为校企深度融合共同制定有效的管理制度是造成校企深度融合效果不显著、合作滞于表面的重要原因。一方面，学校内部对约束合作行为的相关管理制度建设不完善，没有将校企深度融合真正融入高校日常管理工作中来。通过查阅过往的关于校企深度融合的实证研究发现，大部分应用型本科院校都出现了制度建设不完善或制度执行不严格的问题。学校内部应该对校企共建项目的监控与考核办法、教师下厂实践制度、外聘教师选聘制度、校内实验室规章制度、校外实习基地管理办法、校企技术转移的规定等一系列章程进行系统的思考设计。另一方面，学者们侧重于在学校设立合作制度，却忽略了企业内部也需要用制度监管合作。阅读关于校企深度融合的实证研究发现，很少有企业对校企深度融合制定专门的制度。企业内部缺乏针对校企深度融合质量的监管制度，例如，学生进厂管理条例、合作成果的使用及管理办法、企业人员指导实习的操作手册、外聘教师报名标准等规定都存在不少缺陷。

4.2.3　政校企三方在校企融合深度上有所欠缺

从政府方面来看，参与校企融合深度不够主要体现在：政府不同部分（如教育行政部门、科技行政部门等）与高校的不同部门（如教务处、产业办）联系不够密切，各自通过不同方式与渠道参与校企深度融合的各项事宜，缺乏统筹管理，形成“多头管理、权责不明”的局面，最终造成人、财、物的资源浪费，不能形成资源共享的局面。

校企融合深度欠缺主要体现在以下两个方面：一是校企融合虽然大规模开展，却忽略了合作质量的高低和合作层次的深浅。大部分应用型本科院校由于缺乏科学的规划和管理，校企融合效果不理想；并且作为应用型本科院校，校企融合应该比职业院校的融合层次更深，不该让校企融合停留在为学生提供实习机会上，甚至学生在企业的实习中只看不动手，或是充当单纯的体力工种，应该将校企融合贯穿于整个人才培养过程中，不要让大量的合作资源处于分散闲置的状态中。二是校企融合的对象只针对学生，忽视了学校教师和企业员工也是融合对象。校企融合的意义不仅仅是单纯地培养应用型人才，还有鼓励学校在与企业的深度融合中建设一支专业素质高、教学能力强的双师型队伍和帮助企业员工提升文化素养。例如,学校应该鼓励教师深入企业学习,使教师加深对行业前沿技术和生产一线的了解;企业也要积极邀请校内教授举办讲座,为企业员工充电学习提供机会。

第 5 章　国内外校企深度融合创新创业人才培养的比较研究

5.1　国外校企深度融合人才培养分析

近年来,建立校企深度融合创新创业人才培养体系已成为世界主要国家推进高等教育改革与发展的一个主要趋势,尤其是经济发达国家和地区更将其作为教育与产业经济结合、培养高水平人才的有效途径。德国、美国、英国、法国和日本等国家在校企深度融合人才培养的实践探索和理论研究方面已形成比较固定的模式,积累了很多可以借鉴的经验。例如,德国的“双元制”模式、美国的“合作教育”模式、英国的“三明治”模式和日本的“产学官合作”模式等。

5.1.1　德国校企深度融合人才培养分析

德国经过多次的高等教育改革,逐渐形成了“教育同科研、生产相结合”的办学理念。政府积极参与并倡导校企深度融合人才培养,建立起多个校企合作研究中心,比较有代表性的有 E. ON 能源研究中心和新材料模拟研究中心。这种校企深度融合的研发模式集基础研究和应用研究为一体,以科研带动教育与生产,优化配置了高校的学术资源,将其有效地转化为生产力。

德国校企深度融合人才培养采用的是“双元制”教育模式,其中的一元指学校,主要职能是传授与职业有关的专业知识;另一元指企业,它的主要任务是向学生提供职业技能方面的专业培训。这种教育模式下的学生具备双重身份:在学校是学生,在企业是实习生。学生在学校接受理论教学与在企业接受实践训练的教学时间比约为 1∶2。学生实践操作能力的训练是实现培养目标的关键;理论教学的目的是为实践教学打下前期的理论基础,是解决实践教学过程中为什么这样做的根本。德国的“双元制”模式中,政府处于监管地位,学校、行业主管部门和生产单位实行三重负责制。在德国,政府出台相关教育政策后,学校和企业都会主动、积极地参与。对于那些不参与校企深度融合培养人才的企业,政府会通过税收或政策等方面的手段对其进行调控,同时企业对学校所培养学生的满意度也决定了政府对学校的财政支持程度。这些措施促进了企业与学校间的合作。

5.1.2 美国校企深度融合人才培养分析

现阶段美国的"合作教育"由企业和学校合作,共同对学生实施教育。学生的教育计划由学校和企业共同制订。学校根据教育计划安排学生的在校学习时间和学习课程,企业根据教育计划安排学生的校外实习时间和实习项目,这两个时间的比例通常是1∶1,最后学生的成绩由学校和企业根据学生在校学习和在企业实习的表现共同评定。学生通过这种教育方式获得了学分、薪酬和实习的机会;企业通过学生的实习,对学生进行了充分的考察,从中可以选择自己需要的新雇员。美国早在1962年就成立了国家合作教育委员会,次年在其推动下又成立了合作教育协会。国家合作教育委员会和合作教育协会负责协调全美1 000所院校合作教育工作,所实施合作教育的学校均设有自己的合作教育部。美国从最早的1958年颁布的《国防教育法》到2006年颁布的《卡尔·伯金斯生涯与技术改进法》都是美国校企合作能够有序、规范、高效进行的必要保障。

5.1.3 英国校企深度融合人才培养分析

英国的校企深度融合教育模式被形象地叫作"三明治"式教育,即学生先在企业实习一年,然后在大学完成三年制的理论课程学习,毕业后再到企业实习一年。这是针对专科学生设置的。对于一些高等工业院校,他们则采取"薄三明治"的培养模式,即在大学的前三年规定每一个学年为两个学期,学生第一个学期在校学习理论,另一个学期在工厂接受实际训练。第四学年为三个学期,学生在学校学习取得学位。

英国在实施校企深度融合人才培养的过程中,重视发挥企业的积极性,企业全程参与高校的办学过程,包括制订教学计划、课程改革、专业设置、教师培养和学校管理等过程。企业作为雇主在一些教育相关机构中任职并直接加入学校的领导班子,与学校共同建立校企深度融合人才培养制度,为学校提供实习实训设备和场地。企业参与对学校的评估工作并制定职业资格标准。高校则十分重视社会调查,根据社会、企业需求设置专业。高校严格按照行业协会和企业制定的标准进行教学，把职业知识融入课堂教学。学校开设工作经验课程，定期组织学生到企业参观，并选派教师到企业学习。

5.1.4　法国校企深度融合人才培养分析

法国的校企深度融合人才培养属工程师教育，可以追溯到 18 世纪。学生在校期间，随着学习的不断深入，会以工人、技术人员、见习工程师等身份多次到企业实习。其主要目的是学习和掌握工程技术知识，进行工程训练，开展应用研究，了解企业运作过程，从而养成专业的工程素质。

法国的高等院校与企业的联合主要体现在教育培养、研究开发和人员培训以及交流等方面。高校会邀请企业界和经济界人士直接参与人才培养模式的确定、专业设置、教学内容与教学方法的确定和实习实践环节的制定等方面的工作，以最大限度地满足企业的需求。高校的科研课题来自工业界的基本理论研究和企业直接委托的研究，或是与企业联合开展的研究。高校的研究人员多数是在与工业企业和法国国家科研中心合办的实验室里，与企业的工程师和研发人员共同从事研发工作。工业界为高校提供大量的经费支持，以帮助高校开展研究工作。高校和企业双方的负责人进入双方的领导机构，参与重大事项的决策与管理工作。高校和企业双方的员工也分别到对方兼职，企业的高级管理干部和工程师到高校任课，高校的教师到企业讲学，为企业开办继续教育。这种校企深度融合人才培养模式使校企双方共同受益，极大地调动了高校和企业双方的积极性。

5.1.5　日本校企深度融合人才培养分析

日本真正使大学和工业联合起来的是 1933 年日本学术振兴会启动的大学—工业合作研究者委员会。第二次世界大战后，传统的“产学合作”被更加先进的“产学官合作”模式代替。其中“产”指民间企业的研究所，有时也泛指企业；“学”指大学以及其他设置在大学的研究所等；“官”指政府和国立研究所。进入 21 世纪以来，日本“产学合作”迅猛发展，由于产业结构、企业经营上的变化(产业界“知识”价值提高，如知识密集型产业的出现)，以及经营商“企业联合型”的普及(“产学官合作”这一方法使得创造和活用知识成为可能)，人们对“产学官合作”的积极性也大大提高。日本政府和企业由于在泡沫经济崩溃中遭受到了严重的损失，所以企业独立经营的思想已经被彻底淘汰。政府围绕着“产学官合作”的教育模式制定了一系列行之有效的制度和措施。全球一体化进程的不断发展催生了日本新型“产学官合作”模式的诞生。

从校企深度融合人才培养的发展历程来看，日本已经形成了以政府为引导、企业为主体、全社会支持成果转化的多元化创新机制。政府对校企深度融合人才培养的干预主要通过立法和财政资助手段来间接地实现。日本的校企深度融合经费由国家、地方和企业三方共同承担。国家办的学校由国家承担经费，企业办的学校由国家、地方和企业三方共同承担。日本相关的法律法规十分完备，使校企深度融合有法可依，有章可循。日本政府认为国家科技根基的稳固主要依赖于职业训练和职业能力的开发，所以日本政府紧密围绕着产学合作出台了一系列深化职业教育校企合作的法律法规，其中《职业教育法》就是日本政府对校企合作教育模式高度重视的体现。后续颁布的《职业能力开发促进法》《大学技术转移促进法》《产业教育振兴法》都是围绕着怎样推进日本的产学合作教育向前、高速、健康发展而制定的。

5.2 国内校企深度融合人才培养分析

5.2.1 国内校企深度融合人才培养模式概述

校企深度融合人才培养模式作为一种新兴的教育模式引起了国内许多学者和专家的兴趣，他们以不同的视角和方法对校企深度融合人才培养模式进行了深入研究。学者们根据校企主体作用的不同，将校企深度融合人才培养模式分为企业主导型校企深度融合人才培养模式、高校主导型校企深度融合人才培养模式、共同主导型校企深度融合人才培养模式。还有一些学者对校企深度融合人才培养模式进行了详细的归纳和总结，把校企深度融合人才培养模式总结为一体化模式、高科技园模式、共用模式、中心模式、工程模式、无形学院模式、项目组模式、包揽模式、政府计划模式、战略联盟模式等。

5.2.2 校企深度融合人才培养存在的障碍

我国虽然也开展了多种形式的校企深度融合，但是许多学校和企业对自己在融合中该做什么、怎么做有时还显得很迷惑，在决策时也显得比较迷茫。部分学者指出，目前，我国真正意义上的校企深度融合并不多，一些地方的校企深度融合仅停留在口头上，主要是因为政策、收益等方面的不足造成的。在当前市场经济条件下，企业采取自主经营方式，并追求经济效益以取得生存与发展为主要目标，与学校发展目标存在一定的差距，这在学校和企业之间设立了一道障碍。此外，缺乏有力的财政、政策和一系列法规的支持和约束，使校企深度融合缺乏政策依据，也得不到保障。

5.2.3　校企深度融合人才培养相关的政策法规

近年来，教育立法开始受到重视，国家已经出台了一系列相关的法律法规。2010 年制定的《国家中长期教育改革和发展规划纲要（2010—2020 年）》提出了“建立健全政府主导、行业指导、企业参与的办学机制，制定促进校企合作办学法规，推进校企合作制度化”的任务和措施。但对于如何推进和加强学校企业的深度融合等内容，在相关的政策和法规条例中还没有形成系统性的文件，对校企深度融合的推动力度不大。迄今为止，国家还没有出台正式的关于校企深度融合的政策和法规，难以保护学校和企业双方的利益。

第 6 章　大学生创业能力要素与结构体系研究

6.1　大学生创业能力要素识别

6.1.1　要素的搜集与整理

创业能力是一个非常复杂的概念，众多学者在这一领域开展了研究，但都存在着各种差异化的理解。根据已有的比较有影响力的文献综述，关于创业能力的构成具有代表性的研究成果有：蒂蒙斯将其分为形成创业文化的技能，包括人际沟通和团队工作技能、领导技能、帮助督导和矛盾管理的技能、团队工作和人员管理技能；管理或技术才能，包括行政管理、法律税收、市场营销、生产运作、财务、技术管理等技能。美国百森商学院将其分为创新创意能力，如提出新构想、新创意；机会能力，如识别机会、确认问题与解决问题；组建团队的能力；营销能力，如辨认市场、进入市场、维持和增加市场等；创业融资能力，如决定现金需求、辨认资金来源及种类等；领导力，如感召团队、企业策划、处理与政府的关系等；管理成长中企业的能力，如建立企业愿景、招募人才、组织与实施监控、处理危机等；商业才智，如确定价格功能、利润及辨识风险。国内也有大量学者对创业能力的要素进行了界定，但普遍是从定性的角度来论述的。并且，创业管理学领域较少关注大学生这一特殊群体，只是随着创新创业浪潮的涌动，随着以创新创业为主线的高等教育综合改革的深入推进，大学生创业能力逐渐成为中国教育领域的研究热点。关于大学生创业能力的构成，已有研究也主要是借用创业管理学中关于个体创业能力的界定。

较早提出并得到较广泛认同的有：蒋乃平（1999）提出大学生创业能力是一种高层次的综合能力，可以分解为专业能力、方法能力、社会能力 3 个方面。这种能力划分受到后续许多研究者的借鉴和采用。其中，高耀丽（2002）在此基础上提出大学生创业能力包括专业知识运用能力、创新能力、社会能力、经营管理能力、理财能力、人际交往能力、适应变化能力、承受挫折能力等。梅伟惠(2012)提出大学生创业技能具有层次性，有隐形的创业基础技能，包括创造力、问题解决能力、决策力等；还有显性的创业操作技能，包括机会技能、资源整合技能、创业管理技能以及专业技能等。上述研究尽管在大学生创业能力要素的划分维度上有所区分，在要素称谓上有所不同，但实质上这些要素多有重叠，这为后续研究提取共识性的要素指标奠定了基础。

本章按照创业型人才培养过程中通常强调通识教育和专业教育两个维度的惯常做法，基于被调研和访谈对象更能理解的角度，从通用能力和专业能力两个方面搜集大学生创业能力要素指标，共抽取了 14 个国内外关于大学生创业能力的共识性要素，作为后续备选的指标。其中，通用能力主要搜集了学习能力、知识运用能力、社会活动能力、沟通能力、耐挫能力、自控能力、应变能力；专业能力主要搜集了资源整合能力、机会能力、危机处理能力、创新能力、经营能力、领导能力、策划能力。

6.1.2　量表的设计与调研

针对这 14 个共识性要素，本章采用李克特 5 级量表的形式编制了大学生创业能力要素结构调查问卷，其中“1”为不重要；“2”为不太重要；“3”为一般重要；“4”为比较重要；“5”为非常重要。为了预防指标设计上的局限性，问卷设计了开放式的问题：除了本问卷列举的 14 个要素之外，您认为还需要补充的能力要素有哪些？请补充并按照“3”为一般重要、“4”为比较重要、“5”为非常重要注明分数。同时邀请了 20 名创业导师作为调查对象，其中 5 名为风投机构的管理者，5 名为创业型企业的管理者，5 名为创业孵化器负责人，5 名为高校专业的创业培训师。20 名被访者均采用现场调查的方式填写了问卷，保证了问卷的回收率和有效问卷率均为 100%。

6.1.3　数据的统计与筛选

张颖等(1994)使用德尔菲法获得指标得分，算出指标的满分频率、算数均数和变异系数，然后综合运用 3 个数值来确定界值及筛选指标。杨华等(2008)进一步完善了该方法，提高了方法的可操作性：首先设定了界值，将满分频率的界值设定为 0.1，认为大于或等于该界值的指标较为重要，即认为仅有一个或者没有专家认为这项指标非常重要时，可以考虑剔除；将算数均数的界值设定为 2.5，认为大于或等于该界值的指标较为重要，即认为在李克特量表的 5 点量尺中，某项指标的专家打分低于总分的一半时，可以考虑剔除；将变异系数的界值设定为0.23，根据其研究成果，认为小于或等于该界值的指标专家协调程度较高，即认为如果变异系数大，则专家认同一致性差，存在较大分歧，可以考虑剔除。然后，将3个指标综合起来进行评价，保留在认可界值内的各个指标，同时考虑通过专家意见及频次统计，吸纳开放式问题所可能获得的其他指标。

使用SPSS软件对回收的调研数据进行统计分析，计算所有指标的算数均数、变异系数、满分频数，最终统计结果见表6-1。

表6-1　大学生创业能力的各指标统计结果

序号	创业能力要素指标	算数均数	变异系数	满分频率
1	学习能力	3.6	0.15	0.1
2	知识运用能力	4.1	0.32	0.2
3	社会活动能力	3.6	0.46	0.4
4	沟通能力	3.8	0.12	0.3
5	耐挫能力	2.3	0.23	0.1
6	自控能力	3.3	0.21	0.2
7	应变能力	2.6	0.09	0.2
8	资源整合能力	4.8	0.29	0.7
9	机会能力	4.9	0.06	0.9
10	危机处理能力	2.6	0.08	0
11	创新能力	4.1	0.13	0.8
12	经营能力	3.5	0.22	0.2
13	领导能力	4.5	0.18	0.8
14	策划能力	2.4	0.19	0

由表6-1可以看出，耐挫能力和策划能力的算数均数小于2.5，可以剔除；知识运用能力、社会活动能力、资源整合能力的变异系数大于0.23，可以剔除；危机处理能力的满分频率小于0.1，可以剔除。另外，在开放式的问题中，部分专家补充了筹措资金与投资的能力、理财能力、融资能力等具有共同内涵的能力要素，经过频数统计以及专家共同评议，认为需要将“理财能力”补充进大学生创业能力要素指标体系。

由此，本章得出大学生创业能力可以由机会能力、创新能力、理财能力、经营能力、领导能力、应变能力、学习能力、沟通能力、自控能力等9项能力要素构成。

6.2　大学生创业能力要素结构概念模型构建

在 9 项能力要素测定完成之后，请参与调研的 20 位专家分别对 9 项能力要素重新按照通用能力和专业能力进行分类，其中有 8 项能力都达成了共识，分属通用能力和专业能力，只有机会能力被 7 名专家提出应单独归类。参照唐靖(2008)、德曼(2007)等人的研究成果，我们认为机会能力可以自成一类。由此，列举大学生创业能力构成要素，见表 6-2。

表 6-2　大学生创业能力构成要素

能力层次	能力领域	主要指标
通用能力	自控能力	自我约束、自我激励、自我掌控
	学习能力	学习速度、学习广度、学习效率、学以致用
	沟通能力	交流沟通以达成共识、解决问题
	应变能力	因势利导、趋利避害
专业能力	领导能力	态度、行为、认知的影响力及号召力
	经营能力	机构创办、选人用人、市场营销、风险管理等
	理财能力	吸纳资金、寻找投资标的、资本运作等
	创新能力	对创意的实践
机会能力		信息搜索与获取、机会评估、商机落实

(1) 自控能力

创业是一个整合和驾驭人、财、物、信息等资源，不断追求成功的艰难过程。创业者要有效地管理别人和各种其他外部资源，首先就必须能够有效地管理好自己。自控能力表现为自我激励、自我约束和自我掌控的能力，反映出积极的情绪状态、稳定的敬业态度、良好的行为习惯和可靠的人格特征。兴趣分散、目标漂浮不定、行为习惯散漫、不能控制自己的欲望、不能有效管理自己的时间等，都是缺乏自控能力的表现。缺少自控能力的人很难应对创业过程中的各种挑战，难以带领创业团队走向成功。

(2) 学习能力

学习能力主要表现为学习的速度、广度、效率和学以致用的实际效果。有专家指出，在竞争加剧的知识经济时代，比竞争对手更善于学习或许就是唯一可靠的竞争优势。创业者的学习能力在很大程度上代表着企业的发展后劲，制约着创业的进程和效果，是衡量创业者优劣的重要砝码。学习是最合算的投资，创业者通过学习可以借鉴无数成功的经验与失败的教训，避免花费大量时间进行重新摸索。人类已经进入知识经济时代，专业知识增长迅猛，科学技术日新月异，产业环境复杂多变，不学习将必然落伍。

(3) 沟通能力

通用电气公司前总裁韦尔奇强调：管理就是沟通、沟通、再沟通。杜邦公司前执行总裁夏皮罗认为：沟通是管理的关键，如果把最高主管的责任列一张清单，没有一项对企业的作用比得上沟通。创业过程中，大量的决策、组织、协调、执行、单项问题解决都需要沟通。一旦失去了沟通能力，创业者将会一筹莫展，甚至一事无成。

(4) 应变能力

创业的环境是动态变化的，企业的目标、策略和方法必须根据环境的变化进行必要的调整。创业者要善于观察形势，能够认识和把握客观环境中变与不变的东西，抓住矛盾的主要方面，把握事物的主流，不仅在逆境中要主动应变，在顺境中也需不断创新和应变。创业者应当因势利导，只有针对具体的变化提出应对措施，才能在变化的环境中趋利避害，化被动为主动，最终赢得竞争优势。

(5) 领导能力

现代企业竞争表面上是单一的企业与企业，或者企业家与企业家之间的竞争，实际上是供应链和供应链之间的竞争、资源网和资源网之间的竞争。每个人的知识、经验、能力和拥有的资源都是有限的，必须要依靠一个团队，必须要有统一的目标，必须要有合理的分工以及优势资源的互补才能获取创业的成功。领导能力往往表现在建设和驾驭团队的能力方面。

(6) 经营能力

创业是通过改变创造价值的过程。这个过程需要强调经营管理活动的执行力，是具体的操作性的过程。由于创业活动类型的多样化，创业者在整个运营过程中需要有一系列的经营管理能力，包括选人用人、开发和维护市场、风险控制与管理等。因此，经营能力也是创业能力的一个核心要素。

(7) 理财能力

无论是创业之初还是创业过程中，资金状况都是多数创业者必须纠结的一个问题，理财能力是创业者必不可少的基本能力。创业者只有把握创业企业的现金流，学会运用资本、资金和人脉杠杆，按互利互惠的市场规律整合、聚集和运作好各类经营资源，才能更加务实高效地推动企业的发展。理财能力的另一种表现就是当事业发展起来之后，随着资金流的不断扩大，创业者依然能够自如地驾驭。

(8) 创新能力

创新是创业的基础，也是创业企业成长的基本要素。创新理论认为，只有打破固有的经济循环、在经营实践中不断引进新要素，并有效推动经济发展的人，才可以称为企业家。创新是企业生存与发展的命脉，是企业进步的不竭动力，是企业竞争力的重要源泉。因此，创业者应该具备良好的创新能力，矢志不渝地做创新的实践者。

(9) 机会能力

哈佛大学商学院史蒂文森教授认为，创业是不顾及现有资源限制而追逐机会的精神。创业者能够从混乱、矛盾、复杂的事件中识别隐藏的机会，从而先于他人开展行动。掌握创业能力的大学生既可以在经济领域寻求创业机会，通过自主创业或者在企业中进行内部创业的形式，创造经济价值，也可以在社会领域中寻求创业机会，通过创办公益组织或者在公共部门中进行内部创业，解决社会问题，创造社会价值。同时，大学生还可以从人口变迁、政策变化、技术进步中捕捉创业机会。与机会识别和创造相关的主要能力包括：信息搜索与获取能力、机会评估能力、创意形成能力等。

大学生创业能力要素结构模型构建的基础假设为：第一，通用能力是每个人都具有的能力，所有大学生由于年龄层次、学历层次等多方面的共性，决定了其通用能力层次具有趋同性。因此，假设所有大学生的创业通用能力都在同一个基础平台上，只存在能力大小的差异，而忽略平台高度的差异。第二，个体的能力要素在实际中通常都存在关联性，即一个人站的平台高了，则其各项创业专业能力的层次也会随之提高。因此，假设各专业能力在模型中都处于同一个平面，能力大小是独立变化的，但应有的层次定位却是统一的。结构模型见图 6-1。

6.3　大学生创业能力量表设计与调研

6.3.1　量表设计构思

大学生创业能力属于不能直接测量的潜变量。目前在管理学领域，应用量表对能力相关要素的测量非常普遍，往往通过调研对象自我感知的方式来获取对该变量的评价值。因此，本研究结构方程模型中设计的量表参照目前管理学领域普遍采用的李克特量表的形式进行设计。由于大学生对自身能力的感知

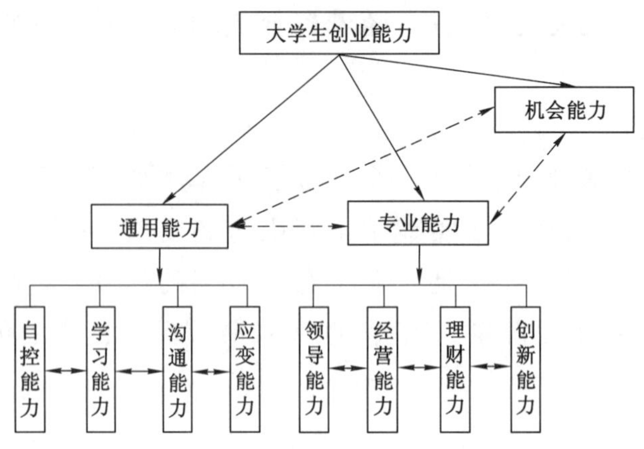

图 6-1　大学生创业能力要素结构模型

很难做到特别灵敏，故不将量表的量尺分得太细，采用五点量尺来实施测量，数据处理时以此赋值为 1、2、3、4、5。

由于对大学生创业能力的研究没有成熟的量表可以应用，因此只能在借鉴前人研究成果的基础上，结合实际情况来设计量表。同时，该量表施测是建立在被调查者主观评判的基础上的，其回答量表的准确性、有效性可能不是十分高，使得处理结果出现偏差。为了尽量减少这一方面的影响，我们在调查时采取了以下措施：一是调研对象相对集中且固定，只调查高年级的在校大学生创业者以及毕业两年内的大学生创业者。这部分学生不仅在创业的阶段、层次等方面具有更大的相似性和可比性，并且对自己的职业生涯、外界社会、创业活动等有了比较广泛而深入的思考。二是在调查前详细解读调查目的和调查题项，并且在被调查者遇到不清楚的题项时，及时安排工作人员单独讲解再让被调查者填写。

6.3.2　形成初始量表

当量表内部各题项一致性较高的时候，采用多题项测量比单题项测量更能提高量表的信度。本研究的创业能力量表采用多题项对相关因子进行测量，并将其中所有涉及的变量，都采用李克特量表的形式进行设计。

本研究在对创业能力相关文献进行查阅分析的基础上，根据研究领域内具有权威性的理论思想和已有较为成熟的量表，结合我国大学生的现实状况，通过专家座谈进行讨论，形成测评量表初稿。在设计初始测评量表时，应尽量采用已经相对完善和成熟的标准量表，但是由于国情和研究背景的差别，需要在已有量表的基础上进行修改，使之更适用于所研究的情境。

6.3.3　量表的前测与试测

本研究的大学生创业能力量表是根据文献借鉴和专家意见而综合形成的，为了避免因题项题意不清或题意存在歧义等影响被调查者作答进而影响量表的信度，需要对量表进行前测。因此，本研究就初始量表内容访谈了研究大学生创新创业的3名教师，先将所研究的变量间的逻辑关系以及变量要测量的内容与其进行了沟通和讨论，然后对每条题项的措辞和类型进行了深入探讨，重点探讨变量间的逻辑关系是否符合大学生创业能力发展和各界创业能力发展资源投入的现实情况，并在此基础上，选取20名大学生分为3个小组进行交流讨论，通过询问被调查学生对每一条题项的理解，来考察其对题项内容的理解是否存在偏差。

量表试测的目的在于检查各条题项对整体量表的贡献度，从而有针对性地去除多余题项，纯化量表。量表试测主要通过对量表进行项目分析来完成，通过项目分析，系统地反映量表的测量内容，并使量表更加完善。本研究选取100名大学生进行了试测，对试测结果进行项目分析，并根据项目分析结果决定题项的保留。

6.3.4　创业能力量表确立

借鉴Chandler和Jansen(1992)、Murphy等(1996)、Manfra(2002)、唐靖和姜彦福(2008)、易朝辉(2010)、吕荣(2011)在创业能力相关研究中关于不同能力测量的内容，经过上述量表开发程序，最终形成的大学生创业能力量表，见表6-3。

表6-3　大学生创业能力量表

因子		编号	题项
通用能力(ECC)	自控能力(SA)	SA1	能够很好地掌控自己的情绪，不易焦虑或激动
		SA2	对别人的意见不盲从，总是先鉴别再决定
		SA3	在任何困境中都能期待和争取美好
		SA4	对自己过去所做的对与错，都能坦然接受
	学习能力(LA)	LA1	通过持续学习不断追求成长进步
		LA2	善用系统存取等科学方法开展学习
		LA3	喜欢通过组织成员的支持和互动促进学习
		LA4	能够实现知识转移，较好地学以致用

表 6-3(续)

因子		编号	题项
通用能力(ECC)	沟通能力(CA)	CA1	在不同环境下、与不同人交流时,能够很好地适应
		CA2	总是能让与你交流的人感到愉悦
		CA3	能够清晰明确地表达自己的意思
		CA4	能清晰准确地了解对方传达的意思
	应变能力(SC)	SC1	具有敏锐的洞察能力
		SC2	对新的环境能够很好地适应
		SC3	对突发事件能够很好地驾驭
		SC4	具有随机应变的知识和技能
专业能力(ESC)	领导能力(LC)	LC1	善于协调人际关系,能很好地调动周围人的积极性
		LC2	总是能够发挥自我表率的作用
		LC3	有良好的总结概括能力
		LC4	善于聆听团队成员的意见建议,能够果断做出决策
	经营能力(MA)	MA1	善于对自身资源进行组织与配置
		MA2	能有效利用外界可获取的资源
		MA3	能够根据组织内部情况及时调整目标和经营思路
		MA4	能够指定适宜的战略目标与计划
	理财能力(FC)	FC1	知晓投资,明白钱生钱的科学
		FC2	知晓市场,了解供给和需求的科学
		FC3	知晓会计、财务、法律相关知识
		FC4	能够利用各种方式进行融资
	创新能力(IA)	IA1	经常有新的想法,并能付诸实践
		IA2	善于发现新问题,并能找到新的解决办法
		IA3	看到新鲜事物,常常会来灵感
		IA4	愿意尝试以不同的方式达到目标
		IA5	喜欢开发和引入技术优越的新产品和服务
机会能力(EOC)		EOC1	对所从事的专业和行业非常了解
		EOC2	能准确感知和识别的环境中没有被满足的需要
		EOC3	善于从低价值潜力中区分出高价值潜力
		EOC4	总是能够发现身边的社会热点和市场痛点
		EOC5	能够评估潜在商业机会的优势和劣势

6.3.5 创业能力问卷发放

调研以江苏省应用型本科院校全日制在校大学生创业者以及毕业 2 年内的创业者为调查研究对象。首先,根据学校区域分布、创业教育开展情况,选取了 30 家江苏省大学生创业教育示范校；然后，逐一联系与拜访所选高校的创新创业工作负责人，讲明本次调研的目的，需要协助开展的工作：提供调研场所和联系被调查学生；之后，每家高校选取 20—30 名学生作为被调查对象，年级分布、学科类别（文史哲、经管法、理工类、农医类）分布、性别分布分别按照被调查学校的实际比例进行筛选，并兼顾研究生的数量；最后，分组召集学生填写问卷。填写前，首先向学生阐述调查的目的和意义，承诺问卷内容是保密的，只用于研究需要，不用于任何商业目的，使受访者可以放心回答问卷，并逐部分解释问卷题项的含义。在填写过程中，受访者遇有不懂或不清楚的题项可随时询问工作人员；如果受访者需要了解相关研究结果，可以在调查问卷上留下电子邮箱地址，调查者会在数据处理结束后将结果反馈给该受访者。

问卷收回后，首先逐个检查，确定是否为有效问卷；然后，将问卷和问卷题项逐个编号，问卷内容录入 Excel 表格，用 SPSS 软件进行数据的基本描述、信度检验和探索性因子分析等；最后用 AMOS 17.0 软件进行各潜变量的验证性因子分析和中介效应的检验。

6.3.6　量表调研对象的基本特征

有效问卷录入完毕后，首先对调查数据进行背景资料的统计分析，以期对数据和被调查对象的整体情况有一个比较全面的认识，从而有助于进一步对数据进行整理分析。此次调研共发放问卷 750 份，回收 750 份，回收率 100%，有效问卷 619 份，有效率 82.5%。有效问卷按受访学生特征统计情况见表 6-4。

从表 6-4 可以看出，样本基本覆盖了各个不同群体。从被调研者的专业背景上看，文史哲、经管法、理工类、农医类和其他所占百分比分别为 8.56%、25.04%、45.72%、12.60%和 8.08%。由于理工类学生在全省高校中占据很大部分，这种分布状况基本与全省大学生专业分布相一致。从被调研者的学历层次分布看，专科生、本科生、硕士研究生、博士研究生所占百分比分别为0.97%、90.95%、7.59%、0.48%，可以看出本科生占绝大多数，本科生正是本次研究的重点研究对象。从男女性别比例上看，男生和女生所占百分比分别为 54.12%和 45.88%，这也基本与高校男女大学生的比例一致。从受访者年龄分布看，20 岁以下、20—24 岁、25—29 岁、30 岁及以上的受访者所占百分比分别为 21.32%、74.96%、3.23%和 0.48%，这也反映了此次调研以本科生占主体的年龄特征。从受访者的家庭所在地看，来自城镇和农村的受访学生的比例分别为 51.70%和 48.30%，基本符合此次研究的需要。

表 6-4 有效问卷按学生特征统计情况

基本特征	资料类别	样本数	占比
专业背景	文史哲	53	8.56%
	经管法	155	25.04%
	理工类	283	45.72%
	农医类	78	12.60%
	其他	50	8.08%
学历	专科生	6	0.97%
	本科生	563	90.95%
	硕士研究生	47	7.59%
	博士研究生	3	0.48%
性别	男	335	54.12%
	女	284	45.88%
年龄	20 岁以下	132	21.32%
	20—24 岁	464	74.96%
	25—29 岁	20	3.23%
	30 岁及以上	3	0.48%
家庭所在地	城镇	320	51.70%
	农村	299	48.30%

6.4 大学生创业能力要素结构实证分析

本节所有数据来源于问卷调查。数据的质量是进行实证研究的基础，因此，在进行实证分析之前，首先需要对数据质量进行检验。对于数据质量的检验问题，主要分析测度项的信度和效度。

6.4.1 创业能力量表的信度分析

量表的信度指测量结果的可靠性、一致性和稳定性，即测量结果是否反映了被测量对象的一贯性的、稳定的真实特征，一般多以内部一致性来加以表示。信度只受随机误差的影响。随机误差越大，信度越低。信度可以看作测量结果受随机误差影响的程度。和信度相关的另一个重要概念是效度，信度是效度的前提。

信度的测量方法主要有 Cronbach's α 系数和折半信度两种。其中，

Cronbach's α 系数是目前学术界普遍采用的检验信度的方法。一般认为,系数越高其内部一致性越好,系数大于 0.7 说明内部一致性是可以接受的。这里采用 Cronbach's α 系数来进行大学生创业能力及其影响因素量表的信度检验,见表 6-5。

表 6-5　量表的信度

<table>
<tr><th colspan="2">分量表</th><th>因子名称</th><th colspan="3">Cronbach's α 系数</th></tr>
<tr><td rowspan="9">创业能力
(EC)</td><td rowspan="4">通用能力
(CC)</td><td>自控能力(SA)</td><td>0.616</td><td rowspan="4">0.907</td><td rowspan="9">0.965</td></tr>
<tr><td>学习能力(LA)</td><td>0.783</td></tr>
<tr><td>沟通能力(CA)</td><td>0.842</td></tr>
<tr><td>应变能力(SC)</td><td>0.826</td></tr>
<tr><td rowspan="4">专业能力
(ESC)</td><td>领导能力(LC)</td><td>0.839</td><td rowspan="4">0.936</td></tr>
<tr><td>经营能力(MA)</td><td>0.849</td></tr>
<tr><td>理财能力(FC)</td><td>0.849</td></tr>
<tr><td>创新能力(IA)</td><td>0.865</td></tr>
<tr><td>机会能力(EOC)</td><td>机会能力(EOC)</td><td>0.881</td><td>0.881</td></tr>
</table>

由表 6-5 可以看出,除自控能力(SA)外,大学生创业能力及其各因子的 Cronbach's α 系数均在 0.7 以上,且自控能力(SA)的 Cronbach's α 为 0.616,仍然可以接受。这说明量表的内部一致性较好,可以进行效度检验并进入结构方程模型计算。

6.4.2　创业能力量表的效度分析

量表的效度,即有效性,是指量表有效测量了被测量对象特质的程度,亦即量表测量结果对测量对象的接近程度,主要包括 3 类:内容效度、准则相关效度和结构效度。

内容效度主要是评价量表的内容是否合适。本研究采用的大学生创业能力量表是在对国内外文献进行整理与理论分析的基础上,经过前测、试测、修改后形成的,因此,确信内容效度良好。

结构效度指量表内容反映理论或模型特质的程度。检验方法分为探索性因子分析和验证性因子分析。探索性因子分析用于分析量表的潜在结构,使其成为包含题项较少但其相关性比较大的变量;验证性因子分析用于检验假定的因素结构,检验潜变量的存在与否。

本节借鉴 Anderson 和 Gerbing(1998)的研究,将探索性因子分析与验证性因子分析相结合来进行效度的检验,将调研数据随机分成两部分,310 份用于探索性因子分析,另 309 份用于验证性因子分析。

(1) 探索性因子分析

探索性因子分析主要用于分析各变量的因子结构。进行探索性因子分析前,需要先通过 KMO 样本测度(Kaiser-Meyer-Olkin Measure of Sampling Adequacy),确认 KMO 值应高于 0.7;需要进行巴特利特(Bartlett)球形检验,确认巴特利特球形检验的 p 值应为 0.00,方可进行因子分析。经检验,大学生创业通用能力、大学生创业专业能力量表的 KMO 值分别为 0.921、0.935,巴特利特球形检验值显著性均为 $p=0.000<0.05$。这表明各量表均适合进行因子分析。大学生创业通用能力测量量表、大学生创业专业能力量表探索性因子分析结果分别见表 6-6、表 6-7。

表 6-6 大学生创业通用能力量表探索性因子分析结果

因子	题项编号	成分			
		1	2	3	4
自控能力(SA)	SA1	0.182	0.041	0.179	0.832
	SA2	0.156	0.314	0.103	0.765
学习能力(LA)	LA1	0.115	0.707	0.254	0.124
	LA2	0.096	0.757	0.275	0.110
	LA3	0.394	0.701	0.120	0.167
	LA4	0.220	0.535	0.480	0.145
沟通能力(CA)	CA1	0.738	0.076	0.330	0.203
	CA2	0.743	0.216	0.155	0.139
	CA3	0.748	0.242	0.273	0.053
	CA4	0.705	0.153	0.309	0.235
应变能力(SC)	SC1	0.326	0.220	0.551	0.337
	SC2	0.394	0.273	0.722	0.124
	SC3	0.319	0.147	0.773	0.126
解释总体方差变异/%		21.554	17.163	16.557	12.664
累计解释总体方差变异/%		67.928			

注:全部数据样本 $n=310$;提取方法是主成分法;旋转方法是方差最大法。

表 6-7　大学生创业专业能力量表探索性因子分析结果

因子	题项编号	成分			
		1	2	3	4
领导能力(LC)	LC1	0.123	0.327	0.336	0.643
	LC2	0.183	0.122	0.438	0.617
	LC3	0.264	0.259	0.094	0.773
	LC4	0.247	0.201	0.329	0.727
经营能力(MA)	MA1	0.202	0.371	0.599	0.346
	MA2	0.254	0.226	0.744	0.239
	MA3	0.305	0.212	0.734	0.210
	MA4	0.211	0.290	0.537	0.355
理财能力(FC)	FC1	0.202	0.681	0.238	0.263
	FC2	0.224	0.687	0.119	0.423
	FC3	0.123	0.791	0.229	0.175
	FC4	0.272	0.771	0.243	0.103
创新能力(IA)	IA1	0.735	0.316	0.146	0.180
	IA2	0.733	0.263	0.218	0.253
	IA3	0.854	0.102	0.148	0.164
	IA4	0.672	0.114	0.399	0.149
	IA5	0.525	0.223	0.462	0.212
解释总体方差变异/%		18.446	17.323	16.512	16.151
累计解释总体方差变异/%		68.431			

注：全部数据样本 $n=310$；提取方法是主成分法；旋转方法是方差最大法。

通过表 6-6、表 6-7 可以看出，大学生创业通用能力量表、大学生创业专业能力量表各因子分别解释了总体量表的 67.928%和 68.431%，探索性因子分析结果显示各量表具有良好的内部结构。

(2) 验证性因子分析

为了验证大学生创业能力量表中涉及的各变量是否适合进入结构方程模型进行分析，需要进行验证性因子分析，进一步对各潜变量的测量效果进行区别效度和收敛效度分析，从而确定变量对因子的测量效果、各因子之间的差别性。

本书采用因素分析的负荷量来判断收敛效度和区别效度。在收敛效度判别上，对同一因素，所有因子的标准化因子载荷大于0.5，且达到显著水平($p<0.1$)，就可以认为此变量的收敛效度佳。在区别效度检验方面，若各个因子两两之间相关系数小于0.9，则此变量的区别效度高。

① 创业通用能力因子效度分析。在收集数据后，本书采用结构方程模型，用AMOS 17.0对探索性因子分析后的数据进行验证性分析。创业通用能力量表的验证性因子分析结果见表6-8，13个题项的载荷量均在0.5水平上。表6-8中各项拟合指标均达标。由此，验证了13个题项分别收敛于4个因子，说明创业通用能力这个潜变量的测量题项的收敛效度较好。

表6-8　创业通用能力一阶因子结构模型的拟合度分析

拟合指标	数值	参考指标	标准来源
χ^2/df	2.208	<5	McDonald和Ho(2002)
GFI	0.938	>0.8	McDonald和Ho(2002)
AGFI	0.905	>0.8	McDonald和Ho(2002)
SRMR	0.026	<0.08	Hu和Bentler(1995)
RMSEA	0.063	<0.1	Steiger(1990)
NFI	0.837	>0.9	Hair等(1998)
TLI	0.952	>0.8	Byrne等(1998)
CFI	0.964	>0.8	Byrne等(1998)
IFI	0.964	>0.9	Byrne等(1998)

创业通用能力维度内的因子相关系数详见表6-9，大大低于临界值0.9，说明创业通用能力量表的建构区别效度较好。

表6-9　创业通用能力一阶因子间相关关系分析

因子名称			相关系数	C.R.	p
学习能力	↔	自控能力	0.701	6.178	***
学习能力	↔	沟通能力	0.833	8.075	***
学习能力	↔	应变能力	0.747	8.090	***
沟通能力	↔	应变能力	0.837	9.013	***
沟通能力	↔	自控能力	0.660	6.174	***
应变能力	↔	自控能力	0.690	6.563	***

注：***代表$p<0.001$，有显著差异。

② 创业专业能力因子效度分析。创业专业能力量表的验证性因子分析结果详见表 6-10，17 个题项的载荷量均在 0.5 水平上。表 6-10 中各项拟合指标均达标。由此，验证了 17 个题项分别收敛于 4 个因子，说明创业专业能力这个潜变量的测量题项的收敛效度较好。

表 6-10　创业专业能力一阶因子结构模型的拟合度分析

拟合指标	数值	参考指标	标准来源
χ^2/df	2.933	<5	McDonald 和 Ho(2002)
GFI	0.881	>0.8	McDonald 和 Ho(2002)
AGFI	0.839	>0.8	McDonald 和 Ho(2002)
SRMR	0.036	<0.08	Hu 和 Bentler(1995)
RMSEA	0.079	<0.1	Steiger(1990)
NFI	0.895	>0.9	Hair 等(1998)
TLI	0.913	>0.8	Byrne 等(1998)
CFI	0.928	>0.8	Byrne 等(1998)
IFI	0.929	>0.9	Byrne 等(1998)

创业专业能力维度内的因子相关系数详见表 6-11，大大低于临界值 0.9，说明创业专业能力量表的建构区别效度较好。

表 6-11　创业专业能力一阶因子间相关关系分析

因子名称			相关系数	C.R.	*p*
经营能力	←→	理财能力	0.743	8.293	***
理财能力	←→	创新能力	0.658	7.565	***
领导能力	←→	创新能力	0.779	8.320	***
领导能力	←→	经营能力	0.875	9.068	***
领导能力	←→	理财能力	0.714	8.045	***
经营能力	←→	创新能力	0.773	8.351	***

注：*** 代表 $p<0.001$，有显著差异。

6.4.3　创业能力要素的层次性分析

从结构方程检验结果可以看出，本书设定的大学生创业能力结构要素模型具有良好的信度和效度。鲁德曼(Rudman)曾经从专业、管理、机会、战略、网络等 5 个维度阐述了从事创业活动所需的相关能力，并通过研究分析指出这些能力确实是具有层次性的。他认为专业能力和管理能力是创业的低阶能力，而机会、战略、网络能力是更高层次的能力，并且机会能力位于整个能力结构“金字塔”的顶端，引领创业活动的发展方向。梅伟惠等人在文献回顾和专家访谈的基础上，提出了又一个创业能力要素的“金字塔模型”。他们同样认为大学生的创业能力要素具有层次性，其中，创业基础能力是趋于隐性的能力，包括创造力、问题解决能力、决策力等；创业操作能力是趋于显性的能力，包括机会能力、资源整合能力、创业管理能力等。各个专家对大学生创业能力的界定的范畴和阶段有所差异，有人是立足于创业活动，更趋于创业型人才培养的末端，即实践孵化阶段来研究创业能力及其要素结构的；而有人将相关研究向创业型人才培养的前端延伸，涵盖广大学生都应具有的基础能力。不论要素如何划分，众多的专家学者能够达成共识的是，大学生创业能力要素具有层次性，应当对其进行深化和细化分析。

本书的大学生创业能力要素结构分析借鉴梅伟惠等人的部分观点，即创业基础能力趋隐性，是层次较低的，而创业专业能力趋显性，是层次较高的。同时，借鉴鲁德曼等人对创业机会能力的分析，创业机会能力是层次最高、引领性的。本书分析认为：大学生创业能力的 9 项构成要素中，一部分是通用能力，覆盖的人群比较宽泛，涵盖 4 个趋于隐性的能力领域，处于能力结构的底层；另一部分是专业能力，覆盖的人群相对较窄，涵盖 4 个趋于显性的能力领域，处于能力结构的上层；另有机会能力位于能力结构的顶端，引领创业活动方向。无论是自主创业还是企业内创业等不同类型的创业活动，在各项能力基础之上，创业者都必须掌握机会能力，把握机会并优先行动，才能最终有效地实现创业。

6.4.4 创业能力结构要素模型的完善

依据前文对大学生创业能力要素的探索性研究，我们认为自控能力、学习能力、沟通能力、应变能力 4 项能力要素能够较好地解释大学生创业的通用能力，而领导能力、经营能力、理财能力、创新能力 4 项能力要素能够较好地解释大学生创业的专业能力。

基于前面的理论假设，以及各能力要素的功能定位和层次结构，本书构建了大学生创业能力构成要素的“虚实类锥状体模型”，见图 6-2、图 6-3。该模型认为，大学生创业能力要素具有层次性，分别为趋于隐性的通用能力、趋于显性的专业能力，以及引领各项能力的机会能力等。各种能力虽然在创业过程中地位、作用有所不同，但都是不可或缺的。同时，专业能力的层次高低也对轴心线长度带来潜在影响，专业能力层次越高，可能的创业层次也越高，激发的创业能力就越大。

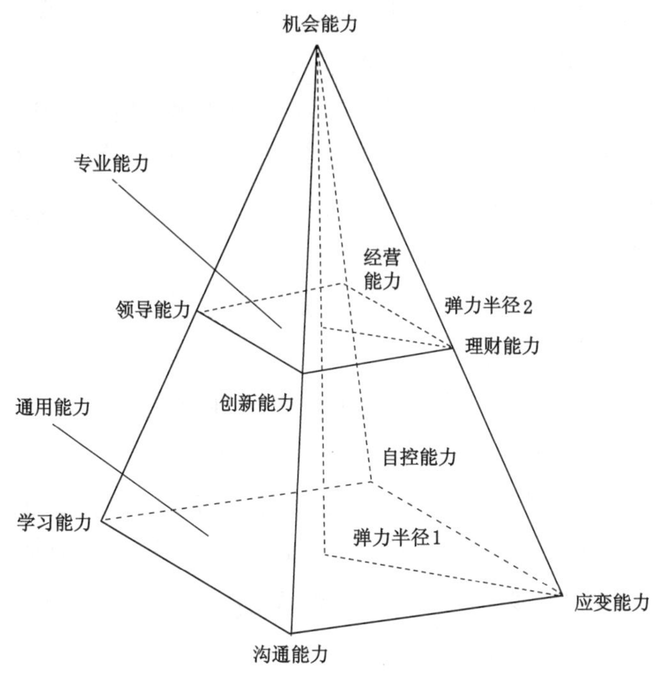

图 6-2　大学生创业能力要素“虚实类锥状体模型”

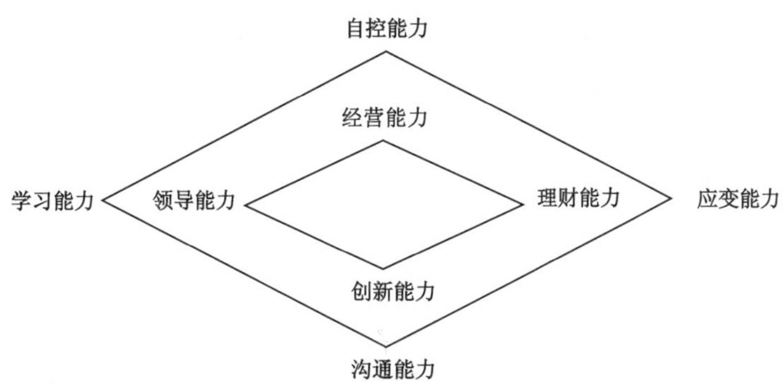

图 6-3　大学生创业能力要素“虚实类锥状体模型”横截面图

6.5　大学生创业能力要素结构模型的启示

由大学生创业能力要素“虚实类锥状体模型”的构建过程以及量化逻辑可知，大学生创业能力提升虽是一项复杂的系统工程，但其提升路径是可以明确的、具体的。

一是要注重改善通用能力要素的大小。任何一项能力的张力半径太小，都将从整体上削减“虚实类锥状体”的体积，可能因创业能力不足而导致失败。通用能力是大学生创业能力要素结构模型的基础，通用能力的弹力半径很大程度上影响着大学生创业能力的整体规模。

二是要注重改善专业能力要素的大小。针对性培养各项大学生创业能力要素，避免出现能力短板，是大学生创业能力培育工作的一项根本性要求。创业专业能力并不是所有大学生都具备的，但对于创业者来说或多或少均需具备，对于高校来说也就成为必须努力的方向。

三是要注重提升专业能力要素的层次。整体创业能力的提升，不仅需要针对某个层面进行能力大小的改进，而且要注重层次的提升。专业能力的层次高低，会使类锥状体体积发生变化，影响创业者创业潜能的发挥。

四是要重点提升机会识别与掌控能力。“虚实类锥状体模型”显示，通用或专业能力要素中某一项极弱甚至缺失，从理论上来说“虚实类锥状体”仍有存在的可能，即创业者仍有创业成功的可能。而最高层次的能力要素是唯一的，意味着机会能力不可或缺，必须从机会搜寻、识别、把握等方面切实予以提升。

第 7 章　校企深度融合创新创业人才培养案例分析

7.1　大连理工大学校企深度融合案例分析

大连理工大学始建于 1949 年 4 月，1960 年被确定为教育部直属全国重点大学，是全国首批“211 工程”和“985 工程”重点建设高校，具有较强的科研实力，属研究型大学。学校以人才培养为根本任务，本科生教育与研究生教育并重，以培养创新型人才为主要目标。学校现已形成以理工为主，经、管、文、法等多学科协调发展的学科体系。大连理工大学早在改革开放初期就开始实施校企深度融合的教育模式。这种教育模式在不断改革与发展过程中逐步得到完善。大连理工大学先后经历了校企科研项目合作、创建校企合作委员会平台、联建企业国家技术分中心、开创校企深度融合研究院等几个阶段，现已形成了多种平台、多种模式共存发展的态势。

7.1.1　“3＋1”的办学模式

“3＋1”办学模式是指学校与企业联合办学，学生完成 3 年在校学习，第四年在企业进行为期 1 年的实习实训活动。

① 开设卓越计划班。大连理工大学分别与三一重工集团有限公司和米其林中国有限公司共同建设了工程实践中心，并设立了“大工-三一卓越计划班”和“大工-米其林卓越计划班”。大连理工大学每年选拔 30 名学生进入卓越计划班学习，以培养具有实际工程经验的卓越工程师为培养目标。卓越计划班的培养计划和培养方案由学校和企业共同制定。卓越计划班的学生需要有连续 1 年的时间在企业进行工程实践学习，熟悉工程研发流程，提高工程创造的能力。

② 建立“中广核苏州核电学院”。大连理工大学与中国广核集团有限公司联合建设“中广核苏州核电学院”，共同培养核电人才。每年从本科生中选拔25—30名学生到“中广核苏州核电学院”进行实习实践活动，实习期为1年。中广核苏州核电学院为学生提供毕业设计和论文的题目，学生在中广核苏州核电学院的工程师和学校教师的共同指导下完成毕业设计和论文。学生的毕业答辩由学校组织校企双方的专家共同来完成。

7.1.2 开设创新实验班培养具有创新能力的人才

大连理工大学从新生中挑选成绩优异的学生组成创新实验班。创新实验班以培养学生的创新能力为目标，吸收全校优秀的教育资源，采用研究型、实践型的教学模式，从大学生活伊始，培养学生创新实践能力，开阔学生的学术视野。在此基础上，学校还面向学有余力的学生，开设创新实践能力强化班。强化班按学生兴趣、研究方向或专题设置系列研究型、实践型的课程，以培养学生的创新能力。

① “沈鼓-大工”研究院。沈阳鼓风机集团股份有限公司(简称“沈鼓集团”)一直注重通过校企深度融合完成先进技术的集成创新，通过在学校建立“研究特区”的方式同大连理工大学进行了多项科研合作，开创了一种比较有效的紧密型合作创新模式，设置了“沈鼓-大工”研究院。沈鼓集团在建设研究院的过程中，投入了大量资金，聘请了大批海内外专家和科研技术人员，包括大连理工大学教授、海内外引进专家以及相关研究团队共计数十人。研究院中除来自沈鼓集团的研发人员外，其余所有聘任专家均需完成长达一个半月的企业实地考察与锻炼。研究院目前已启动大型高速压缩机转子试验系统及固耦合振动等课题的研究工作。沈鼓集团将设在大连理工大学的“沈鼓-大工”研究院纳入其企业技术中心的技术管理工作中。企业技术中心每年会定期向研究院下达年度研发任务，同时研究院将与企业联合申报并完成各类计划项目。这种通过设立研究院进行合作的校企深度融合办学模式在整合企业与院校的技术力量方面向前迈进了一大步。

② “辽油-大工”研究院。辽河石油勘探局归属中国石油天然气集团公司(是其中的骨干企业之一)。辽河石油勘探局是一家主要以工程技术服务、加工制造、能源开发与综合利用、生产贸易服务四大板块为主营业务的企业。2006年，为了进一步提升企业的技术能力，辽河石油勘探局与大连理工大学联合成立了“辽油-大工”研究院。研究院设置在大连理工大学科技园内，其机构和财务独立运行。首批进驻研究院的是包括大连理工大学教授和辽河石油勘探局研

发人员在内的多位研究人员。研究院得到了来自大连理工大学化工学院的从事二氧化碳回收利用、高纯气体制备技术、环境友好大气污染控制技术的学术团队和船舶工程学院船舶与海洋工程实验室的大力支持。他们为辽河石油勘探局在稠油开采与钻井平台方面提供了大量的技术支持。与此同时，辽河石油勘探局为大连理工大学的技术实施提供了载体。

7.1.3　借鉴与启示

大连理工大学作为研究型大学，在参与国家深度融合创新人才培养中，注重发挥学校人才培养、科学研究、社会服务的主要功能，形成以创新人才培养为主体的校企深度融合、产学研用紧密结合的人才培养体系。大连理工大学在校企深度融合人才培养方面的特色可以总结为以下 3 点：

第一，大连理工大学通过成立卓越计划班和中广核苏州核电学院，校企双方共同制定培养方案和培养计划，以共同培养学生的工程实践能力。

第二，开设创新实验班的教学方式更加注重对学生创新能力的培养。

第三，校企共建的研究院需要双方共同派出科研人员，新聘任的人员需要得到高校和企业双方的共同认可。企业决定研究院的研发方向，研发技术成果直接产业化，技术成果归企业所有，绝大部分应用于企业的技术储备。学校派出的教师在参与研究的同时也接触到了企业最先进的技术，拓宽了知识面，提升了研究能力。教师可以将自己的研究以案例分析的方式带入到教学中，以真实的案例引导学生的思维，培养学生的研究能力，增加了学生对企业前沿技术的了解，使课程更有说服力。在企业遇到技术难题时，可以采用高校教师的研发技术，实现了知识互补，也使教师的研究成果得以转化。

大连理工大学这些成功的校企深度融合经验值得我们借鉴。

7.2　山东交通学院校企深度融合案例分析

山东交通学院始建于 1956 年，2000 年由交通部划转到山东省，实行中央与地方共建、以地方管理为主的管理体制，2011 年经教育部批准升格为普通本科院校。现开设交通运输、车辆工程、土木工程、轮机工程、航海技术、船舶与海洋工程等 61 个本科专业，专业设置以工为主，以交通为特色，涵盖“文、理、工、经、管、法、艺”七大学科门类。该校为“全国高校毕业生就业 50 强”典型经验高校。

7.2.1 校企深度融合制定人才培养方案

山东交通学院的办学策略不同于传统的“厚基础、宽口径”的研究型大学，而是根据山东省经济建设实际，在办学过程中强调与地方经济发展相匹配的针对性、实践性和适时性。学院根据山东省的经济建设需要开设针对性强的专业。办学定位是“应用型本科高校”，培养面向山东省经济发展的中高层工程技术人才。

某软件公司每年到山东交通学院选拔一批信息工程系大二或大三的学生，组成班。该软件公司从战略高度出发，提出计算机嵌入式软件人才培养的要求。学院根据该软件公司对嵌入式人才的具体需求有针对性地制定培养方案，实施新的教学计划。并且学院根据企业需要成立了嵌入式系统实验室，积极研究对日嵌入式系统，培养针对性更强的外包人才。

7.2.2 根据企业需求设置课程

山东交通学院在对日软件人才培养过程中，逐渐发现仅开设日语和计算机编程技术课程是远远不够的。学生在校学习期间不能充分了解日本软件业发展中的一些特殊规范和管理制度，这将对学生日后的工作产生严重影响。于是，学校创造性地开设了“对日软件规范”这门课程。该课程集专业日语、软件工程和日本企业文化于一体，并在实际的教学中取得了良好的效果。

为了适应某软件公司对学生在嵌入式系统方面的技术要求，山东交通学院开设了“嵌入式系统概论”“操作系统”“嵌入式操作系统基础”等课程。学生通过在校期间的学习，对嵌入式系统方面有了一定的了解和掌握，受到了用人单位的好评。随着该软件公司海外事业部拓展对日外包市场，急需会日语的软件人才，公司要求员工要通过 N3 级别的日语等级考试，并取得相应的证书。此时，山东交通学院正在进行大规模专业建设，计算机科学与技术专业的培养目标还没有完全定位，毕业生的就业方向还不是十分明确。学院根据该软件公司的要求进行了第一次教学改革，在教学计划中开出了日语课程。这次改革取得了丰硕的成果，达到学院要求的毕业生受到了该软件公司的好评，同时也坚定了学校改革的信心。随着该软件公司海外事业部演变为某科技有限公司，学院与其合作更加深入。在深度融合办学过程中，学院秉持企业的需要就是学院改革的方向的原则，在教学计划中加入对日软件规范课程，结果毕业生大受企业欢迎。

7.2.3　有针对性的教学模式改革

山东交通学院与某科技有限公司开展深度融合办学，该公司提出毕业生提前 1 年到公司实习的建议。学院根据这一建议实施了校企深度融合人才培养模式，即学生 4 年的大学生活中的前 3 年在学校完成基本理论和专业课程的学习，第四年到企业完成工程素质和职业技能的培养。这次教学改革影响了教师的教学方式和学生的学习方式，也影响到企业的用人方式和对员工的培训方式。事实证明，山东交通学院的教学改革是有效的、成功的。

7.2.4　借鉴与启示

山东交通学院在校企深度融合人才培养方面的经验主要体现在以下几点：

首先，校企联合制定培养方案，使学生的培养更适合企业的需求。

其次，根据企业需求开设新课程，使学生的知识结构更加完整，更加符合企业对人才的要求。

最后，根据企业的要求进行教学改革，使学生的学习方式以及企业的用人方式都得到改善。

山东交通学院的校企深度融合人才培养模式，提高了学生的就业率。这些方案的实施使山东交通学院在培养对日软件外包人才方面取得了骄人的成绩，值得我们借鉴和推广。但是问题也随之而来。目前，企业选拔人才的时间越来越早，如何在这种情况下保证人才培养质量特别是工程素质的培养质量是问题之一。另外，随着日方发包越来越大型化、高层次化，企业用人要求也随之提高，如何培养使企业满意、技术水平较高，同时能吃苦耐劳、忠于事业、诚实守信的高层次人才成为一个严峻的问题。山东交通学院的校企深度融合教育成功案例只涉及部分专业，如何使这种教育模式在全校范围内推广、更好地应用到其他专业是我们需要考虑的。

7.3　华南农业大学校企深度融合案例分析

华南农业大学是广东省和农业部共建的“211 工程”重点大学，已有百余年的办学历史。学校学科门类齐全，科研实力雄厚。动物科学学院作为华南农业大学重点建设的特色学院，以培养符合企业需求的具有创新精神的高素质应用型专业人才为第一目标。学院经过多年的实践探索，逐渐形成了多种符合自身发展的校企深度融合的人才培养模式。

7.3.1 双导师制人才培养模式

动物科学学院在大二到大四的学生中实行双导师制。所谓“双导师制”是指，为学生配备校内和校外两位导师，共同培养学生。学院将学生分配给本学院各专业的老师，这些导师主要负责学生在校的学习、生活和毕业论文等工作。学院还为每3—4名学生配备一名校外导师。这些校外导师均来自与学院保持长期合作关系的企业，他们主要负责学生的科研、实践和论文工作。校外导师可以让学生接受来自社会大课堂的教育，给学生带来了更多的社会生产实践的机会。这种双导师制的培养模式是建立在校企双方互惠互利的基础上的，是双向参与、共同育人的形式之一。

7.3.2 订单式人才培养模式

北京扬翔集团每年在华南农业大学动物科学学院组织考核，并挑选其中的20名学生组成“扬翔班”。“扬翔班”配有专门的辅导员负责其管理工作，并设立班级奖学金，对在各方面表现优异的学生给予一定的奖励。“扬翔班”的学生每年暑假都会进行课程实习，在学习—实践—再学习—再实践的全面培养过程中，增强了实践能力。

7.3.3 校企共建科学研究基地

广东温氏食品集团股份有限公司(简称“温氏集团”)创立于1983年，是一家大型的畜牧类企业，主要以养鸡业、养猪业为主导，兼营食品加工和生物制药。温氏集团是华南农业大学规模最大的省级教学科研基地。校企双方以培养适应社会能力强、有较强的实践能力和创新能力的高素质人才为共同目标来开展校企深度融合培养人才。

华南农业大学动物科学学院持有温氏集团的股份，学院院长作为董事会成员可以参与到企业的发展规划等重大问题的讨论与决策中。学院派出优秀教师到企业担任技术经理等重要职务，并成立专家组深入到企业的生产现场给予技术指导。

温氏集团在总部设立了华农楼，为华南农业大学在人才培养方面提供了充分而有利的条件。温氏集团现代化的鸡肉种鸡试验场、实验肉鸡室、现代化孵化室以及饲料质检中心等既是校企深度融合项目的载体，又是华南农业大学的教学科研基地，在科技攻关和人才培养中均发挥了积极的作用。

目前，华南农业大学有十余位优秀教师长期在温氏集团工作。这些教师通过与具有丰富生产经验的工作人员进行合作，做到了科研与生产实际相结合，提高了实践能力和研究能力。与此同时，这些教师将在温氏集团的研究成果和实践经验加以总结并带到课堂的教学中，也可以将在企业接触到的该专业的最新技术带到课堂中，既拓宽了学生的知识面，又使高校培养的人才更符合企业的需求。这些教师结合自己在企业中开展的科技创新活动，指导本科生的实习和研究生的实验及科研工作。每年都有数十乃至上百个来自不同专业的学生在温氏集团实习、就业。温氏集团成了华南农业大学许多教师进行教学科研的依托，同时也是学生实践和锻炼的场所。

7.3.4　借鉴与启示

华南农业大学动物科学学院的校企深度融合人才培养主要突出了以下几点：

第一，双导师制的实施可以较好地解决学生的理论学习与实践脱节的问题，使学生的学习与实践在教师的层面加以结合。

第二，订单式人才培养模式使学生的培养目标更加准确，目的更为明确，针对性更强。

第三，华南农业大学采用共建科研基地的深度融合办学模式，有效地避免了高校教学工作脱离生产实际以及科研成果转化率低、与市场结合不紧密等问题。校企深度融合办学模式把教学科研、人才培养和社会服务有机地统一起来，促进了学校和企业的共同发展。在与温氏集团的合作上，双方是本着“优势互补、精诚合作、长期持久、平等互利、成果共享”的原则来开展合作的。华南农业大学成为温氏集团主要的技术支持和人才培养中心。温氏集团是华南农业大学科技成果转化及推广的重要载体。特别是华南农业大学十多位长期在温氏集团工作的教师，促进了校企深度融合的健康发展。这种模式有效地避免了学生到企业实习后由于无人监督管理造成的“放羊”现象，同时也使师生了解到先进的技术及其发展方向，开阔了师生的眼界。

7.4　徐州工程学院校企深度融合案例分析

徐州工程学院作为一所地方本科院校，其目标是为地方经济和社会发展培养面向生产、建设、管理、服务等第一线需要的实践能力强，具有良好职业道德的高技能、高素质应用型本科人才。这一人才培养目标定位决定了学校的办学模式必须始终坚持“立足地方、服务地方”的基本原则，充分利用学校、企业和科研院所不同的教育环境和教育资源，走校企深度融合教育之路。多年来，徐州工程学院重视校企深度融合教育工作的开展，始终牢记服务地方的使命，将校企深度融合教育定位为学校长期发展战略。学校紧密结合地方经济社会发展，主动融入江苏省振兴徐州老工业基地的发展战略，大力推进学科、专业深度融合建设工作，注重校企深度融合教育平台的搭建，不断提升服务地方经济社会发展的能力，凸显了应用型人才培养特色，取得了显著成效。

7.4.1 更新观念，充分认识校企深度融合工作的重要性

校企深度融合是地方本科院校应用型人才培养的重要途径之一。校企深度融合可以推动地方高校革新办学理念，拓宽办学思路，推动地方高校变革人才培养模式，拓宽就业渠道。因此，学校党委、行政将校企深度融合教育定位为学校长期发展战略，“校企（地）合作战略”成为学校实施的四大发展战略之一，并写入学校“十一五”“十二五”事业发展规划。学校在制定《十一五学科专业建设规划》时，明确指出“推进与国内外的科研院所、企业在人才培养、科学研究和技术开发等方面的合作，实现资源共享、优势互补，共同承担科研项目，尝试联合建设学科、专业”。学校《十二五事业发展规划》中强调“大力实施‘校地合作’战略。推进校地合作是发挥地方高校后发优势、实现后来居上的关键举措。要保持清醒的认识，把‘以服务求支持，以贡献促发展’上升为学校办学理念层次，既依托地方，又服务地方，在服务中找到位置、形成特色、提高水平。在科学研究与科技服务方面，进一步增强主动为地方经济建设和社会发展服务的意识，不断提升科技服务的能力和水平，通过人才培养模式改革与科技服务、产业开发，促进产、学、研、用紧密结合”。

为实现确定的发展目标，学校专门成立课题组对地方高校开展校企深度融合人才培养进行了系统的研究，积极探索和掌握校企深度融合人才培养的发展规律，研究了校企深度融合人才培养的基本内涵、本质特征、运行机制，具体分析了学校近几年来开展校企深度融合人才培养工作中存在的问题，总结了成功经验，通过研究对学校校企深度融合人才培养的指导思想、思路、目标、任务、运行机制、激励措施等相关内容进行了科学合理的规划。学校提出了要按照“面向市场、适应需要、校企结合、共同教育”的基本原则，以行业、企业为主导，发挥全校 40 个专业建设指导委员会中的 84 名行业、企业专家的作用，统筹规划、重点建设和普及相结合，积极探索和实践以“订单式培养”“工学结合”为主的多种形式的校企深度融合人才培养模式，不断改革创新，提高学校的教学水平和人才培养质量，形成自己的办学特色和办学优势。

7.4.2　加强管理，建立校企深度融合的制度与保障措施

学校成立了以院长为主任、相关处室和各二级学院主要负责人为成员的校企深度融合教育工作委员会，建立"校—教务处—二级学院"的三级组织管理体制，形成学校全面统筹和指导、教务处协调、二级学院具体实施的校企深度融合人才培养管理体制与运行机制。学校在每年安排工作时，都将校企深度融合人才培养纳入工作要点，相关职能部门每年都制订相应的工作计划。《徐州工程学院2010年工作要点》提出"强力推进校企深度融合，主动服务地方经济，认真办好第三届徐州发展高层论坛，举办首届校企联盟大会，邀请百家以上单位来校参会，签订一批校企深度融合教育协议"。《徐州工程学院2011年工作要点》提出"组织召开实践教学基地研讨会，做好校级'人才培养试验区'遴选工作；加强与企业联系，推进学校与企业人才资源开发，提升人才发展的整体水平。大力推进校企联盟行动计划"。《徐州工程学院2012年工作要点》提出"制定和完善校地合作各项规章制度，以合作平台建设为依托，共建校企深度融合基地，加强成果推广应用、人才培养培训和社会咨询服务等校企地合作"。

为鼓励校企深度融合的实践，学校制定出台了一系列政策、文件。2010年12月出台了《徐州工程学院关于进一步开展校企深度融合教育工作的意见》(徐工院行教〔2010〕65号)，对学校进一步开展校企深度融合教育工作的指导思想、目标与任务、管理体制与运行机制、具体内容、激励措施和工作要求提出了详细意见。《徐州工程学院实习管理暂行规定》(徐工院行教〔2007〕60号)，对学生实习环节的工作进行了规范，2009年、2011年学校两度对优秀实习指导教师进行了表彰。《徐州工程学院二级学院教学经费使用管理暂行办法》(徐工院行教〔2011〕3号)规定："实践教学经费，占学院教学业务费的70%，包括各种实践教学环节的指导教师差旅费、学生实习材料、交通、校外教师的指导费、实习基地的建设费以及其他直接用于实习的相关费用等。"《徐州工程学院"专业建设推进年"活动实施意见》(徐工院行教〔2011〕12号)明确规定："学校将定期对各专业实习实训基地的建设情况进行抽查，并适时召开实习实训基地建设工作研讨会。"《徐州工程学院科研工作量计算办法(试行)》(徐工院行发〔2007〕2号)规定："以我校作为协作参加单位的纵向项目，以主管机构的立项通知及学校与主持单位协议(或主持单位证明)为依据，核定经费须到达我校财务账户。我校为第一参加单位(单位排名前二)、且我校教师排名在前三名的，工作量核定标准为：个人排名前二按相应级别课题的50%计，个人排名第三的按相应级别课题的20%计。"这些政策的出台提高了教师与企业进行校企深度融合项目合作的

积极性。

7.4.3 搭建平台,营造校企深度融合的良好环境

徐州工程学院为新建地方本科院校,大部分科研骨干教师来自全国四面八方,对徐州市地方政府、企事业单位不熟悉,制约了校企深度融合实践的开展。为此,学校在校企深度融合人才培养工作中注重合作平台的建设,积极开展各种形式的校企深度融合对接活动,不仅积极地走出去,而且主动地请进来,为高校与企业、政府之间的沟通和了解架设桥梁。学校领导也高度重视校企深度融合人才培养工作的开展,多次亲自带队深入各市、县、区、企业进行对接活动,搭建校企深度融合人才培养平台。

学校教务处、科研处将校企深度融合对接活动作为日常工作进行常态化管理,每年都组织各二级学院带领科研、教学骨干与企业进行校企深度融合对接活动。仅 2011 年,学校就先后与徐州市各区县组织了 6 次较大规模的校企深度融合交流活动。学校 2011 年 3 月与徐州经济技术开发区开展了全面战略合作研讨会,4 月与邳州市科技局召开校企地科技对接交流会,5 月初与铜山高新技术产业开发区洽谈科技合作事宜,5 月中旬又与鼓楼区人民政府签署了战略合作协议,6 月参与了铜山区“蓝火计划”项目对接活动,9 月与丰县人民政府、睢宁经济开发区举行战略合作研讨会及科技合作事宜。学校通过签订各类战略合作协议、共建校企深度融合基地等措施不断完善校企合作机制,搭建校企深度融合教育平台。上述工作为学校与各县区的全面校企深度融合教育的开展,提高学校应用型人才培养的质量,起到了极大的促进作用。

在积极走出去的同时,学校还主动邀请企业与地方政府进学校。2009 年 5 月,学校召开了教学实习基地代表座谈会,徐工集团建筑工程机械有限公司、南通秋之友生物科技有限公司、徐州市云龙湖风景区管理处、徐州锻压机床厂集团有限公司、徐州大康企业建设工程有限公司、徐州彭博装潢工程有限公司、铜山县三堡中学等单位应邀参加了座谈会,会上授予了徐州锻压机床厂集团有限公司等 15 家单位“徐州工程学院校外优秀实习教学基地”称号。通过座谈会,校企(政府)双方加强了沟通和了解,对促进校企(地)深度融合教育起到了积极的促进作用。2010 年 6 月,学校举办了“徐州工程学院校企(地)联盟大会”,江苏省科技厅、徐州市政府以及市发改委等单位领导出席大会,省内外 200 余家企事业单位负责人到会。大会期间,学校与新沂市政府、铜山县政府、贾汪区政府签订了战略合作协议。与 68 家企业签订了合作协议。2011 年 12 月,学校隆重召开实习基地建设研讨会。会议回顾了学校实习基地建设

取得的成果，明确了今后强化实习基地建设的工作思路，授予徐工集团、中国一拖集团有限公司等 33 家单位“徐州工程学院优秀实习基地”称号。会上学校还表彰了“徐州工程学院优秀实习指导教师”，与 13 家新建实习基地签订了合作协议。

通过上述活动，地方政府和企业加深了对学校发展状况的了解，增加了对学校办学能力和水平的认同，有力地促进了学校校企深度融合教育的开展。

7.4.4　创新模式，构建富有特色的校企深度融合人才培养体系

徐州工程学院始终坚持校企深度融合培养应用型人才的办学定位，紧密结合地方经济发展需要和行业、企业的实际需求，科学制定人才培养方案，优化整合课程体系，大力推进人才培养模式改革，构建资源共享、合作育人、合作办学、合作发展的长效机制，开展了模式多样的校企深度融合活动，构建了富有特色的校企深度融合人才培养体系。

(1) 改造传统专业，合办新兴专业，共建特色专业与重点专业

在校企深度融合人才培养工作中，学校充分发挥科研、技术、人才等优势，服务地方技术进步和产业转型，为地方经济建设提供了有力的智力支撑。学校紧密结合地方产业结构的调整和行业、企业的发展变化，跟踪地方经济发展中战略性新兴产业的需求，发挥校外专业建设指导委员会委员的特长与作用，积极与行业、企业合作改造传统的老旧专业、合作申报新兴专业。2009—2011 年，学校共与各行业、企业合作改造传统的老旧专业 11 个，完善了传统专业的人才培养方案与教学计划；与行业、企业共同组织市场调研，不断研究和调整专业的培养方向和培养计划，共同创办了 7 个社会需求较大的新兴专业；整合各方的优势与特长，联合申报了“食品科学与工程”“计算机科学与技术”“财务管理”“汉语言文学”4 个省级特色专业、“食品科学与工程”“财务管理”2 个国家级特色专业；2012 年学校又与行业、企业共同申报了 6 个江苏省高等学校“十二五”(第一批)本科重点专业，获批“食品科学与工程类”“机械类”“工商管理类”3 个重点专业类和“计算机科学与技术”“汉语言文学”2 个重点专业。通过校企深度融合教育，学校培育了一批与地方经济、产业发展密切相关的校级、省级和国家级的特色专业与重点专业，使学校的专业体系结构更趋合理，专业建设工作更能结合地方经济社会发展的实际。

自教育部启动“卓越工程师教育培养计划”以来，学校大力开展“卓越工程师教育培养计划”的研究和校内试点工作，与徐工集团、维维集团和南通四建等大型企业密切合作，积极探索应用型人才培养模式。2010 年，学校机械设计制

造及其自动化和食品科学与工程专业入选教育部“卓越工程师教育培养计划”，使学校成为第二批“卓越工程师教育培养计划”高校。这是根据学校专业优势、地方经济的发展需求和产业行业特点，开展校企深度融合教育的又一新的平台。“卓越工程师教育培养计划”的实施，必将为学校进一步强化工科办学优势、不断凸显服务地方经济的办学特色做出更大贡献。

(2) 共建教学资源，校企深度融合教育基地建设稳步推进

学校高度重视与企事业单位共建教学资源，积极推进校企深度融合教育基地建设。学校拥有丰富的教学资源、科研资源、文化资源和人才资源，企业拥有先进的技术设备、良好的技术应用背景。学校需要更好地培养学生的职业素养和职业技能，为企业输送合格的应用型人才。企业需要充足的人才储备作为生存和发展的保障。基于共同的目标，双方积极共建教学资源，推动了校企深度融合教育基地的稳步发展。

2009—2011 年，学校通过校企(地)合作已与 31 个地方政府、机关部门及 376 家企业建立合作关系，与企业共建省级工程技术研究中心 6 个、产学研基地 110 个、校外实习基地 227 个。“淮海地区非物质文化遗产研究中心”获批江苏省普通高等学校人文社会科学校外研究基地。学校入选“省市共建商务服务平台”，成为徐州市唯一一家入选“江苏省国际商务人才培训服务平台培训项目”的高校，“徐州现代物流发展研究院”“苏北农村发展研究院”在学校挂牌成立。

按照“产学研用相结合”的理念，学校努力推进与国内大型企业联合建立现代工程实践教育中心，已与徐工集团、维维集团、中建八局等企业签署了共建协议。与徐工集团工程机械有限公司共建的机电工程实践教育中心被评为“江苏省示范中心建设点”。2010 年机电工程学院与徐工集团共建了国家级“机械制造工程实践教育中心”。2010 年，学校与北京博奥生物有限公司签约共建“生物芯片国家工程研究中心淮海分中心”“淮海经济区食品安全快速检测中心”，其中，“淮海经济区食品质量安全快速检测中心”实验室面积 1 000 平方米，设备总值 1 500 余万元，现已装修完毕，可以正式投入使用。“食品生物加工工程技术研究中心”被批准为省级工程技术研究中心，“江苏省大型工程装备检测与控制重点建设实验室”“江苏省食品资源开发与质量安全重点建设实验室”两个实验室获得江苏省教育厅立项建设。

校企深度融合人才培养基地的建设，保证了学校每个专业都有一定数量的稳定、高效的实习、实训基地，满足了学生的实践教学需要，促进了学校应用型人才培养的质量。近年来，学校依托校企深度融合人才培养基地，积极开展实

践教学，邀请徐工集团、维维集团等企业技术人员到校讲学，组织学生到企业实习、实训，学生能够严格按照实践教学计划落实企业实习、实训，增强了人才培养的实践性教学环节，为培养合格的应用型本科人才创造了条件。

(3) 合作办学、订单培养，培育行业、企业急需人才

学校大力推进应用型人才培养模式改革，根据不同专业人才培养规格，积极探索“订单式”校企联合培养模式、“3＋1”或“2＋2”教学模式，鼓励在人才培养模式改革方面的有益尝试，促进人才培养模式的多元化，全面构建应用型创新人才培养体系。学校积极开展校企合作办学，为企业培养急需人才。

2009年2月，学校化学化工学院和江苏蓝丰股份有限公司签订合作培养协议，对职工进行应用化工技术学历教育。2012年4月，江苏蓝丰生物化工股份有限公司50名一线业务骨干、班组长通过两年的专业学习，顺利通过了学业考核，获得毕业证书。

2009年11月，学校与徐州瑞隆机械工业发展有限公司签约进行合作办学，机电工程学院“瑞隆人才培训基地”正式揭牌。根据协议，双方将利用各自师资、设施及就业方面的优势联合培养机械专业本科生，由瑞隆公司设立奖学金，实行实习奖励、学费报销、职前晋级等制度，并帮助机电工程学院组建液压实验室，为机械专业学生提供良好的见习条件。“瑞隆班”从大一至大三学生中招生，不打乱现有学生编制，根据企业需求，增设相关专业基础课及专业课，学生利用假期时间到企业参与实训，在学校设立专门班主任及指导教师，同时，设立学校指导教师。

2011年10月，学校与苏宁电器徐州地区管理中心签约共建“苏宁班”，实施订单式培养。根据协议，苏宁电器徐州地区管理中心设立奖学金，实行实习奖励，用以资助学生到企业实习实训，企业参与教学大纲制定，增设“家电物流配送”等应用课程，参与学生实习、实训环节的指导，对进入“苏宁班”的学生，企业无条件接收有意愿的全部毕业生。该模式的指导思想是以学生职业能力培养为出发点，以直接就业为导向，实现“订单式培养、零距离就业”。

2011年3月，根据江苏省教育厅《关于开展地方高校计算机学院培养服务外包人才试点工作的通知》(苏教高〔2011〕2号)精神，学校与中软国际资源信息技术(无锡)有限公司、用友软件股份有限公司徐州分公司、无锡市安艾艾迪服务外包培训学校签订协议，联合培养服务外包人才。学校以校名、校誉、知识产权、办学资质和教学管理等无形资产，校园、校舍、教学设备、基础理论课程师资等有形资产作为合作条件，企业以其品牌、商誉、知识产权，以及实践教学师资、实习实训、就业资源等作为合作条件，双方共同制订教学计划和课程体系，共同

制定课程教学大纲，共同建设学生实践教学平台。

学校承办了第二届博爱建筑安全论坛(2011·徐州)。论坛历时4个月，分为建筑安全生产管理辩论赛、博爱建筑安全论坛两部分。论坛各活动围绕建筑业从业人员安全、健康、权益、职责及建筑业安全生产管理和发展方向等深入展开，诠释了安全生产的重要性和生产及管理的内涵。江苏省建筑安全与设备管理协会、南通华新建工集团、江苏中阳建设集团有限公司、江苏华东地质建设集团有限公司、江苏省建筑工程集团有限公司、江苏武进建筑工程有限公司、苏州金螳螂建筑装饰股份有限公司等知名建筑企业参与了论坛活动。此次论坛活动，扩大了学校知名度，提升了行业影响力，拓宽了校地合作渠道，促进了学生高效就业。江苏省建筑安全与设备管理协会还出资设立"博爱建筑安全奖学金"，首批基金为50万元，旨在奖励徐州工程学院安全技术与管理专业学习成绩优秀、立志于从事建筑安全工作的学生，以满足建筑业对建筑安全管理人才的需求，进而提高建筑施工企业安全生产管理水平。学校首批19名学生获得此项奖学金。

(4) 工学结合、合作就业，实现人才培养与就业一体化

面对大学生就业压力大的形势，学校本着"以学生为本"的理念，想学生所想、急家长所急，根据行业、企业对职业岗位的技能与素质要求，积极探索特定的条件下适合企业需求的人才培养方案，调整与整合课程体系，采取"工学结合、合作就业"等教学形式，实行校内课堂教学与行业、企业工作岗位实习、实训的无缝对接，大力培养学生的职业技能与素养，提升毕业生的就业能力。据统计，2009—2011年学校与行业、企业的合作就业达1 136人次。这部分学生实现毕业生与行业、企业工作岗位的零距离就业。目前，学校人才培养呈现出"进口旺、出口畅"的可喜局面，生源质量逐年提升，新生录取分数线和第一志愿录取率逐年提高，应用型人才培养质量赢得了行业、企业的信赖和社会认可。2010、2011年学校本科毕业生初次就业率及最终就业率均高于全省平均水平。

近年来，徐州工程学院结合学校与地方经济社会发展的实际情况对校企深度融合进行了有益探索和积极实践。校企深度融合对学校的学科调整及专业设置，人才培养模式改革，提高办学水平、办学效益，使学校发展战略更适合社会经济发展要求和趋势，对提高学校的知名度起到了十分重要的作用；也对提升企业核心竞争力，增强地方企业的经济效益和社会效益，提升区域经济实力起到了良好的促进作用。

7.4.5　徐州工程学院校企深度融合人才培养的实施过程

（1）成立学校事业发展咨询委员会

学校的建设与发展需要广泛吸收社会企业参加，加强与地方行业、企业的联系。可以聘请行业、企业董事长或总经理组成学校事业发展咨询委员会，参与对学校事业发展战略的咨询和研究，其中部分热心于学校改革、发展和建设的著名企业家可聘为名誉校长或名誉院长。学校事业发展规划的制定、校企深度融合教育机制的建立、校外实习实训基地的巩固，都离不开这些咨询委员会成员的大力支持和积极配合。通过这种联系机制，学校可以了解行业、企业和社会对各种人才的实际需要，适时调整学校的专业设置、学科结构和人才培养规格，提高学生的工程实践能力和社会适应能力，加快学校科研成果的开发转化。

（2）成立学校校企深度融合教育工作委员会

学校完善校企深度融合人才培养工作的管理体制，建立组织机构，明确工作职责。学校成立校企深度融合教育工作委员会，委员会主任由院长担任，分管教学的副院长任委员会副主任，成员由教务处、科研处、人事处、学生处、各二级学院负责人组成。其职责是制定校企深度融合人才培养管理制度，研究学校开展校企深度融合人才培养工作的规划，指导各二级学院深入开展校企深度融合人才培养工作。学校由此形成了“学校—教务处—二级学院”的三级组织管理体制，形成学校全面统筹和指导、教务处协调、二级学院具体实施的校企深度融合人才培养工作的有效管理体制。

（3）完善各专业建设指导委员会的工作机制

学校建立各个专业建设指导委员会，聘请各行业、企业专家与领导担任委员，定期或不定期请他们对专业改革与建设、课程改革与建设、产教合作、实习实训基地建设等献计献策。在专业建设指导委员会成员的协助及专家直接参与下，学校制定指导性的专业人才培养方案，修订和完善教学计划。各二级学院认真落实学校专业建设指导委员会的工作章程，制订专业建设指导委员会年度计划，每年定期召开 2—3 次专业建设指导委员会会议，并做好年度工作总结，使专业建设指导委员会工作更趋规范化、制度化。专业建设指导委员会积极参与整个人才培养的全过程，充分发挥其在人才培养中的重要作用。

（4）建立校企深度融合人才培养工作的长效运行机制

学校进一步健全校企深度融合人才培养工作的组织机构，建立各专业校企联席会议制度，成员由各专业负责人、骨干教师和企业管理、技术人员组成。校企双方指定联系人，定期召开校企深度融合人才培养工作会议，形成“专业指导委员会委员—二级学院负责人—企业技术与管理人员”三位一体的校企深度融合人才培养工作的长效运行机制。双方在合作创办新专业，改造老专业，校外实习、实训的组织、指导、管理，以及实习、实训结果评价等方面通力合作，通过合作了解职业岗位对开设新专业及所培养人才的能力、知识、素质要求，确定新专业建设方案，共同培养为地方经济建设与社会发展服务的高技能、高素质应用型本科人才。

(5) 建立校企深度融合人才培养工作的评价机制

校企深度融合人才培养工作的评价，是保证校企深度融合人才培养成效的重要环节。必须以技术应用能力为主体，设计评价指标体系，并采取与之相适应的评估方法，特别要重视行业、企业对学生“顶岗”实习中实际表现的综合考察，做到学校评价与社会评价相结合。学校评价工作，在招生方面要统计各专业报考率、录取后的新生报到率。学生毕业时，既要通过考试、考核，取得学校的毕业证书，还要通过职业技能鉴定，取得有关部门颁发的、相应的职业资格证书或技能等级证书。社会评价工作，要重视毕业生就业情况的调查，跟踪近 3 届毕业生的一次就业率和当年年底的就业率，重视用人单位对毕业生素质的综合评价，跟踪调查毕业生上岗后的称职率、1 年后的优良率和收入情况，然后指导学校的教学改革，分析地方经济建设和社会发展对人才需求的新要求，从而推进学校人才培养模式的改革。

(6) 建立校企深度融合人才培养工作的激励机制

学校设立校企深度融合人才培养工作奖励基金，用于奖励在校企深度融合人才培养工作中取得突出成绩的先进单位和个人。根据每年校企深度融合人才培养工作的评估结果，对于成绩突出的单位及个人予以奖励。

① 认真做好校外实习、实训基地的总结和表彰工作，对表现突出的校外实习、实训基地和指导教师、兼职教师(导师)给予表彰，旨在形成企业主动参与合作教育培育人才的良性循环。

② 认真做好专业建设指导委员会年度总结和表彰工作，对表现突出、绩效显著的专业指导委员会成员予以表彰。

③ 鼓励和支持有科研能力的各二级学院教学、科研人员积极与企业合作进行科技开发和科研立项，学校在科研经费方面优先配套。

④ 鼓励和要求各二级学院教学、科研人员，定期联系企业和指导学生校外实习、实训，学校在教学工作量方面进行适当减免。

⑤ 鼓励和要求各二级学院教学、科研人员，定期到企业参加实践锻炼，深入

企业一线，参与企业的核心技术、关键技术的创新过程，努力提高实践动手能力，提升教师、科研人员的“双师素质”。

⑥ 鼓励有条件的二级学院，按照“学校搭台、学院唱戏”的构想，设立相关机构，鼓励中青年骨干教师创新创业，提倡资本、技术、管理等要素参与兴办实体性质的研究所（研发中心）。对有一定发展前途的项目，可单独组建科技型企业。

⑦ 对积极参与校企深度融合人才培养工作、业绩显著的教学科研人员，学校在专业技术职称评聘等方面给予倾斜。

(7) 鼓励行业、企业在学校设立奖助学金

鼓励和引导有条件的行业、企业在学校设立奖学金或助学金，促进学校与企业间的合作，增进受奖励或资助的学生与授奖企业的情感，提高设奖企业的知名度和美誉度，校企深度融合人才培养工作更加紧密，使实践教学基地、项目研发基地成为学生的就业基地。

(8) 建立校企深度融合人才培养的技术开发和技术培训小组

充分发挥学校教师的潜能，创造条件让他们参与根据行业、企业需要而适时成立的技术开发小组和技术培训小组，与本地区的行业、企业等单位合作，从设计、施工、调试、运行各环节进行工艺流程的技术开发，并在企业技术人员培训、设备调试和学生实习、实训等方面开展具体合作。同时，企业的技术人员到学校接受先进工艺技术方面的知识和企业管理的培训，把企业实际运行中遇到的难题带到学校进行探讨，学校的教师了解到企业技术创新的问题与要求，有利于拓宽科研思路，培育新的研究方向，增强科研项目研究的针对性和实用性，学生也获得到企业实习、实训的机会。

(9) 建立多元化的校企深度融合人才培养的投融资机制

首先，要充分发挥政府在校企深度融合人才培养工作中的宏观引导作用，建立宏观引导与激励机制，确立校企深度融合人才培养工作在地方经济发展和科技创新体系中的核心地位。其次，鼓励风险投资的发展，建立校企深度融合投资基金，形成“政策投入为导向、企业投入为主体、金融借贷为支撑、社会投资为补充”的多层次、多渠道的资金投入体系，特别要充分发挥风险投资和投资基金作为校企深度融合人才培养工作中的催化剂作用，在满足对资源需求的同时降低经营活动的不确定性。再次，要建立科研资源的流动机制，使科研资源能够以更低的成本合理地流动，特别是稳定非人力资源的流动和鼓励科研人员的流动。人才的流动有利于形成新的社会关系网络，有助于信息和技术的传递，促进创新。

7.4.6 借鉴与启示

(1) 与地方的行业、企业联合建立高水平、仿真的校内外实践基地

在校内，建立具有现代化水平的仿真的校内实践基地，其主要的设备水平达到甚至超过行业的现代化程度。仿真实践基地既可以进行技能训练，又可开展课题研究；既可进行教学实验、实习，又可进行职业岗位技能实践；既能承担工程项目和生产任务，又可模拟仿真生产过程；既可为学生按行业、企业要求设计实训项目，使学生亲身体验和深入了解现代化的工艺流程，生产环节，工程项目组织、实施和管理的全过程，又可为社会各界工程技术人员知识更新、职业培训、新技术推广创造更好的条件。

在校外，选择一批设备工艺先进、管理水平高、适合学生动手操作、有利于发挥学生创造力的骨干企业作为校外实习、实训基地。学校聘请企业的管理专家和工程技术人员担任现场指导老师(兼职教师)，企业为学生提供部分工作岗位，使学生在校期间有机会进入生产实际领域，获得真正的职业训练和工作体验，并在生产、管理等岗位工作中完成一定的生产、管理任务，获得一定的报酬。

(2) 与地方的行业、企业合作办学

地方经济的发展需要地方高校的科学知识和技术的支持，行业、企业需要高素质的人才来提高在市场上的竞争力；而地方高校的生存和发展则需要地方经济的支持，地方高校应当根据本地区经济发展的需要与地方的行业、企业合作办学。其主要形式有：校企合作改造传统专业、合作创办新专业，“订单式培养”“工学结合”以及校企合作培养高质量、高素质工程硕士等。高校在与地方企业合作办学中，实现理论与实践、科学技术与生产实际相结合，双方相互促进、取长补短、互惠互利。地方高校得到了行业、企业的资助，提高了办学实力及水平，并为学生创造了良好的实习、实训条件，提高了学生的实践能力，增加了就业机会；而行业、企业由于得到了地方高校的科学技术支持，提高了经济效益和雇员的素质。校企双方的实际利益驱动，使合作办学达成“双赢”的目标。

(3) 与地方行业、企业或科研院所共建研发机构开展科研活动

为了提高企业的核心竞争力，地方企业必须跟上科技发展的步伐，因而越来越多的企业把重点放在新技术的研究和新产品的开发上。但是，企业人员构成特点、企业规模等原因导致企业研发成本高，研究效益的不经济，它们迫切需要与地方高校合作进行研究。众多地方高校，由于教学和科研的需要，在基础研究的设备上有一定投入，但是并不充足，而且研究项目也不饱和。地方高校科研队伍比较稳定，但是教师的科学研究潜能并没有得到充分发挥，通过校企

共建研发机构共同开展科研活动，可以把基础研究与行业、企业的专项产品研究相结合。学校与行业、企业建立合作研究中心，共同开发新技术、研究新产品。企业在合作中为地方高校提供资金和设备，增强了高校的财力，不仅可以促进地方高校的科学研究水平的提高，也可以使地方高校的科研经费得到保障。高等学校与科研部门的合作，高校利用交叉学科的人才优势，科研部门利用专业优势、特殊环境与设备、经费优势，可以对高级别的科研项目与重大课题，如国家自然科学基金项目等进行联合攻关。

(4) 通过技术转让、咨询服务等方式为地方行业、企业与地区经济发展服务

地方高校科研获得成果并不表明整个科研活动已经结束，只有将其转化为先进的生产力，为国民经济的发展做出贡献，才是科学研究的根本目的，才是真正实现了科研成果的价值，也才表明这项科研活动的结束。而且，地方高校向地方的行业、企业转让先进技术，也可获得相当的经济收入，为地方高校的发展提供更雄厚的物质条件。同时，转让技术也加强了高校与企业的联系。

为不使资源闲置、人才浪费，地方高校也可为地方行业、企业与地区经济发展提供咨询服务。在为地方行业、企业与地区经济发展提供咨询服务的过程中，地方高校获得了地方行业、企业与地区经济发展状况和需求的第一手资料，为地方高校确立办学方向、人才培养目标以及更好地开展教学和科研工作提供了切实可靠的依据，使地方高校办得更具地方特色。地方高校为地方行业、企业与地区经济发展提供咨询的方式多种多样，有教授咨询，也有学生咨询，有业余咨询，也有到政府或企业部门挂职或担任顾问，有为某项产品或某个企业提供的个别咨询，也有针对整个地区经济发展的宏观咨询。咨询的内容包括政策、管理、战略决策和技术发展等。

第 8 章　应用型本科院校大学生创新创业能力的培养途径

能力培养是一个全面、长期、系统的过程，根据调查结果和应用型本科院校大学生创新创业能力要素体系中的关键因素，应用型本科院校大学生创业能力的培养可以从以下几个方面做出努力。

8.1　树立科学的创新创业教育理念

理念是行动的先导，是发展创新创业教育的基石。在当今大力推进大众创业、万众创新的背景下，整合创新创业教育理念，是高校培养应用型职业人才的第一步，也是最为重要的一步。作为教育领域的新概念，“创新创业教育”是一个相对模糊、交叉性较强的复合概念。其本质为以培养学生的创新精神、创业意识和创业能力为基本价值取向的教育理念和教育模式。新概念往往蕴含新理念。“创新创业教育”表达着一直与时代精神相吻合、与社会发展需要相适应的新理念。当今时代是知识经济的时代。知识经济的兴起在当前背景下对高校提出了更为艰巨的人才培养任务，势必要培养一批高层次、高技能以及拥有创新能力的应用型创业人才。

对此，高校应整合创新创业教育理念，在整合的同时，更应注重与专业教育的融合，及时更新观念，积极发展，将其贯穿到人才培养全过程中，在学生已有的专业知识的基础上，通过模拟、设想、实践等操作，帮助大学生树立创新精神和创业意识和技能，以重视职业应用性为培养人才的出发点，深刻认识应用型创业人才培养的内涵，坚持以能力本位为主、知识为辅，突出核心能力的培养，注重与社会经济的有效对接，强调贴近市场需求、职业定位导向、理论与应用结合、实践与创新结合的人才培养思维。

理念是行动的先导，没有科学、正确的理念，大学生创新创业教育的施行就缺乏成长的土壤。国家施行大学生创新创业教育计划是为了造就最具创造性、最有创新精神的一代。因此，高校、地方政府以及社会各方面都要树立科学的理念，在大学生创新创业教育方面齐心合力，为建设创新型国家提供人力资源保障。作为应用型本科院校，在实施创新创业教育过程中，要清醒地认识到创新创业教育的本质是素质教育，核心是“育人”，是以培养学生的创新意识、创业能力、实践能力为目标的，最终是对学生综合素质的培养。

8.2　完善学校创业教育体系

8.2.1　明确创新创业教育目标，完善顶层再设计

高校开展改革转型前要先明确实施创新创业教育的目的是培养高素质的应用型创业人才。应用型创业人才的特点是以能力体系为主，强调能力本位的培养，知识为能力服务。与以往培养学术型人才不同，现今的人才培养目标更应该紧跟社会发展需求，强调与行业职业的有效对接和应用性。应用型创业人才应具有更强的社会能力，如交流能力、适应能力、创新能力等综合能力。应通过创新创业教育完善应用型职业人才培养模式的顶层设计。

在顶层设计视角下，当前我国高校的人才培养模式主要有以下几方面的不足：第一，高校缺乏与企业之间的深度融合，虽然在人才培养方案中都明确了人才培养目标和定位，但总体上仍是按照老派的、无针对性的方向进行人才培养，缺乏与企业的深度互动融合，与培养应用型创业人才脱节，教学方式与实际脱轨。第二，高校缺乏课程与课程之间的紧密关联，在目前的人才培养方案中，仍存在培养目标不明晰、课程与课程之间衔接不紧密、无法有效培养相关人才等问题。第三，缺乏科学的人才培养目标定位。高校应着眼于培养适应社会经济发展，具有职业性、应用性并兼具创新思维的人才，开发学生的潜能。

因此，高校应明确创新创业教育培养应用型创业人才目标，完善顶层设计体系，具体包括：第一，明确涵盖创新创业教育的人才培养目标，改革传统上以教师为主的培养方式，转变为注重以学生为主体、教师为辅的培养方式，并进行细致的社会调查，形成新的以学生为主的人才培养模式。新的人才培养模式必定对教师提出新要求，同时也对课程体系、实践教学、创新创业实训基地、校企深度融合等提出新要求，这就要求要从总体上完善人才培养模式顶层设计系统。第二，以校企深度融合为基础，改革人才培养模式。应改善传统体制下的封闭式培养模式，人才培养方案的制定要兼具企业行业的深度融合参与，根据

相关行业企业或岗位对人才的要求来进行课程体系设计，参照企业运营规则，引入企业标准、企业文化等，重塑传统的教育观念、教育模式、教育内容和教材资源。第三，贯彻工学结合教育思想于专业建设全过程，具体表现在紧密结合学生的工作和学习以及工学结合的相关要素，在师资、课程、实训等建设中，努力提升为企业行业服务能力，建立科学有效的校企合作组织制度。

8.2.2 设计基于能力本位的应用型创业人才培养方案

目前我国高等教育处于转型阶段，在向大众化方向发展。在转型发展的重要阶段，应用型本科院校必须重新定位，构建具有自身特色的教育和办学模式，从而满足社会发展的多方面需求。应用型本科院校现阶段要着重树立以能力本位为指导思想，摒弃"理论＋实践"的培养方案，构建"理论＋实践＋创新思维"的培养方案。研究认为，人才培养方案可以从以下具体要求进行相关构建：

第一，以能力本位为导向，突出市场需求，体现应用型创业人才培养特色。人才培养定位要顺应地方经济发展的趋势，服务于当地，围绕技术创新需求，以能力本位为导向，准确定位各专业人才培养目标和规格要求，并进行科学分析与界定，按照创业能力培养要求设置课程模块，设计教学内容和实践环节，强调与创业能力的对接原则，形成全方位的能力培养课程体系，培养应用型创业人才。

第二，关注学生全方位发展，注重知识学习、能力学习和素质培养统一发展。基于能力本位教学，关注学生在德、智、体、美、劳各方面的综合发展，在教育过程中育人为本、育德为先，将人文素质教育内容和社会主义核心价值观融入课堂，激发学生的创新创业兴趣，培养学生的社会责任感，帮助学生养成终身学习的观念，努力提升学生在创新创业思维下的职业规划合理程度，并探索适合社会需要、符合创新创业要求的教学方案。

第三，高校通过优化教学方案，改良师资结构，提升学校的创业人才培养能力，将传统的学科导向教学模式，转变为创业应用导向教学模式，将知识教学转变为逻辑教学，深入改革教学课程，增加实践应用的学时学分。

第四，强调以学生为中心的个性化发展与多样性统一。各高校应在制定人才培养方案时根据专业不同进行个性化设置，充分发挥学生在本专业的个性特色，体现专业的不同特点，强调多样性与个性相统一，以创业能力为导向，打破固有的规范化模式，强调融合发展培养创业人才的方式。

第五，注重实践后的总结提升。实践本身是一个认识事物的过程，教育的目的不是实践本身，而是从实践方面获得的思维提升。如果忽视了创新思维提升的环节，创新创业背景下应用型创业人才的培养就是空话。因此，应用型本科院校在“理论＋实践”教学模式的环节上，还要加上思维提升的环节。

8.2.3　实现产教深度融合

对应用型本科院校而言，推进产教融合顺应国家经济结构调整，适应经济发展方式转变，深入融合地方特色产业，服务当地经济发展，才能培养出具有特色的应用型创业人才。对企业而言，要发展壮大，人才是关键所在。企业需要具有自身特色的应用型创新创业人才。与高校进行深度交流与合作，是培养创新创业人才的主要途径。对国家和政府而言，实现产教深度融合，加快高校转型发展，培养应用型职业人才，能够促进职业技术教育的健康发展，实现中国制造转为中国创造，建成创新型强国。因此，实现产教深度融合，国家、政府、高校和企业都为共同主体，各方应共同联动，密切合作，推进产教深度融合。

对此，应从以下方面推进实现产教深度融合，培养深受企业欢迎的应用型创业人才：第一，以政府为主导构建协调机制。在产教深度融合中，政府要起主导作用，积极鼓励校企双方，推行相关激励政策，加大财政支持力度，出台相关优惠政策，建立以政府为主导的协调机制。例如，可以通过建立校企合作指导委员会，统筹当地高校和企业的共同资源，发挥政府优势，确定人才培养方向和目标，起到协调解决困难的作用。还可通过搭建校企合作公共信息平台，促进校企双方资源共享，提供有效的公共服务支持。第二，建立良好的校企互动合作运行机制，提供沟通交流的平台，通过平台开展校企合作、产教融合等，加强高校与科研机构、行业协会等的合作，优化资源配置，实现资源共享，突出专业特色，实现多线并行培养应用型创新创业人才。第三，由政府主导成立行业协会的评估监督机制，并构建科学合理的评估体系，对校企合作双方进行严格的考核评估。

综上，应通过政府为主导、多线并行的校企合作机制，进一步推动产教融合，提高合作意识，创新合作模式，培养应用型创新创业人才。

8.2.4　加强职业规划与引导

学校与社会和企业相比，从实践环节上来说，学校不如企业和社会，但是学校的优势在于有专门从事教育的导师。导师的职责除了教授专业知识外，还需要成为大学生的人生导师，这是学校所独有的。学校要充分发挥职业规划指导的功能，帮助和引导大学生做出正确的选择。目前，大部分高校普遍缺乏的是对职业的指导和方法论的学习，导致开设大量的看似完美科学的课程，却达不到预期的培养效果。创新创业背景下应用型创新创业人才培养要求针对16—24岁大学生的成长特点，在课程设置方面加强职业规划课程的设计。职业规划课程分为课堂教学和一对一指导，可以避免大学生选择上的盲目性，加强学生的职业规划和引导，培养应用型创新创业人才。

8.3 加强创新创业教育师资队伍建设

创新创业教育是跨学科、跨领域的综合素质教育，涉及经济管理、工程技术、政府经济、创业投资等诸多方面，要求师资队伍的专业结构多元化。目前，我国大多数应用型本科院校并没有专门的创新创业教育师资队伍，师资力量的匮乏是制约创新创业教育发展的重要因素。构建一支“数量足、理论精、实践强”的创新创业教育师资队伍是应用型本科院校创新创业教育亟待解决的问题。

创新创业教育对教师跨专业、跨领域的要求比较高，大部分应用型本科院校并没有专职的创新创业教育教师，急需引进高素质的专职教师。但由于大部分应用型本科院校办学经费不宽裕，教师的待遇不高，难以吸引优秀人才进校。对于这个问题，可以采取“外引内培”的手段。首先，引进若干核心教师成立教学组，对全校创新创业课程进行规划、组织和效果考评。其次，聘请校内相关专业教师承担“法律”“经济”“心理”等模块的专题教学任务。最后，在校内选拔一批青年教师，对其进行创新创业教育知识技能、教学方法的培训，使他们熟练掌握创新创业教育的基本方法和技巧，成为学校创新创业教育工作的稳定力量，建立起一支专兼职结合、数量充足的创新创业教育教师队伍。

创新创业教育还需要教师具有较强的实践能力，因此还要注重加强“双师型”教师队伍的建设。可以从以下两方面入手：一方面要有计划、有针对性地组织教师到对口企业挂职，学习企业的管理运作、产品研发、市场开拓等内容，体验创业过程，提高实践能力，培养既有理论基础又具有实际创新创业能力的双师型教师；另一方面，从社会各界聘请企业家、企业中高层管理人员、成功校友、创业典型人物等来校兼职或开办讲座，为学生讲解创业经历，丰富创新创业教育实践体系。

8.4 建立并有效利用创新创业实践基地

8.4.1 有效利用校内创新创业孵化园

随着国家大力推进创新创业教育，各地应用型本科院校也逐步开展相关政策落实工作，相继在校内创建了创新创业孵化园，但由于成立时间较短、人力资源不足等原因，校内创新创业孵化园的基础硬件设施、资源配备、运行模式等还存在诸多问题，无法进行有效应用，成效不显著。

要解决突出问题，科学合理地利用校内创新创业孵化园，可以通过以下方面完善：第一，在创新创业孵化园建设方面，一方面要保障基础硬件设施、仪器资源配备等相关配套设施建设；另一方面还要考虑通过多种途径方式，形成创新创业孵化园内的良性学术竞争，培养开拓进取、积极创新求进步的学术氛围。第二，加强创新创业孵化园的宣传，鼓励学生参与，并且对于校内扶持项目，要制定规范完善的保障机制，在保证项目顺利开展的基础上，确保发展方向科学合理。第三，注重软件的配套服务，即要为孵化园配备职业应用性较强并兼具创新创业知识背景的指导教师，持续深度跟进指导项目，确保学生能从这一过程中汲取相应知识技能，并熟悉流程，同时学校应出台相应的保障措施，持续提高师生的参与度。

8.4.2 拓展创建校外实训实践基地

校外实训实践基地是应用型本科院校培养应用型创新创业人才的重要载体，也是学生与职业应用岗位“零距离”接触、巩固理论知识、训练职业技能、全面提高综合素质的实践性学习与训练平台。拓展创新创业实践基地需要大批校外实训实践基地的支撑。目前校内创新创业孵化园已无法满足日益发展的人才培养要求，积极拓展创建校外实训实践基地是应用型本科院校贴近社会需求和培养应用型创新创业人才的根本途径。现阶段，应用型本科院校可采取以下一些途径和方法拓展创建校外实训实践基地：

第一，不拘一格寻找合作伙伴。根据许多院校比较成功的校企合作经验来看，在建立校外实训实践教学基地的过程中一般是采用了大、中、小相结合，集中与分散相结合，国企与民企相结合，专业对口与不对口相结合，不拘一格寻找合作伙伴的思路。应积极寻求和整合各方资源，发挥应用型本科院校自身特长，拉动相关企业、行业做延伸和探索，发挥各专业、学科集群的资源优势，对接地方经济特色,有效发挥产业园、科技园等经济产业密集区的作用,立足当地社会经济发展特色创建校外实训实践基地,培养更具针对性的应用型创新创业人才。

第二,通过校企合作寻找双方合作的切入点。企业的利益体现在:学校能否为企业在人才培养、员工培训、客户培训、人才引进、产品开发方面提供智力支持及为企业提供的廉价劳动力。学校的利益体现在:企业能否为学校的学生提供一个与学校完全不同的教育环境,能否帮助学校按教学计划完成实践教学任务,为社会培养合格的应用型技术人才,能否为学生创新创业提供帮助,能否在师资方面为学校提供有效支持等。

事实上校企双方任何一种需要,任何一种利益,都可能成为校企双方合作的切入点。因此,就目前应用型本科院校而言,就必须主动出击寻找校企合作的切入点,通过为企业主动服务的方式建立起学校、企业、学生等各方多赢的合作伙伴关系。

第三,建立良好的运行机制。从目前校企合作的情况来看,应用型本科院校寻找校企合作伙伴并不困难,难的是校外实训实践基地建立后运转困难,无法形成稳定的教学环境。因此,建立良好的校外实训实践基地的运行机制就显得十分重要。要建立良好的校外实训实践基地运行机制,可从以下几个方面考虑:首先,要确保校企双方互利互惠、互动互进的合作原则能得到充分体现,形成良好的利益机制;其次,要建立人员精简、办事效率高的领导机构与办事机构及科学严密的管理制度,使校企双方的合作能从制度方面得到保障;最后,还要定期对参与实训实践基地工作的企业员工与学校教师的工作做出客观的评价,并根据评估、评价的结果对有突出贡献的员工与教师进行表彰,形成校企合作的激励机制。

8.4.3 开拓其他模式的创新创业教育实践基地

应用型本科院校还可将校内的工科实验基地过渡成为创新创业实训实践基地。国内少数高校正逐步探索过渡方法。例如,西南交通大学成立的“超导技术研究所”,承担了国家“863”计划、国家自然科学基金等重大科研项目 10 余项,并于 2000 年研制成功世界上第一辆载人高温超导磁悬浮试验车,2003 年西南交通大学超导技术研究所成为学校重要的创新基地。应用型本科院校可以以此为参考,发挥校内工科实验基地的创新特色,将其过渡为创新创业教育培养基地,培养应用型创新创业人才,使更多学生参与其中,为学生提供完善的平台,注重学生的应用实践性,有利于将知识体系与能力体系相结合有效利用,使教学、科研、实训、服务和孵化融为一体。

8.5　营造社会良好创业环境

学生创业遇到的困境主要表现在创新能力不足和资金缺乏方面。创新能力的提高需要不断进行实践训练,实践训练中难免出现失误,因此,应该理智看待学生创业的高失败率的现象,并树立宽容创业失败的社会观念,鼓励创新创业。这些需要社会舆论和媒体的宣传与引导。

8.5.1　拓宽创业融资渠道

资金缺乏是所有创业者面临的普遍问题,应用型本科院校大学生创业表现得更为突出。目前国内创业者的融资方式主要是银行贷款、风险投资、民间资本投资等,但存在融资成本普遍较高、融资途径相对较少等问题。要解决创业者资金困境问题,可以借助政府和社会的力量。首先,政府可以设立创业基金鼓励学生创业。学生在确定创新创业的思路后,可以向学校或当地政府的创新创业部门提出申请,由该部门对项目进行评审,对符合创新创业标准的项目给予相应的资金支持。其次,社会和业界的有偿资助。天使投资、创业基金会等都是对大学生创业提供融资的一些机构。这些融资机构一般具有还本付息时间可以延长、利息低于一般金融机构、降低财产抵押或担保标准的融资特点。学生在创业过程中可以借助这些机构进行融资,降低融资成本。

8.5.2　加大地方政府的支持力度

应用型本科院校绝大部分是依托于地方政府的,其办校的资金有很大一部分来自地方政府的财政,同时也肩负着服务地方经济和社会发展的责任。学校与地方政府是伴生的关系。创新创业教育在现代教育体系中发挥着如此重要的作用,地方政府也要认识到创新创业教育的重要性和紧迫性,加大政策和资金的投入,促进高校创新创业教育的发展。

政府应尽快出台对应用型本科院校创新创业教育的配套支持政策,比如:协调相关部门为在校大学生提供 KAB(know about business,了解企业)培训;大力引进创新创业专业人才;鼓励企业建立创新创业教育实践基地;整合资源,促成高新技术开发区、科技园等与高校间的合作,鼓励合作单位在高校设立“创新创业专项基金”,为大学生创新创业项目提供资金支持;大力支持学校创新创业孵化基地的建设,让校内孵化基地与地方企业融合,促进项目的成果转换,形成良性发展的局面。

第9章 校企深度融合创新创业人才培养体系的构建

9.1 校企深度融合人才培养的目标定位

9.1.1 校企深度融合人才培养的宗旨

校企深度融合教育是按照以为区域或行业经济发展服务为宗旨,以培养应用型专门人才为目标,适应高等教育改革与发展的要求,突出“以学生为中心,以能力为本位”的理念,在人才培养、科学研究、技术开发和社会服务等领域开展的各种合作活动,通过资源互补、优势共享等方式发挥高校和企业的各自优势和潜能,促进双方共同发展。

9.1.2 校企深度融合人才培养的功能定位

作为适应现代社会发展的高等院校,应积极投入到经济建设的主战场,根据自身特点和优势,面向区域经济和社会发展,开展全方位、多层次的校企深度融合创新创业教育。尤其是要根据企业对人才培养的实际需要,提高创新创业型人才培养的针对性和质量,提供形式多样的社会服务和技术服务,增强对区域经济增长的辐射力和贡献率,从而为自身资源扩展、基地建设、学生就业赢得更大的可持续发展的空间。

9.1.3 校企深度融合人才培养的目标

校企深度融合创新创业人才培养目标的确定应由高校和企业来共同完成。企业应将未来发展对员工的需要融入人才培养中,以制定准确的人才培养目标。面对经济全球化的挑战,国家和社会所需要的人才类型发生了质的改变,具有创新意识和创新能力，是新时代人才质量的核心。作为研究型大学，理应为国家培养高级的创新型人才。因此，研究型大学应与企业共同制定以培养创新精神和创新能力为核心的培养目标。

应用型本科院校以本科生的培养为主，在知识的深度与广度上，与研究型大学相比较弱，主要向社会提供应用型人才。因此，应用型本科院校应与企业共同制定培养适应社会、适应企业需求、具有较强的实践能力的人才的培养目标。应用型本科院校的培养目标应该是培养具有较强的实践能力、理论应用能力、运用知识能力和创新能力的应用型人才。

9.2　校企共建教学体系

教学体系的建设是培养目标能够实现的基础。在传统的教学中，教学内容陈旧、教学方法单一严重阻碍学生实践能力和创新能力的培养。传统的课程结构只把目标放在培养学生的知识框架上，针对性不强，培养的学生不能满足企业的需求。因此，教学体系的建设应该由高校和企业共同参与。

9.2.1　理论课程体系建设

(1) 专业课程设置

目前，我国高校的专业课程分为专业基础课程和专业类课程。专业基础类课程是指为学生深入学习本专业课程而设置的本专业的入门课程。专业基础类课程主要包括理论教学和与本专业相适应的实验、实习、实训教学环节。符合本专业培养需求的工程基础类课程、专业基础类课程和专业类课程不应少于学生应修总学分的 1/3。在课程的设置中，专业基础类课程和工程基础类课程应能够体现自然学科和数理类学科对本专业应用能力培养的重要性。专业类课程应能够体现系统设计和实践能力的培养的重要作用。

(2) 增加跨校、跨领域、跨专业的选修课程

目前，任意一门学科的发展都不只限于一个领域内部的发展，而需要越来越多地借助其他与其相关的学科。国家的发展也更需要跨专业、跨学科的复合型人才。因此，要增加跨专业的选修课程。应用型本科院校需要根据专业的发展需要，在保证基础课程达到要求的前提下，鼓励学生选择适合自身发展的跨领域、跨专业课程。要注重文科类课程和理科类课程的交叉渗透，自然科学和社会科学的交融。不同学科相互撞击不仅可以丰富学生的知识面，还可以培养学生的创新能力。例如，工科类专业的学生可以多选择一些文学类的课程增加

其文学修养，也可以选择一些经济类和管理类的课程，以辅助学生今后的职业发展。文科专业的学生可以选修一些理科类课程，以培养文科生的逻辑思维和科学研究能力。应用型本科院校也应该鼓励学生跨校选修课程，一是可以拓宽学生的交际面，二是可以体验其他高校的人文气息，还可以节约教学资源。

(3) 根据企业需求增设专业课程

课程的设置要以行业的发展需求为依托，要及时根据行业的发展情况做出相应的调整，同时也要符合社会对人才的需求。目前，我国很多高校与企业的合作仅限于领导和部分人员之间的沟通，不能使用人单位和高校的教师、学生相互之间有一个清晰的了解。这样将会造成高校在课程设置上发生偏差，添加过多高校的主观色彩，与企业的实际需求不相符。

让用人单位参与到该专业的课程设置中去，使高校的课程设置与用人单位的需求相结合便可以有效地避免这种偏差。另外，应用型本科院校要对本专业的发展方向有比较敏感的触角，在该专业还没有发生质的改变，还没有明显缺少某一方向的人才时，就已经开始做出相应的调整，培养该方面的人才，使应用型本科院校的人才培养真正走在企业发展之前并引领企业未来的发展方向。

例如，山东交通学院在对日软件人才培养的过程中及时发现学生不了解、不掌握日本软件行业发展中的一些特殊规范和管理，将影响学生就业后在企业发挥作用的问题。于是，学校开设了“对日软件规范”课程。山东交通学院还发现山东某软件公司要求学生通过日语三级，并取得语言技术证书，学院便在教学计划中开设了日语课程。此外，山东交通学院在与软件公司的合作中，根据该公司对软件人才的需求，开设了“嵌入式系统概论”“操作系统”“嵌入式操作系统基础”等课程。山东交通学院根据企业需求更改课程设置取得了良好的效果，提高了毕业生的就业率并受到了公司的欢迎。

9.2.2 实践课程体系建设

应用型本科院校应该在企业的协助下开设一些具有一定的综合性、创新性和设计性的实验和实训课程来打破理论与实践之间的障碍，促使理论与实践紧密结合。企业应该拿出一些能够使学生直接参与研究、分析和设计的项目，学生可以在校内或企业内的导师的共同指导下开展该项目的研究，使学生在真实的实践过程中提升自己的专业能力。应用型本科院校可以将学生在企业参与的实际研究作为一门实践性课程，计算学分；另外还应开设一些与专业设置相关的社会服务类课程，使学生将在学校学习的知识和技能应用到社会实践中，从而使自己的理论水平与实践能力得到提高。

9.2.3　设立“第三学期”

齐齐哈尔工程学院采取“第三学期”的方式组织学生实习，使学生将本学期所学的知识很好地应用到实践中。这种“第三学期”的教学模式是在国内“3＋1”“2＋1”教学模式基础上的一个创新。目前，我国已有部分高校设立“第三学期”，但多数限于民办高校。

“第三学期”主要是将每学年的第一学期和第二学期抽出几周构成一个较短的学期，但前提是原有的两个学期的教学周数基本不变。“第三学期”主要安排学生进行实习、课程设计、综合实验等实践活动。“第三学期”的实践活动内容在设置上要起到承上启下的作用，要对上学期所学习的理论知识进行应用和巩固并引出下一学期所要学习的主要问题，使学校的理论学习和实习实践像齿轮一样无缝地衔接在一起，交错进行。“第三学期”的安排要根据行业的特点进行灵活调整，不能只固定在某个时间段。这又将涉及原有的两个教学周期的设置和调整。

“第三学期”的有效运行离不开合理的规划和资金的保障。合理的规划主要包括对实践内容、实践地点、管理和评价等具体细节的规划。“第三学期”的实施相对减少了教师的假期时间，增加了教师的工作量，因此要投入一定的资金在教师的管理上。“第三学期”增加了学校硬件设施的利用率，教学设备的维护与保养成为教育投入的一大部分。要保证“第三学期”的顺利运行，还需考虑到学生宿舍、图书馆、实验室、食堂等的开放与管理问题。另外，对学生实践过程中的安全和考勤的管理都需要做详细的布置与规划。除此之外，要保证学生真正有效利用“第三学期”，还需要有一个完整的、适合的评价方法。这需要在“第三学期”的长期运行中取得经验并且因人而异、因专业而异、因校而异来制定评价方法。

9.2.4　实施双师制教学

拥有和企业共建研究院的高校，可以派出有一定能力的教师参与到研究院的研究工作中。研究院聘任的专家也应到企业和学校进行一段时间的详细了解。这样在工作和科研过程中，企业派出的员工、高校派出的教师和聘任的专家在取己之长的过程中必定会擦出“火花”。这些教师可以了解到相关专业的最新动态以及发展方向，可以把实际工作中的项目带入教学，让课堂教学不再是照本宣科，而是围绕这一个真实的案例来进行，使教学内容更加贴近实践和工作。以真实的案例为基础进行教学，可以提高学生的分析能力和创新能力，也可以为毕业设计提供真实的素材。大连理工大学就是采用校企共建研究院的形式开展校企深度融合人才培养的，以研究院聘任的专家均完成驻场一个半月的企业实地考察与锻炼，学校派出骨干教师开展研究工作的形式开展双师制教学。这样既可以为企业带来效益又可以加快学校的科研进程，使高校能触及企业技术的最前沿。

此外，应用型本科院校可以通过聘请符合本专业要求及高校教师标准的企业专家到校任教和派出优秀教师到企业工作的形式开展双师制教学。华南农业大学有十多位教师长期在温氏集团工作。这支高水平的教师队伍既为温氏集团提供了技术支持，又能指导本科生的实习和研究生的实验及科研工作，而且还促进了华南农业大学的学生在温氏集团就业。

9.3 校企深度融合实施培养过程

9.3.1 订单式人才培养

华南农业大学动物科学院和山东交通学院均采用了订单式人才培养的教育模式。订单式人才培养模式指的是高校与企业签订用人合同，校企双方共同制订人才培养计划，有效利用高校和企业的优势资源，共同参与到人才培养过程中，实现人才培养目标，最终企业按照协议安排学生就业的深度融合办学模式。高校、企业和学生在订单式人才培养模式中均处于主体的地位。三主体在订单式人才培养的过程中应体现其主体地位，各尽其责。企业应以当前行业的发展现状为背景，结合企业的实际需求提出培养数量和规格，并委托学校进行管理。

在订单式人才培养过程中，校企双方应共同制定有针对性的联合培养方案，共同确定培养目标。应把当前行业发展的情况和应用型本科院校的内在情况相结合，并以此为基础进行课程设置和安排教学计划。应用型本科院校则根据共同制定的培养目标、课程体系和教学计划进行有针对性的人才培养。学生毕业时一般由委培单位安排就业。

订单式人才培养有“一班多单”和“一班一单”两种形式。“一班多单”是指一个企业的毕业生需求量比较少，但有多个企业需要该类型的毕业生，这种情况下采取多个企业共同下订单的形式，高校按照职业岗位相近原则，以职业岗位能力培养为主，采取一个专业对应多个企业订单的形式组建班级。如果一个企业的订单数量足以组建一个班级，企业的岗位要求都指向一个专业，这就形成了“一班一单”的形式。订单式人才培养模式要求相关专业学生通过自愿报名和考核面试的方式，选拔合格的学生组成班级，参加企业实训基地的实训教育，经过严格的培养和训练，使得这些学生在毕业时具备企业正式员工的水平和能力。学生在毕业后能很快进入企业工作。

订单式人才培养模式要求学校和企业密切沟通，需要就招生与企业用人、专业设置与企业岗位要求、教学与生产经营实际需求等几个方面进行磋商与确定。订单式人才培养模式还需要企业对未来几年的发展方向、发展需求有一个明确的定位和准确的概括；否则培养出来的学生不但不能促进企业发展，还会增加企业的负担。

9.3.2　校企教育资源共享

校企双方应积极探索和推动校企深度融合培养模式，了解企业和市场需求，搭建校企深度融合对接和沟通的平台，使校企深度融合，共同培养专业、职业型人才，实行资源共享。加强校企深度融合人才培养，有利于提升企业的技术研发实力，也有利于应用型本科院校形成开展高新技术产业的研究以及大学生创业教育的机制。企业为应用型本科院校搭建实习平台，应用型本科院校成为企业的技术研发合作与人才培养基地，双方共打造“合作、互动、共赢”的校企深度融合综合平台。同时这种校企深度融合教育可以集合双方各自优势来共同培养企业、社会所需人才，对企业与高校育人机制以及对社会公益贡献有着重大意义。资源共享也是企业的科技创新以及企业用人、育人机制方面发展到了一个新高度的表现。

资源共享还包括校企共建实验室的形式。企业投入先进的设备和技术，应用型本科院校则利用其得天独厚的实验教学条件和师资力量，实现资源共享。校企共建实验室使学生的培养和职工的培训相结合，优势互补，节约资源。校企双方可以根据实验内容和面对的群体不同建设不同层次的实验室。首先是面向低年级学生需求的基础实验平台，主要开设课程实验及承担部分课堂教学任务，通过常规基础实验的训练，使学生掌握基本的实验理论、实验方法和实验技能。其次是为大学二年级以上学生设置的综合应用实验室，主要通过大量的开放型、创新型实验项目和各种课程设计，培养学生对所学知识的综合应用能力。最后是适应基础较好、动手能力较强、学习能力较强的学生进行创新设计和科学研究的创新研究实验室，主要向学生们提供较完备的实验设备和开放的实验环境，结合科研项目培养学生的创新思维，激发学生们发明创造的潜能。

对于具有雄厚师资力量的高校来说，拥有良好的实验、实训条件对学生的培养会有很大帮助。然而在大量的实训设备的更新、维护与保养过程中仅依靠高校自身的力量已经远远赶不上教学的发展速度，无法满足企业对人才的渴望。目前，许多高校，特别是应用型本科院校还难以建立起完整的实验、实训平台。如果高校一直依赖相对落后的实验设备或仿真实训，容易导致学生实践能力与企业的实际需求脱轨。因此聚集社会各界的力量，以技术服务和有偿培训服务换取实训设备资源、实现资源共享是一种双赢模式。对于企业来说，技术是企业的重要命脉，优质的员工培训，对提高产品质量和生产效率，对设备的有效利用和维护都存在一定的好处。因此，与高校达成以实训设备换取技术服务和培训的资源共享模式合理地解决了企业的设备处置、员工岗前培训等一系列问题。

9.3.3 校企共建合作组织

高等院校若想使学生更好地利用实习实践的时间，真正做到将自己所学的知识运用到实践中并从中提高自己的动手能力就要有自己的企业。应用型本科院校可以选择与自己的部分专业需求相匹配，并有一定技术基础的企业为其提供技术和部分资金的支持，使该企业成为学校的冠名企业，成为学校的一部分，校企共建合作组织。要想使高校冠名企业、成立教学工厂的校企深度融合形式发挥出最大功效，首先要合理设定深度融合企业的地位；其次要强化合作机构的组成，由有关行业协会、相关企业、教育局、劳动局、高校等相关负责部门的代表组成培训委员会；最后要完善教学管理。教学工厂应设立教学经理一名，实行经理负责制，根据学生、设备的数量配备理论教师和培训教师。在学生数量较多的情况下可以为教学经理配备助手。理论教师和培训教师共同办公，培养双师型教师队伍。要构建与现代企业要求相适应的教学大纲和与国际标准统一的考核标准体系。高校冠名企业、成立教学工厂是一种新型的教学理念、教学模式，也是一个新的组合型的概念。其主要特征是将实际的企业环境引入教学环境中，并将二者很好地融合到一起。该教学工厂是一个综合的教育平台，同时也是一个载体。教学工厂以职业发展为标准设计教学过程，在工作环境中开展教学过程，把专业课程的学习搬进工厂。教学工厂为学生提供了一个真实的学习环境，学生通过在企业环境中学习实际知识技能，成长为符合社会需求的高水平职业人。工厂在双师型教师队伍的带领下，在学生的辅助下完成了生产任务并节约了成本。高校在教学工厂协助下完成了教学任务，为社会培养出适应社会发展的人才。

9.4　建立校企深度融合的机制

9.4.1　建立校企深度融合的引导机制

校企双方应共建校企深度融合的引导机制。首先，共建校企深度融合工作委员会。该委员会由行业、企业、高校三方高层管理者参加，主要审议高校的培养目标、培养模式、师资队伍建设、招生、就业等问题，并且根据企业、行业未来的发展方向提前制订好发展规划、确定人才培养方案并以此组织课程改革。其次，成立技术合作开发与培训委员会。该委员会由高校科研能力较强的教师和企业技术骨干组成。该委员会主要针对企业需求进行新产品的研发、对高校的科研成果进行转化以及对新技术进行应用。此外，在人力资源部门的协助下该委员会对校企双方员工进行技术培训、新科研方向的引领等。

9.4.2　建立校企深度融合的管理和反馈机制

根据深度融合理论，建立校企深度融合、统筹规划、分工负责、互相协调、自主发展的管理机制，使企业和高校实现机制上的依存、资源上的互补、利益上的双赢，确保人才规格与发展需求、办学规模与资源配置最大限度的适应性；并依据科学的方法对校企深度融合建立反馈机制，及时掌握深度融合办学过程中发现的问题，及时引导校企双方的深度融合方向，保证校企深度融合平稳健康的运行。

9.5　改变校企双方传统的观念与文化

9.5.1　转变校企双方的传统观念

我国高校现行的校企深度融合，多数呈现高校积极但企业比较“冷”的态势。究其根源，是观念上的差异造成的。毋庸置疑，企业永远是以生存、追求利益最大化为第一目标的。多数企业对校企深度融合的重要性认识不足，或者说存在误区。企业的传统观念认为人才培养是高校的责任，与企业关系不大，并且参与校企深度融合会增加企业的负担，阻碍企业追求利润。这一传统观念严重影响了企业参与校企深度融合的动力。而高校是以人才培养为最根本目标的。部分高校的传统观念认为人才培养是通过课堂教学来完成的。由于传统观念的不同,校企双方在深度融合上缺乏动力。尽管有些企业已与一些高校进行校企深度融合,但也不难看出企业表现出来的被动和勉强的姿态。

通过对校企双方的功能和作用进行比较和分析可以得出:高校培养的人才最终是走向社会,为企业所用的,而企业创造的利润最终也会流向社会。由此我们找到了校企双方观念上的交集——服务于社会,共同为社会培养优秀的人才。企业应该认识到人才培养是企业应该承担的责任和义务,不能单靠学校来完成。企业有责任把产业部门对人才的要求直接反映到人才培养的过程中去,从而获得企业满意的人才。另外,企业参与校企深度融合更多的是为了获得科技服务等利益。高校也应该意识到培养符合社会需要的人才需要企业的协助。高校作为人才培养的主体,应当协助企业完成技术攻关、新产品的研发等工作。高校具有研发的基本条件,无论是研发设施还是研发人员均比企业优越;而且高校向来有进行科研的职能,也有相当数量科研成果的积累和储备。高校可以通过企业转化自身的科研成果而获得收益。高校还可以通过与企业的深度融合节约各种仪器设备的购置费用,从而降低人才的培养成本;还可以给学生提供一个完全真实的技能实践和训练的环境和场所,这一点是任何模拟训练都难以代替的。

因此,企业和高校双方应转变传统观念,认识到人才培养是双方共同的责任。

9.5.2 融合校企文化

从高校的发展历史来看,一所优秀的高校取得成功、培养出优秀人才,是一所高校的凝聚力、教育力、创造力和影响力的基础性支撑和实力的集中体现,也体现着高校的核心竞争力。每一所高校在办学过程中都重视高校文化的建设,形成深厚的文化积淀。高校文化是指高校在长期的发展过程中积淀形成的并被全体成员普遍认同、内化、奉行的精神要义,以及通过制度性构架在高校主体——人——的行为和其他有形的实体物和无形物的载体中体现展出来的意识形态之一,具有一定的实践性和认同性,属于社会文化范畴。

企业文化与高校文化一样同属于社会文化的范畴;但是与高校文化相比较,企业文化又有着自己的独特内涵。企业更多地强调企业的利益和发展,企业文化也是围绕企业的这一目标进行规划和建设的。企业领导者把文化所具有的改变人的功能应用于企业,以解决现代企业管理中的问题,就有了企业文化。企业文化是指企业在社会主义市场经济的实践中,逐步形成的为全体员工所认同、遵守、带有本企业特色的价值观念,是经营准则、经营作风、企业精神、道德规范、发展目标的总和。企业文化是一种意识形态，是企业发展过程中形成的文化观念、历史传统、共同价值观念、道德规范、行为准则等。企业管理理论和企业文化管理理论都追求效益。但前者为追求效益而把人当作客体，后者为追求效益把文化概念自觉应用于企业，把具有丰富创造性的人作为管理理论的中心。

企业文化的很多内容都可以从校园文化所拥有的文化成分中表现出来，它们具有很多的相似点。校园文化也在不同程度上受企业、行业发展的影响，这一点在应用性较强的专业和学科中表现得尤为突出。在现代社会里，今天的企业员工是昨天在校园里学习的莘莘学子，而现代社会又是一个重视终身教育的时代，即使在企业工作的员工也需要不断学习和进步。在此情况之下，高校文化与企业文化的有效融合和衔接可以使学生在真实的企业实践情境中感悟优秀的企业文化，切身体会到企业文化的要求和高校文化要求的合理性、科学性，提高高校文化要求的可接受性以及内化的程度，加快高校主体尤其是学生的社会角色转化，促进大学生社会心理成熟，及早了解和把握企业和社会在文化层面上的要求，培养作为未来职业人的综合职业素养和能力。

9.6　校企深度融合人才培养的评价标准

校企深度融合人才培养评价标准是对培养目标的具体化和规范化，一般将人才培养的评价指标划分为知识、能力、素质 3 种(表 9-1)。应用型本科院校和企业可以共同制定出一个具有科学依据的、符合人才发展规律的评价标准。人才培养的评价应由应用型本科院校和企业共同来完成，评价主体是学生。

表 9-1　校企深度融合人才培养的评价指标

知识	基础知识
	专业知识
能力	学习能力
	创新能力
	分析与解决问题的能力
	实践能力
素质	基本素质
	问题意识

9.6.1 知识方面的评价标准

第一,基础知识方面,应具有从事本专业所需要的相关的自然科学知识和一定的经济类、管理类知识。第二,专业知识方面,首先要具有扎实的本专业的基本理论知识和工程基础知识;其次,对本专业的发展现状和趋势有一定的了解;再次,要掌握一定的本专业领域的技术标准和相关的政策、法律、法规等。

9.6.2 能力方面的评价标准

能力方面主要考察学生的学习能力、创新能力、分析与解决问题的能力以及实践能力。其中学习能力主要指获取知识的能力和对新知识的分析与运用的能力。创新能力主要指具有较强的创新意识和一定的进行新产品的开发与设计的能力。分析与解决问题的能力主要指具有综合运用所学科学理论、分析与解决问题的方法和技术手段,解决问题实际问题的能力。实践能力指能够把相应的基础知识和具体的专业知识综合到应用到实践中,能在复杂的实践中对实际问题进行系统的表达并加以解决的能力。

9.6.3 素质方面的评价标准

基本素质方面的评价标准主要包括热爱所从事的专业,具有良好的职业道德,追求卓越的态度,艰苦奋斗的精神,较强的社会责任感,具有一定的人文素养,学会沟通,认识到团队合作的重要性。此外,还应拥有良好的质量、安全、职业健康和服务等方面的问题意识。

第 10 章　校企深度融合创新创业人才培养体系运行的保障

10.1　完善校企深度融合的创新创业人才培养的体制机制保障

10.1.1　校企深度融合的政策保障

国家应出台有利于促进校企深度融合方面的支持与扶持政策。对于在校企深度融合中表现优秀的企业应给予奖励和政策支持，例如税收、资金、财务、人员等方面的优惠，切实保护企业的利益；对于未履行校企深度融合义务的企业给予一定的惩罚。例如，政府应尽快制定出企业参与校企合作的税收减免政策的具体实施办法等，并在对教育捐赠实施免税的基础上更进一步允许把企业教育捐赠款的一部分用于抵扣企业所得税，以提高企业向高校捐赠的积极性。政府和行业可以共同制定企业参与校企深度融合的实施细则，明确企业应承担的具体义务和责任，确定相关的奖励措施，并加强政策的执行力度，还可以在行业内部制定相关政策和措施支持企业参与校企深度融合，如评价审核参与校企深度融合的企业资质，并规定获得资质的企业在实训基地建设、企业教育培训资金、参与教育有关活动等方面可得到优先支持。对于开展校企深度融合教育效果显著的高校，给予相应的表彰和大力支持。

以上政策的执行都必须配合监督管理，采取有效的措施和方法对校企深度融合政策执行程度进行检查，确保校企合作政策的实施能够取得预期的效果。这对加强和改善校企深度融合的宏观调控，促进校企深度融合的健康发展具有十分重要的意义。校企深度融合过程中涉及的政策范围较广，既有宏观政策，也有具体政策；既有针对学校的政策，也有针对政府和企业的政策；既有行政政策,也有经济政策等。国家应统筹考虑,依据校企合作的特点完善有关政策,采取必要的措施对校企合作的开展进行支持和规范,将校企合作所涉及的各个方面、各项内容有机地协调起来,形成一个协调一致、高效互动、互利共赢的政策保障体系。

10.1.2 校企深度融合的法律保障

我国政府应制定专门的校企深度融合教育法规,对校企深度融合各方的权利和义务进行明确规定,进一步明确校企深度融合中学校、企业双方的权利、义务和相互关系,以维护校企深度融合各方的合法权益。在这一法律框架下,各级政府应该根据当地实际情况健全校企合作的管理机构、制度体系和运行机制,加强对校企深度融合的指导和协调。

校企深度融合相关法律的确定应充考虑到高等院校的基础作用,实现高等院校人才培养与企业需求的无缝衔接。对于高校参与校企深度融合的项目应给予一定的经济补助和优惠政策,建立鼓励教师参与企业实践的制度,并对在企业实践中有突出贡献的教师进行嘉奖。高校应根据社会的发展方向和市场的需求,主动与企业在学生实习、专业设置与课程开发、就业和职工培训等方面开展合作。高校应建立"双师型"教师培养机制,定期委派专业教师到企业实践并制定学生和教师到企业实习、实践的可行计划。对于在实习实践中产生的合理费用学校应全部承担。因校企深度融合需要所购买的图书、设备等应纳入学校财产并由学校统一管理。高校有责任对参与深度融合企业的职工进行能力范围内的职业技能培训和继续教育。高校组织安排学生实习应严格遵守国家有关法律法规,为学生实习提供必要的实习条件和安全健康的实习劳动环境。学校应当加强对实习学生和实践教师的职业道德教育和安全教育,为实习学生统一办理意外伤害保险。在企业实践的教师应全程给予监督指导。

我国政府应明确规定企业参与校企深度融合,接纳高校学生实习、教师实践的责任和义务。应尽快对现行的相关法律、法规进行完善,为校企深度融合的运行营造外部条件,规范企业行为,并努力促使企业参与校企深度融合的行为逐步成为企业的自觉行为。应充分发挥企业在校企深度融合中的作用,从企业需求出发,在保障企业应有权益基础上对企业与高校开展校企深度融合的内容和形式进行规定。对积极配合校企深度融合的企业给予税收优惠和经济补偿。企业有获得深度融合院校各方面详细信息的权利。学生实习、教师实践不得干扰企业正常的生产秩序,并要求学生及教师应尽量避免资源浪费,为企业节约成本。另外,保障学生实习期的安全是企业和学校共同的责任。对于学生在企业实习期间为企业创造的利润,企业应给予一定比例的报酬。企业不得以任何理由对前来实习实践的师生不管不顾。

10.1.3　校企深度融合的经费保障

随着经济和社会的逐步发展,政府、企业及高校有能力设立校企深度融合教育专项资金。我国各级政府可以逐步从财政支出中设立校企合作的专项资金,为校企合作的顺利达成和正常运行提供基本保障。此外,政府还可以通过捐赠、资助、奖励等形式广泛吸纳社会资本,降低校企深度融合各方的成本,以鼓励企业与高校开展深度融合教育。各级政府还应对校企深度融合专项资金的使用进行严格的监督和管理。在政府财政投入有限的情况下,高校也应通过设立校企深度融合专项资金,支持校企深度融合活动的开展。高校可与地方政府开展合作项目,设立校企深度融合教育基金,对高校参与校企深度融合的教师和学生提供费用上的支持。高校还可以通过吸收社会力量,争取各类私人和团体捐助,如成立各地校友基金会、企业家基金会等。高校可以转换田家炳、邵逸夫等社会力量的捐助方式,将其捐助投入到校企深度融合教育中。企业提供经费是校企合作发展的重要保障。我国政府应鼓励企业设立校企合作专项资金,以支持校企合作的开展。企业可以通过为深度融合办学的高校提供教育奖学金、助学金,为实习的学生和实践的教师提供适当的劳动报酬等方式落实经费保障。

10.1.4　校企深度融合的体制保障

通过借鉴国外校企深度融合成功的经验可以看出,要全面深入开展校企深度融合,首先从政府层面要建立校企深度融合教育决策委员会,主要由省、市的教育、财政、科技、劳动、高校、企业和第三方服务管理机构的相关领导组成。该委员会的主要责任是研究形势,确定规划和目标,协调各方资源和利益,制定和落实政策,检查和推进深度融合教育工程的进展,属决策性机构。

在高校和企业层面建立校企深度融合委员会是十分必要的。该委员会主要由各院系分管领导和企业校企深度融合的专门负责人组成,主要负责高校与社会、高校与企业的沟通与联系,促进校企深度融合的深入开展。该委员会的设立,有利于节约人、财、物、信息和时间等成本,有利于校企双方及时了解掌握彼此的需求,有利于社会资源的有效利用,从而实现校企深度融合各方面利益的最大化。该委员会属执行性机构,依法要求校企双方承担社会责任,积极组织学生和教师进行实习和实践培训,为实习学生和教师培训提供实训场地、设备设施,安排指导人员进行安全培训等。校企深度融合委员会应将高校的人才、信息以及科研优势和企业的设备等资源协调整合,使双方共同进行技术攻关、新产品开发、人才培养等工作。

10.2 明确校企深度融合中参与者的作用

10.2.1 政府的主导地位

校企深度融合的根本是为国家培养高素质的人才,是为了推进社会进步的公益性事业。所以要想使校企深度融合人才培养健康、顺利进行,使校企深度融合人才培养模式得到巩固,政府就应该扮演好相应的角色,确立其绝对的主导地位。由于政府有着绝对的组织优势、资源调控优势、公共管理优势,所以应由政府来主导建立校企深度融合管理体系,统筹高校与企业的资源。政府通过统筹规划各地校企深度融合培养模式,保证其制定培养目标、确定培养方向、协调校企利益等的准确无误,从而保障校企深度融合工作的顺利进行,确保学生的培养质量。政府应成为高等学校和企业之间深度融合办学的管理者、规范者和评价者,主要对校企深度融合的过程进行管理并规范其流程,鼓励企业参与到人才培养中并建立有效的校企深度融合评价体系。政府的督导不仅可以使校企之间的深度融合顺利进行,完成其深度融合的内容并实现双方的预期目标,还可以督促那些不积极参与校企深度融合的高校和企业承担各自相应的责任、履行相应的义务。除此之外,政府应建立一套相对完整的校企深度融合评估、激励办法,制定科学有效的评价指标和符合标准的评价程序,实现对校企双方的全方位监督、管理以及评估。

10.2.2 行业的指导功能

行业组织有权利要求所有企业必须在本区域内的行业组织登记,参加相应的行业组织。行业组织是本行业职业资格标准的制定者和认证者。行业组织还应该协助政府收集最新的相关岗位的就业信息,调查劳动力的现实状态、适任地区,从而对高校的专业设置和学生的职业选择提供一个明确的方向。基于其构成特性,行业组织应该密切关注产业结构和岗位需求的变化,并根据相应的变化及时调整教育政策,促进政府、企业和高校之间的深度融合关系,减少资源浪费,提高教育质量。行业组织既可以协调政府实施各项政策法规,又可以将高校、企业方面的信息反馈给政府,既可以向高校提供指导服务,协调高校和企业在教学安排上的矛盾,又可以对它们进行监督评估。

行业组织作为各个企业的指导者,有动员所属企业参与校企深度融合教育的责任。对于那些没有足够能力承担人才培养任务的中小型企业,行业组织也可以有针对性地给予一定的帮助和指导,使其通过彼此之间的联合以及依靠大型企业的帮助,参与到校企深度融合中来,保证了行业的良好发展。行业组织有责任运用自身的地位优势,发挥其指导作用,协助政府办好校企深度融合教育。

行业组织在本行业中发挥着重要作用,受行业内所有从业人员的认可,代表了该行业的共同利益,由此自然而然就对本行业的归属企业产生了一种自然的约束力。因此,行业组织可以规范本行业的相关企业统一按照相关的章程开展校企深度融合。行业组织在本行业内起到了政府行政层面上起不到的作用,是政府行政支持的强有力的补充。行业组织负责指导企业内部校企深度融合教育的许可、咨询、考试及监督,包括:审查及确认培训企业的资格;缩短与延长培训时间;制定结业考试条例,组织与实施期中考试、结业考试。

我国国家级各专业的教学指导委员会均有行业组织参与,行业组织可以作为高等教育各专业的行业代表,在专业布局、课程体系、评价标准、教材建设、实习实训、师资队伍等人才培养的多个方面,发挥出重要的指导作用。行业组织通过指导加强专业建设、规范专业设置管理、更新课程内容、调整课程结构、探索教材创新,遵循教育规律和人才成长规律,推进高等学校的教育教学改革工作,构建适应经济发展方式转变和产业结构调整要求、体现现代化教育理念、校企协调发展的高等教育课程体系,促进学生全面发展,培养符合社会经济发展所需的合格人才。

10.2.3　企业的参与地位

在校企深度融合过程中企业的利益主要体现在两个方面。首先,企业通过参与人才培养过程把产业部门对人才的要求直接反映到教学培养计划中,从而获得企业急需的人才。人才是开展校企深度融合的动力和核心,企业参与是以获得企业满意的人才为出发点的。其次,企业参与到校企深度融合中,希望在新产品开发、技术改造、员工培训以及科技咨询等方面得到高校的支持。

高等教育的人才培养,不是仅仅通过课堂教学就能完成的,也不是单单靠实验室就能完成的。尽管各级政府为改善学生实习、实训环境,解决大学生实习、实训困难的问题,加大了投入的力度,许多高等院校均建立了各类校内实习、实训基地,这些基地在人才培养过程中发挥了重要的作用,但是,很多校内基地面临着后续设备更新与改造的困难，所需经费学校难以承担。除了经费问题之外，学生仍缺乏实战环境的锻炼。从实验设备而言，企业参与校企深度融合，可以大大节约各种仪器设备的费用，从而降低人才培养的成本。更重要的是企业参与会给人才培养提供完全真实的技能实践和训练的环境场所。

现代化、规范化的企业不仅要能创造利润、对股东承担法律责任，而且要对员工、消费者和环境负起相应的责任。这种责任就要求企业必须超越把利润作为唯一目标的传统理念。企业的文化也要与时俱进，要符合现代经济的发展规律，把准现代社会发展脉搏，强调在生产过程中以人为本的原则，以及每个员工对社会发展的奉献精神。参与校企深度融合恰恰是企业履行社会责任，体现社会价值的重要途径。

10.2.4 应用型本科院校的主体地位

培养社会需要的合格的高校毕业生是高等学校服务于社会的重要职责。在人才培养过程中，应用型本科院校处于主体地位，是校企深度融合的积极倡导者和实践者。应设立以应用型本科院校为主体的董事会制度和校企深度融合委员会制度。董事会可以吸收企业第一线的资深专家、社会知名人士、商业界代表等以董事的身份参与到校企深度融合中来，以加强高校、企业、社会三方的沟通与交流。董事会可以定期召开董事会议和不定期召开常务会议，以听取参与校企深度融合相关单位和部门的工作报告，并提出建设性的意见。对于高校而言，为了适应现代社会知识经济的飞速发展，为实现高校的人才培养目标，开展校企深度融合教育是培养适应社会发展的人才的必经之路。

应用型本科院校在校企深度融合过程中应发挥积极主动的作用。但是，各类型学校人才培养规格不同，在创新型国家战略体系中所处的位置不同，实现职能的侧重点不同，应用型本科院校应以培养应用型人才为主要目的，多开展以培养学生实践能力为主要目的的校企深度融合人才培养活动。

附录:徐州工程学院"校企深度融合创新创业人才培养实践活动纪实"

1. 学校举行首届"校企(地)联盟大会"

2010年6月18日上午,徐州工程学院首届"校企(地)联盟大会"隆重召开。学校领导花长友、韩宝平、沈超及校有关二级学院负责人分别作为签约方甲方代表与各地方政府及各企事业单位签署了合作协议。徐州市副市长李坚、江苏省科技厅产学研合作处副处长万发苗、贾汪区委书记丁维和、徐州市经信委副主任徐天宁、铜山县副县长何长征、徐州市发改委副主任莫储光、新沂市副市长郑彦芳、徐州工程学院副院长张仲谋分别为贾汪产学研基地、铜山产学研基地、新沂产学研基地、中国物流产学研基地揭牌。

开展科技服务社会"校企联盟"行动,是江苏省贯彻落实中央关于"发挥科技支撑作用,促进经济平稳较快发展"和动员广大科技人员服务企业决策部署的重要举措。校首届党代会明确提出建设特色鲜明的高水平应用型本科院校的奋斗目标。服务地方是特色,错位发展是特色,科技支撑是特色。近年来我校借助逐步提升的影响力和稳步壮大的科技实力,加大了校企(地)合作的力度与广度,全方位开展与地方政府及企业的深度合作,目前已与200余家企业建立了合作关系,近3年建立产学研基地110余个,实现重要科技成果转化80个,横向科技合作项目达324个,到位经费3 000余万元。学校将利用"校企联盟"行动的契机,探讨为地方经济服务新路,创新并探索新型产学研模式,搭建更广阔平台,实现学校又好又快的发展。

韩院长指出,徐州工程学院作为一所地方高校,坚持立足地方、依托地方、服务地方及区域经济发展,坚持以服务求生存,以贡献谋发展,力促提升办学实力和服务地方经济社会发展相得益彰,力促校企地合作互惠互利共赢,走地方高校又好又快发展的特色之路。韩院长强调,今后学校要从战略高度认识校企地合作与学校发展的关系,进一步突出应用型、服务型的办学定位,强化服务意识，明确服务任务，增强服务能力，为加快振兴徐州老工业基地做出更大贡献。

徐州工程学院
产学研合作基地

2. 院长韩宝平、副院长张仲谋带队赴丰县调研

为凸显地方应用型本科院校的办学特色，坚持以人为本，培养地方经济建设所需要的人才，2009 年 4 月 3 日，院长韩宝平教授、副院长张仲谋教授带领人文学院、食品学院、成人教育学院等相关人员到丰县调研考察。丰县县长邱成、组织部部长梁伟、副县长浦黄忠等领导接待了考察组一行。

3. 化学化工学院积极探索建立校企联盟

为认真贯彻落实科学发展观，充分调动科技力量服务地方经济社会发展，使科研人员走向社会、走进企业，为地方企业提供全方位的科技服务，2009 年 6 月 4 日，化学化工学院组织全体副高职称以上教师和博士生，到徐州开达精细化工有限公司，就双方科技合作、人才培养、实习实训基地的建设等问题，举行了校企合作交流会。

4. 院长韩宝平、副院长宋农村带队赴贾汪调研

2010 年 4 月 16 日上午，院长韩宝平教授、副院长宋农村教授率领我校经济学院、机电工程学院、环境学院、数学与物理科学学院、食品(生物)工程学院、科研处、教务处、院长办公室、宣传部等相关部门的负责同志赴贾汪区调研，实地考察贾汪经济社会发展情况，探讨校地战略合作事宜。贾汪区委书记丁维和，区长吴新福，区委常委、组织部长吕宣瑞，副区长伍振成等热情接待了韩宝平院长一行。

16 日上午，韩宝平院长一行在丁维和书记等的陪同下，依次来到徐州煤矿安全设备制造有限公司、徐州海通特钢科技有限公司、北南湖公园煤矿塌陷修复区、夏桥公园、宗庄生态桃园、玉龙湾公园考察调研，认真听取各处相关同志的情况介绍，详细了解企业生产情况和煤矿塌陷区改造修复情况、棚户区改造情况，并与上述单位同志进行了相关技术交流。

在贾汪区委会议室，举行了徐州工程学院和贾汪区校地战略合作研讨会，韩宝平院长、丁维和书记分别讲话,双方就达成战略合作框架进行了深入的探讨。

5. 院长韩宝平、副院长宋农村带队赴新沂调研考察

2010 年 4 月 22 日下午，院长韩宝平教授、副院长宋农村教授一行赴新沂调研考察，与新沂市党政主要领导共同探讨校地结盟，强化政产学研金合作，共绘苏北发展的美好愿景。中共徐州市委常委、新沂市委书记陈德荣，新沂市市长赵立群，新沂市委常委、副市长郑彦芳，新沂市委常委、组织部长朱云燕出席战略研讨会。

在新沂市期间,韩宝平院长、陈德荣书记等共同对江苏恒盛化肥有限公司、新沂市职业技术教育中心、无锡-新沂工业园进行了调研考察。

我校化学化工学院、管理学院、经济学院、人文学院、环境工程学院、科研处、院长办公室、党委宣传部相关负责人及新沂市有关单位负责人参加了上述活动。

6. 我校与徐州经济技术开发区举行校地合作研讨会

2011年3月1日下午，徐州工程学院—徐州经济技术开发区全面战略合作研讨会在开发区科技大楼举行。市委常委、开发区管委会主任秦景安，副市长段雄，徐州工程学院院长韩宝平，副院长宋农村，管委会副主任仇伶柱、陈明出席研讨会，我校科研处、招就处、部分二级学院负责同志和开发区有关单位负责同志参加了活动。

7. **我校与铜山区深入洽谈校企地合作**

2011年5月5日下午，徐州高新技术产业开发区会议室内气氛热烈。副院长宋农村教授率领我校科技处及部分二级学院负责人与铜山区对接科技合作。铜山区区长毕于瑞、副区长何长征与徐州高新技术产业开发区、铜山区有关部门领导参加了科技对接会。

宋农村副院长首先介绍了我校学科建设、科研工作及人才培养等情况,并就下一步校企地合作提出了意见。双方与会人员就进一步深化我校与铜山区政产学研合作进行了深入交流。我校科研处及各学院负责同志全面介绍了各学科科研及人才培养的情况,就可为铜山区提供科技服务、科技合作的项目和内容进行了重点介绍。徐州高新技术产业开发区、铜山区科技局和有关单位负责同志介绍了开发区平台建设和项目推进的情况,提出了具体的科技需求。

这次对接活动,加强了我校与铜山区校地企的沟通与交流,达成了更多共识,为下一步校地携手、合作共赢奠定了更加坚实的基础。

8. 沈超副书记、副院长赴睢宁县沙集镇开展校企地合作

2011 年 5 月 21 日上午,徐州工程学院党委副书记沈超、睢宁县副县长徐卫东为大学生创业实践基地揭牌。管理学院陈嘉莉院长与沙集镇邱良超镇长签署了合作协议书。沙集镇党委书记黄浩、管理学院党委书记郭鹏和各专业骨干教师及 20 名有创业意愿的同学参加了仪式。

座谈会上,管理学院负责同志介绍了管理学院的教学、科研、师资和人才培养情况。沙集镇负责同志介绍了沙集镇基本情况及“沙集模式”,指出了发展过程中存在的科技研发问题和技术制约因素,希望在人员培训、物流、经营、管理等方面与管理学院进行深度合作。

9. 韩宝平院长带队赴丰县调研

2011 年 9 月 10 日，院长韩宝平教授、副院长宋农村教授率我校有关部门及部分二级学院负责人赴丰县调研考察，与丰县党政领导深入进行校地战略合作研讨。丰县县委书记邱成、代县长郭学习、县委副书记罗德清、副县长张斌出席活动。丰县科技局、发改委、经济开发区、乡企局、统计局、财政局等部门的负责人参加了考察和调研活动。

战略合作研讨会
罗德清

10. 徐州市文化局与我校签署关于“非物质文化遗产”工作合作协议

为推进徐州“非物质文化遗产”的传承、保护、研究工作,2009年2月26日下午,徐州市文化局与我校签署“非物质文化遗产”合作协议。我校作为地方性院校,应当积极为徐州的文化振兴服务。我校将充分发挥信息、人才、资源优势,与市文化局携手做好“非物质文化遗产”的保护、整理和研究工作;同时,通过开展“非物质文化遗产”的相关研究,努力形成我校有竞争力的学术品牌与研究特色。

11. 我校与江苏艾德太阳能科技有限公司签约开展校企合作

2009年3月26日,徐州工程学院与江苏艾德太阳能科技有限公司举行了校企合作签字仪式。双方本着互利合作、共同发展的原则,强强联合、优势互补,必将为徐州提高自主创新能力、建设现代产业体系、振兴老工业基地发挥重要促进作用。韩宝平院长表示,我校与艾德公司联合组建光伏技术研发中心,共同进行光伏技术理论研究和产品开发,有利于推进产学研结合,共筑人才资源高地,共建人才培养平台,创新校企合作模式,促进地方经济发展。韩院长表示,在市委市政府的关心支持下,双方将精诚合作,互利共赢,为振兴徐州老工业基地贡献力量。

徐州工程学院与江苏艾德太阳能科技有限公司签字仪式

徐州工程学院与江苏艾德太阳能科技有限公司签字仪式
张宁
陈国江

12. 我校召开 2009 年度教学实习基地代表座谈会

2009 年 5 月 6 日下午,我校在城南校区图书馆二楼会议室召开教学实习基地代表座谈会。南通秋之友生物科技有限公司、徐州市云龙湖风景区管理处、徐州工程集团建筑工程机械有限公司、徐州市泉山区检察院、中国人寿徐州分公司、徐州锻压机床厂集团有限公司等 22 家单位参加了座谈会。与会同志围绕如何加强实习教学工作的管理,提高实习教学质量,如何开展多种形式的实习教学、科学研究,构建教学与生产、科研相结合的实习教学模式等问题进行了热烈的讨论。

13. 我校与徐州瑞隆机械工业发展有限公司签约合作办学

2009 年 11 月 18 日上午,我校与徐州瑞隆机械工业发展有限公司(简称"瑞隆公司")举行合作办学启动仪式,共同培养服务地方经济建设的机械专业应用型人才。张仲谋副院长、徐州瑞隆公司董事长陆建林代表双方在合作办学协议上签字,并为机电工程学院"瑞隆人才培训基地"揭牌。根据协议,双方将利用各自师资、设施及就业方面的优势联合培养机械专业本科生,由瑞隆公司设立奖学金,实行实习奖励、学费报销、职前晋级等制度,并帮助机电工程学院组建液压实验室,为机械专业学生提供良好的见习条件。

徐州工程学院
瑞隆集团
合作办学启动仪式

徐州工程学院
瑞隆集团
合作办学启动仪式

院
团
合作办学启动仪式
瑞隆人才培训基地
Raylon Talent Training Center

徐州工
瑞 隆

14. 土木工程学院与徐州市质量技术监督局举行科研对接会

2010年4月12日下午,我校土木工程学院与徐州市质量技术监督局(简称"质监局")举行了科研对接会。会上,有关老师分别就大型智能网架结构的可靠性及优化设计、建筑物节能计量评价体系研究、古建筑保护中的智能检测与节能改造技术以及装修工程质量评价体系研究等方面的问题和市质监局的领导、专家进行了交流。

通过科研项目合作,校、地双方可以在人才、信息、技术、设备等方面实现资源共享、优势互补;双方应设立长期稳定的联系机制,定期进行科研交流,并且在重点科研项目申报以及省、市工程技术研究中心的申报和科研基地建设上开展深入合作。

15. 副院长宋农村教授带队赴新沂、铜山调研

2009年3月28日、30日，徐州工程学院副院长宋农村教授带领科研处、土木工程学院、环境工程学院、化学化工学院、信电工程学院、机电工程学院、食品工程学院的专家学者来到新沂市、铜山县进行调研，并与新沂市、铜山县两市（县）的领导及相关单位负责同志就“深入学习科学发展观，围绕地方经济发展做贡献”展开座谈，接轨地方支柱产业，共谋合作双赢之路。

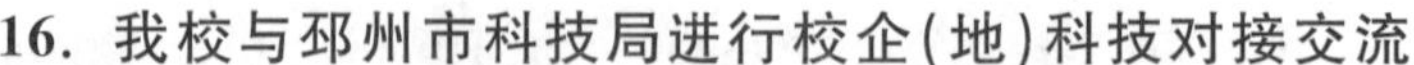

16. 我校与邳州市科技局进行校企(地)科技对接交流

2011 年 4 月 6 日上午,徐州工程学院与邳州市科技局校企(地)科技对接交流会在我校城南校区第一会议室召开。邳州市科技局领导郭华庭、韩哲英、王永、郑超和有关科室负责人,邳州市部分企业负责人,我校科研处、相关学院负责人参加了会议。双方就今后的产学研合作进行了深入交流与友好协商。

17. 我校与鼓楼区人民政府签订战略合作协议

2011 年 5 月 13 日下午，我校与鼓楼区人民政府战略合作签字仪式举行。院长韩宝平与鼓楼区常务副区长刘广昕签下战略合作协议书；我校管理学院与徐州金驹新能源有限公司，艺术学院、人文学院与徐州圣博宏康创意服务有限公司分别签署了合作协议。会议举行了徐州工程学院兼职教授、徐州市鼓楼区人民政府咨询顾问授聘仪式。

18. 我校与苏宁电器徐州地区管理中心签约共建“苏宁班”

2011 年 10 月 18 日上午,徐州工程学院与苏宁电器徐州地区管理中心签约共建“苏宁班”仪式在城南校区举行。“苏宁班”合作培养模式是我校深化教学改革,强化校企合作,提高应用型人才培养质量所做的又一探索。该模式的指导思想是以学生职业能力培养为出发点,以直接就业为导向,校企联合培养企业所需的高级应用型人才。

工程学院与苏宁电器有限公司“苏宁班”合作培养
郭鹏

与苏宁电器有限公司“苏宁班”合作培养

19. 我校召开 2011 年度实习基地建设研讨会

2011 年 12 月 21 日,我校隆重召开实习基地建设研讨会。会议旨在回顾我校实习基地建设取得的成果,明确今后强化实习基地建设的工作思路,为"徐州工程学院优秀实习基地"授牌,表彰"徐州工程学院优秀实习指导教师",与部分新建实习基地签订合作协议。徐州工程机械集团有限公司、维维集团股份有限公司、中国一拖集团有限公司等 41 家单位的领导出席会议。

徐州工程学院实习基地建设研讨会

徐州工程学院实习基地建设研讨会

20. 我校承办第二届徐州发展高层论坛

2009 年 10 月 25 日,由徐州工程学院和徐州市哲学社会科学联合会共同主办的"第二届徐州发展高层论坛"在中共徐州市委党校报告厅举行。本次高层论坛的主题是:破解振兴难题。会议内容主要是巩固扩大徐州老工业基地振兴的开局成果,进一步强化加快振兴的思想基础、理论支撑、精神动力和舆论环境,围绕实现新形势下新发展,寻求破解振兴难题之策,为徐州地方经济发展提供帮助。

第二届徐州发展高层论坛
主题:破解振兴难题
主办
支持
中国矿业大学
徐州师范大学
高成富
宋农村
包锦球
白津夫

21. 我校承办中国·徐州非物质文化遗产高层论坛

由中共徐州市委、徐州市人民政府主办，徐州市委宣传部、徐州工程学院、徐州市文化局承办的“中国·徐州非物质文化遗产高层论坛”于2009年11月21日上午在我校召开。本次论坛的主题为中国非物质文化遗产的传承研究。论坛分为学术报告、学术研讨、参观非物质文化遗产项目展示、观看非物质文化遗产项目汇报演出和文化考察等板块。会议期间，共有40余名专家学者做了主题报告和学术发言，编辑印发论文70余篇。研讨气氛热烈，专家学者本着理论联系实际、学术服务社会的科学态度，畅所欲言，各抒己见，共商中国“非遗”保护的大计，为中国“非遗”保护提供了更加丰硕和有力的智力支持和学术支撑。

中国·徐州非物质文化遗产高层论坛

22. 我校承办第三届徐州发展高层论坛

2010 年 12 月 24 日,由徐州工程学院和徐州市哲学社会科学联合会共同主办的第三届徐州发展高层论坛暨“转型·创新·民生”研讨会在我校举行。论坛的主题是:推动跨越发展,建设美好徐州;主旨是坚持以科学发展观为指导,发挥徐州产学研资源优势,巩固振兴徐州老工业基地的开局成果,强化加快振兴的思想基础、理论支撑、精神动力和舆论环境,狠抓转型、力增活力、注重民生,着力为企业提供科技服务和技术支撑,为徐州经济发展集智献力。

23. 我校派出挂职科技镇长团成员

我校 4 名教师经学校选拔推荐、市委组织部审批,被选任为徐州市首批“科技镇长团”成员。2010 年 12 月 30 日下午,校党委为我校入选徐州市首批“科技镇长团”的挂职干部和团省委选派赴县区挂职的团干部举行欢送会。

24. 我校承办第二届博爱建筑论坛辩论赛

2011 年 6 月 28 日上午，由江苏省建筑安全与设备管理协会主办、徐州工程学院承办、徐州市城乡建设局协办的第二届博爱建筑论坛辩论赛在我校开幕。江苏省建筑安全与设备管理协会会长赵华中、我校殷惠光副院长、徐州市城乡建设局安全监督管理处处长王建华等出席了辩论赛开幕式。辩手们从不同角度诠释了安全生产的重要性和生产及管理的内涵，辩论赛起到了普及建筑安全知识、加强安全生产和管理意识、强化安全生产措施的作用。

25. 我校承办第二届博爱建筑安全论坛(徐州・2011)

2011 年 7 月 16 日—18 日，第二届博爱建筑安全论坛(徐州・2011)在我校举行。江苏省建筑安全与设备管理协会会长赵华中，我校领导韩宝平、殷惠光，省住房与城乡建设厅处长章小刚，徐州市城乡建设局副局长吴桂飞，安全监督管理处处长王建华等出席论坛活动。上海、云南、江苏、福建有关协会负责同志，徐州市建筑行政主管部门负责人，部分建筑施工企业的代表，质监站负责人，我校土木工程学院部分师生观摩了论坛活动。

第二届博爱建筑安全论坛(徐州・2011)由江苏省建筑安全与设备管理协会主办，徐州工程学院承办，徐州市城乡建设局协办。论坛通过嘉宾访谈、校企辩论、校企签约等方式，围绕“以人为先，安全发展”的主题，热烈、有序、务实地开展了论坛的各项活动。

博爱建筑安全论坛
反方

第二届博爱建筑安全论坛
（徐州·2011）

第二届博爱建筑安全论坛
（徐州 ·2011）

第二届博爱建筑安全论坛
（徐州 ·2011）
主办单位：江苏省建筑安全与设备管理协会
承办单位：徐州工程学院
凤娟
程斌
张维国

26. 江苏省建筑安全与设备管理协会在我校设立"博爱建筑安全奖学金"

2011 年 9 月 9 日下午,徐州工程学院首届"博爱建筑安全奖学金"颁奖典礼在我校城南校区图书馆报告厅举行。江苏省建筑安全与设备管理协会会长赵华中、常务副秘书长李钢强出席颁奖典礼。"博爱建筑安全奖学金"由江苏省建筑安全与设备管理协会出资设立,首批基金为 50 万元,旨在奖励徐州工程学院安全技术与管理专业学习成绩优秀、立志于从事建筑安全工作的学生,以满足建筑业对建筑安全管理人才的需求,进而提高建筑施工企业的安全生产管理水平。

27. 我校入选江苏省国际商务人才培训服务平台培训项目

2011 年 10 月，江苏省商务厅、省财政厅联合下发《关于认定江苏省商务服务平台的通知》。我校入选“省市共建商务服务平台”，成为徐州市唯一一家入选“江苏省国际商务人才培训服务平台培训项目”的高校。此项活动旨在进一步加快商务领域科学发展，促进外经贸转型升级。经项目申报和省商务厅、省财政厅共同考核、集体论证，全省共确定 91 个平台项目为江苏省商务服务平台。

12月2日下午,江苏省国际商务人才培训服务平台培训项目座谈会在我校举行。院长韩宝平教授表示“江苏省国际商务人才培训服务平台培训项目”将对学校改革人才培养模式,提升教育教学质量,加强服务区域社会经济发展能力起到积极的推动作用。

28. 苏北农村发展研究院在我校揭牌

2011年12月16日上午,苏北农村发展研究院揭牌仪式在我校举行。江苏省委农工办副主任黄爱军,徐州市副市长漆冠山,徐州工程学院院长韩宝平,副院长宋农村,徐州市委副秘书长、市委农工办主任张学胜,宿迁市委农工办主任杨彩林,盐城市委农工办副主任金骏培,淮安市委农工办副主任胡岁年,连云港市委农工办副主任孙立洲,徐州市委政策研究室主任李华生,徐州市发改委主任田质林,徐州市社科联主席刘宗尧出席大会。

"苏北农村发展研究院"的成立对有效整合苏北农村发展研究的资源,开展理论研究、信息咨询、学术交流和人力资源培训工作,加快苏北农村发展,促进苏北振兴,为我省实现"两个率先"和提前实现小康目标具有重要意义。

29. 全市校企合作共赢推进会在我校召开

2011年12月21日下午,由徐州市人才工作领导小组主办的全市校企合作共赢推进会在我校举行。中共徐州市委常委、市委组织部部长戚锡生,副市长段雄,市政府副秘书长王志华,市委组织部副部长吴昊,市人力资源和社会保障局局长孟铁林,市科技局局长高山,在徐高校有关领导出席会议。来自全市的企业家,市人才工作领导小组部分成员单位负责同志,各县(市、区)组织部、人保局、科技局组织、人事分管负责人,在徐高校相关部门负责同志出席了大会。

市委常委、组织部部长戚锡生做重要讲话,要求高校及企业要发挥各自优势,要通过定期召开联席会议、互相建档通报、出台鼓励政策、做好绩效考评等

各种方式,推动校企开展全方位、多层面的产学研合作,为建设美好新徐州发挥更加突出的作用。

30. 徐州现代物流发展研究院在我校成立

2011年12月31日上午,“徐州现代物流发展研究院”在我校揭牌。徐州市人民政府副市长李坚,徐州工程学院院长韩宝平教授、副院长宋农村教授,市经济和信息化委员会副主任徐天宁、交通与物流处处长付化东,以及徐州港务集团、汽配城(中国)公司、徐州医药股份有限公司、食品城管理处、徐州丸全外运公司、徐州恩华医药公司、徐州金驹物流公司、徐州宏康物流公司等8家徐州物流骨干企业负责人出席揭牌仪式。

“徐州现代物流发展研究院”是我市成立的首家专业性物流研究机构,对改善徐州发展环境、促进经济转型升级、提高徐州市经济运行质量和效益具有重要作用。

31. 化学化工学院为江苏蓝丰股份有限公司定向培养人才

2012年4月15日上午,江苏蓝丰股份应用化工班毕业典礼在我校科技报告厅隆重举行。江苏蓝丰生物化工股份有限公司50名一线业务骨干、班组长通过两年的专业学习,顺利通过了学业考核,获得毕业证书。我校化学化工学院和江苏蓝丰股份有限公司多年来建立了良好的合作关系,双方在人才培养上进行了两方面合作:一是定向培养,在在校生中培养企业所需人才;二是继续教育,即对职工进行应用化工技术学历教育。校企合作培养人才是学校教育的重要补充和延伸,双方依托校企联盟,针对企业发展和人员需求确立培养目标,培养适合企业需要的个性化人才,为振兴徐州老工业基地提供支持。

蓝丰应化班的成功举办及首批学员顺利毕业,是我校不断探索新的人才培养模式,充分利用校企联盟平台,提升服务区域经济社会发展能力的成功范例,为行业龙头企业培养业务骨干互利双方、功在当前、影响深远、经验可鉴。

32. 校企合作结硕果,我校获批3个国家级工程实践教育中心

2012年6月,教育部、财政部等23个部门联合发布《教育部等部门关于建设国家级工程实践教育中心的通知》,公布了首批国家级工程实践教育中心建设单位名单。我校食品(生物)工程学院与维维集团股份公司、机电工程学院与徐工集团工程机械有限公司、信电工程学院与中软国际资源信息技术(无锡)有限公司联合申报的3个国家级工程实践教育中心:食品加工与质量控制工程实践教育中心、机械制造工程实践教育中心、软件外包人才工程实践教育中心顺利入选首批国家级工程实践教育中心。这是我校在国家“卓越工程师教育培养计划”取得突破后,又在国家级项目上取得的重大突破,也是我校近年来加强校企深度合作取得的重大成果。

国家级工程实践教育中心由教育部专设,是高校和企业联合开展工程人才培养的综合性教育平台,旨在贯彻落实党的十七大提出的走中国特色新型工业化道路、建设创新型国家、建设人力资源强国的战略部署,落实《国家中长期教育改革和发展规划纲要(2010—2020年)》,培养适应行业企业需求的工程人才。主要任务是校企联合制定工程实践教学目标、方案,校企联合组织实施工程实践教学过程,校企联合评价工程实践教学质量。获批建设国家级工程实践教育中心，将对我校相关专业的“卓越工程师教育培养计划”的顺利实施提供有力保障。学校将加强与相关企业的合作，按照联合申报的建设方案，围绕工程实践教育中心的重点工作，精心策划，周密安排，扎实推进联合培养人才模式的深入实施，做好国家级工程实践教育中心的建设与运行工作，为提高我校应用型人才培养质量做出新的贡献。

33. 加强科技援疆，推进协同创新，我校与新疆泽昌集团共建产学研基地

为响应国家援疆号召，发挥高校服务职能，有效推进协同创新，7 月 10 日—15 日，沈超副书记带领院长办公室、科研处、创新创业教育学院、土木工程学院和管理学院相关人员赴新疆参加由新疆维吾尔自治区人民政府和新疆生产建设兵团联合举办的“2012 年新疆产学研洽谈会暨院士企业行活动”，并出席了新疆泽昌投资(集团)公司“企业研究中心及产学研示范基地揭牌仪式”。

7 月 10 日，在“2012 年新疆产学研洽谈会”上，沈超副书记代表学校与新疆泽昌投资(集团)公司签订了产学研合作协议，双方遴选的 8 个方面的合作项目已列入新疆维吾尔自治区重点项目库。7 月 11 日，沈超副书记一行应邀来到新疆泽昌集团，出席“企业研究中心及产学研示范基地揭牌仪式”。仪式上，沈超副书记与奎屯市委副书记杨亚伟分别发表了热情洋溢的讲话，并与伊犁州党委常委、奎屯市委书记赵永龙，奎屯市委常委、副市长李青春，泽昌集团董事长丁振泰共同为企业研究中心及产学研示范基地揭牌。此外，我校代表团还与奎屯市委市政府领导、泽昌集团相关负责人进行了座谈，就产学研示范基地建设、合作项目推进以及专业技术人才培养等方面内容进行了沟通交流。在新疆期间，沈超副书记就我校科技援疆工作向江苏省援疆前方指挥部相关领导做了专题汇报，受到了充分肯定。

近年来，我校大力推进校企合作，积极搭建创新平台，已与企事业单位共建研究所和工程技术中心 98 个，与企业联合申报各类科技计划项目 198 项，承担企事业委托项目 182 项，学校科学研究和服务社会能力显著提升。我校与新疆泽昌投资(集团)公司签订合作协议，共建产学研示范基地，既是学校贯彻落实国家、省、市关于援疆工作的指示精神，积极投身援疆事业所取得的新成效，又是学校秉承“产学研用相结合”办学理念，积极开展协同创新，不断提升科研实力，着力推进校企共赢所取得的新成果。今后，学校将加大支持力度，汇聚创新力量，使该项目成为江苏省科技援疆工作的重要组成部分。

34. 校企深度合作共建实践教学平台——韩宝平院长、宋农村副院长走访南京两家校外实习基地

近年来，我校围绕为区域经济社会发展培养高素质应用型人才的办学目标,不断加强与企业的深度合作,自2010年6月18日召开了校企地联盟大会后,与许多企业共建了产学研教育平台,强化学生实践和创新能力的培养,取得了明显成效。为了进一步推进产学研教育,2012年8月16日,院长韩宝平教授、副院长宋农村教授率领校相关部门负责同志专程赴宁走访我校校外实习基地中软国际教育集团南京分公司和东软睿道教育有限公司。中软国际教育集团南京分公司经理金晓丰、东软睿道教育有限公司华东区域经理孙延建等热情接待了韩院长一行。在两家企业,韩院长就合作开展卓越工程师软件人才培养、工程实践教育中心建设、学生实习实训、青年教师到企业挂职锻炼等事宜与企业负责人进行了广泛深入的研讨,并达成了共识。走访期间,韩院长一行参观了两家企业在南京的研发中心,看望了我校信电工程学院部分2009级计算机科学与技术专业在两家企业实习、实训的学生。

我校于2011年1月与中软国际签订联合办学合作协议,联合申报了江苏省计算机科学与技术专业"嵌入式软件人才培养方向"合作项目,并于当年招收合作培养学生93人。2012年7月,我校与中软国际联合申报的国家级工程实践教育中心获得教育部批准。同年7月,我校与中软国际等企业合作申报的"徐州工程学院软件与服务外包工程实践教育中心"获批省级工程教育中心。

我校于2011年6月与东软集团签订学生实习、实训合作协议，先后选派2008级计算机科学与技术和电子信息科学与技术专业学生到该公司参加实习、实训。2012年我校又选派了63名2009级计算机科学与技术专业的学生到公司进行为期1年的实训和顶岗实习、毕业设计活动。

中软国际和东软集团均是我校计算机科学与技术专业“江苏省卓越工程师培养计划软件类”项目合作企业。

35. 联合共建，扎实推进校企联盟合作教育

根据我校的办学目标和定位，为完善我校“食品科学与工程”专业、“机械设计制造及自动化”专业卓越工程师教育培养计划的人才培养方案，共同商讨联合共建的国家级工程实践教育中心的实施方案，院长韩宝平教授、副院长宋农村教授、张仲谋教授率校教务处及食品(生物)工程学院、机电工程学院负责同志前往徐州工程机械集团有限公司(以下简称徐工集团)、维维集团股份公司(以下简称维维集团)进行研讨与参观。徐工集团董事长、党委书记王民，副总经理李锁云，副书记李格，副总经理韩冰，维维集团董事长杨启典等热情接待了韩院长一行。

徐工集团是中国工程机械行业规模最大、产品品种与系列最齐全、最具竞争力和影响力的大型企业集团。2011年徐工集团年营业收入870亿元，位居中国工程机械行业首位，亚洲工程机械行业第一，世界工程机械行业第五名，其中在汽车起重机、道路施工成套设备、大吨位压路机等领域位居全球第一,2012年营业收入有望达到1 000亿元。维维集团从1992年成立之初的资产不过百万的一个县属小企业成长为总资产百亿元的跨行业、跨地区的大型企业集团,产业已涉足食品、医药、物流、国际贸易、化工、矿业、农业资源、房地产等领域,2011年营业收入已突破了200亿元,入选中国100家最具价值品牌和中国500强、江苏省50强企业,成为"中国豆奶大王"。我校与两大企业有多年合作的历史,我校的许多毕业生已成为两大企业的主要技术骨干。此次我校与两大企业联合申报国家"卓越工程师教育培养计划"和国家级工程实践教育中心又获得了成功,这表明校企双方的合作进入了深度融合、共建双赢的阶段。

在徐工集团举行的研讨会气氛热烈。王民董事长对韩院长一行来徐工集团进行合作洽谈表示热烈欢迎,并代表徐工集团对成功获批"机械设计制造及自动化"专业卓越工程师教育培养计划及国家级工程实践教育中心表示祝贺。他高度评价我校事业发展新成就,全面介绍了徐工集团发展思路以及人才培养、国际拓展、企业文化等方面的工作。他表示,徐工集团在充分竞争的时代和领域脱颖而出,靠的是徐州市委、市政府和全市人民的关爱,靠的是重视科技与人才。他表示,集团非常重视与徐州工程学院的合作,将集中力量,全力推进国字号"卓越工程师教育培养计划"及工程实践教育中心的建设,建立对接机制,加强战略合作,联手进行更直接、更密切的协作,实现互利双赢,共同为徐州市经济社会发展做出更大贡献。

韩院长在讲话中代表校党委、行政对徐工集团取得的成就表示祝贺,对徐工集团多年来对我校事业发展予以的支持表示感谢。他说,徐工集团领导班子率领集团员工砥砺奋进、拼搏进取,胸怀大视野、谋划大思路、实施大战略、推动大发展、实现了大跨越,跃居国际同行业前列,做出了一流的业绩,可喜可贺。徐州工程学院作为地方高校矢志服务地方,围绕市委市政府打造四大千亿元产业的战略目标,坚持走错位发展、特色发展之路,不断强化内涵建设,成就斐然。国家卓越工程师计划、国家级工程实践教育中心的成功获批,就是学校事业飞速发展的明证。我校发展要博采众长,积极汲取徐工集团发展的宝贵经验,加强与徐工集团的全方位战略合作,以求互惠共赢,不断增强学校的综合实力与核心竞争力,努力实现新跨越。

在维维集团举行的研讨会上,杨启典董事长对韩院长一行来维维集团共商深入推进"食品科学与工程"专业卓越工程师教育培养计划、大力加强国家级工程实践教育中心建设表示欢迎。他感谢徐州工程学院对集团事业发展的支持,全面介绍了集团事业新发展和对复合型人才的新需求,高度评价与我校的合作成果,并就双方进一步密切合作,落实卓越工程师教育培养计划的具体举措、切实加大国家级实践教育中心建设力度等进行了阐述。

韩院长代表校党委、行政对维维集团多年来对我校事业发展给予的支持和帮助表示感谢,对维维集团近些年来事业快速发展取得的成就表示祝贺。韩院长说,徐州工程学院作为一所以服务地方为己任的高校,近年来不断强化内涵建设,办学水平和服务地方的能力不断增强。深入推进国家卓越工程师教育培养计划,大力加强国家级工程实践教育中心建设会使校企双方实力不断壮大,互惠互利双赢。他强调,要推进"食品科学与工程"专业卓越工程师人才教育培养计划的落实,依托国家级食品加工与质量控制实践教育中心建设,不断强化校企合作,通过加大青年教师到企业挂职锻炼、学校为企业提供专业培训等举措,实现项目与时俱进,学校与企业共同成长,一起为徐州市经济社会发展做出更大贡献。

宋农村副院长介绍了学校科研和产学研合作的情况。张仲谋副院长介绍了教育部卓越工程师教育培养计划和国家级工程实践教育中心申报与建设情况。

韩院长为王民董事长、杨启典董事长颁发了我校客座教授聘书,两位董事长均感谢学校的信任,表示要积极努力为徐州工程学院的事业发展贡献自己的力量。

热烈欢迎徐州工程学院领导莅临维维集团指导工作

参会同志就“食品科学与工程”专业、“机械设计制造及自动化”专业卓越工程师教育培养计划的人才培养方案、教学计划和企业培养方案进行了深入研讨,并对共建的国家级工程实践教育中心的方案提出了意见和建议。其间,韩院长一行参观了维维集团、徐工集团现代化的生产线。

36. 政产学合力促专业建设——“校企合作共建专业”签约仪式举行

2012 年 9 月 14 日上午,徐州工程学院、徐州市经济和信息化委员会以及徐州市 8 家物流重点企业在江苏金驹物流投资有限公司联合举行“校企合作共建专业”签约仪式。徐州市经济和信息化委员会主任洪涛、副主任徐天宁,徐州工程学院院长韩宝平、副院长宋农村,江苏金驹物流投资有限公司董事长朱小明,徐州港务集团董事长彭传德,江苏宝通物流发展有限公司董事长黄友静,徐州医药股份有限公司董事长戚保生,汽配城(中国)有限公司总经理唐金超,江苏恩华和润医药有限公司总经理陈支援,江苏旺妮物流有限公司负责人梁军,徐州宏康物流有限公司负责人胡升远,我校管理学院负责同志及物流专业骨干教师参加了活动。徐州市经济和信息化委员会副主任徐天宁主持签约仪式。

韩宝平院长在致辞中对徐州市经济和信息化委员会以及徐州市物流骨干企业长期以来对学校事业发展和专业学科建设给予的关心和支持表示感谢。韩宝平院长说,徐州工程学院作为一所地方本科高校,坚持结合地方经济社会发展需求,优化专业学科结构,强化产学研合作,与企业扎实推进“共建三基地”

(即学校在企业建实习基地、就业基地和科研基地,企业在学校建设培训基地、人才供给基地和研发基地)工作;在市经济和信息化委员会的协调和组织下,去年我校和8家物流企业联合共建"徐州市现代物流发展研究院",并依托这一平台开展了多项合作,促进了徐州市物流业的发展。此次,我们再次合作共建"物流工程专业",将进一步促进我校改革人才培养模式,为物流企业培养更多"下得去、留得住、上手快、能力强"的应用型人才,实现互惠共赢。我们将全力做好"物流工程"专业的建设工作,希望各位董事长和总经理多参与该专业培养过程中的各项咨询工作。

洪涛主任在讲话中介绍了徐州经济社会发展情况和现代物流业建设情况。他说,近年来,徐州市委、市政府加快"构建以徐州为中心的淮海经济区现代物流核心城市",成效显著。今天,徐州物流业八强聚首金驹,与徐州工程学院共谋促进物流专业发展之策,意义重大,责任重大。共建专业将充分发挥高校服务社会、行业、企业的功能,发挥企业的实践育人功能,进而为徐州物流行业、骨干企业培养高素质、高技能的应用型人才,形成校企紧密合作的办学机制,不断推进校企地合作深入发展。洪涛主任表示,徐州市经济和信息化委员会将全力支持这项工作,加大扶持力度,让这项工作早日结出硕果。

江苏金驹物流投资有限公司朱小明董事长代表签约企业致辞。他说,近年来,在徐州市委、市政府的高度重视和关心支持下,徐州物流企业的发展取得了长足进步。现代物流企业在理论支持、人才储备、素质提升、新技术应用等方面亟待加强。徐州工程学院的物流研究团队水平高,在物流专业人才培养、职工培训、成果转化等方面经验丰富。相信在徐州市经信委的组织领导下,“政、企、校”三方的合作将开启新篇章,与徐州工程学院共建“物流工程”专业将为企业的发展注入新的活力和发展动力,进一步推动企业的可持续性和创新性发展。

徐州工程学院副院长宋农村教授与8家物流重点企业签订了“校企合作共建专业协议书”。其间,与会领导、企业老总参观了徐州金驹物流园区。

37. 走访实习基地　深化校企合作

为了加强实习基地建设,更好地开展校企合作,2012年9月18日,张仲谋副院长率校教务处及机电工程学院负责同志走访了机电工程学院实习基地江苏徐钢钢铁集团。江苏徐钢钢铁集团董事长王爱钦等热情接待了张院长一行。

江苏徐钢钢铁集团(简称“徐钢集团”)创办于2003年,经过集团全体员工数年来的努力,现已发展为一家实力雄厚、发展迅猛的民营企业,营业范围涉及钢铁生产、焦化生产、房地产开发、矿业开采、国际贸易等诸多领域。集团现年产钢铁400万吨,产值160亿元。我校2009年开始与徐钢集团进行合作,3年来共选派相关专业学生183人到该企业参加实习实训,收效显著。王爱钦董事长在座谈会上致欢迎词，他全面介绍了徐钢集团的近况、企业文化与远景发展规划。他对双方的合作现状表示满意，对我校实习学生质量予以高度评价，并表达了今后与徐州工程学院加强产学研合作的愿望。

张仲谋副院长介绍了我校概况与事业进展，重点介绍了我校加强实习基地建设，与企业共建产学研教育平台，强化学生实践和创新能力培养取得的成就。张仲谋副院长向王爱钦董事长颁发了客座教授聘书。王爱钦董事长向我校机电工程学院学生捐赠了爱心助学金。校企双方就产学研合作、卓越工程师教育培养计划、学生进厂实习等问题就行了交流和讨论，达成了共识。会后，我校代表团参观了徐钢集团的第二轧钢分厂和1286高炉主控室。

通过此次走访，我校教务处与机电工程学院检查了学生实习效果，密切了与校外实习单位的联系，为今后进一步开展校企合作奠定了良好的基础。

38. 校地合作结硕果，人才培养促发展——徐州工程学院和徐州市安监局联办应用化工班毕业典礼举行

2012年10月13日上午，徐州工程学院和徐州市安监局联办的应用化工班毕业典礼在我校城南校区科技报告厅举行。院长韩宝平教授、徐州市安监局殷少祥副局长出席毕业典礼。我校化学化工学院、成人教育学院及学校有关部门负责同志和全体毕业生参加典礼。化学化工学院院长堵锡华教授主持毕业典礼。

化工行业是徐州市的支柱产业之一，从业人员的业务水平提升和知识更新对化工行业的可持续发展意义重大。徐州工程学院和徐州市安监局联办应用化工技术成人大专班，旨在为学员补充化工行业的新知识、新技术，提升业务素质，从而更好地保护人民生命财产安全，消除行业安全隐患。首批35位学员均为全市化工行业一线骨干。两年多来，我校化学化工学院、成人教育学院团结协作，精心组织教学计划，安排优质师资，积极创造优良学习环境，全力提供周到服务。通过努力，全班35位学员圆满完成了学业。

韩宝平院长在讲话中代表校党委、行政对学员们圆满完成学业表示祝贺，他介绍了我校事业的新进展。他说，近年来，学校党委、行政围绕学校应用型本科办学定位，加强内涵建设，学校专业学科建设成效显著，五大建设工程矢志打造师资人才高地，新校区建设快速推进。韩院长说，政产学研合作是高等教育发展的潮流和趋势，应用化工班的成功举办是我校利用校地合作平台，创新人才培养模式，提升服务区域经济社会发展能力的成功范例。他希望学员们毕业后能够学以致用，奉献才智，为所在企业发展、为学校事业发展、为徐州地方经济的繁荣多做贡献。

殷少祥副局长在讲话中代表徐州市安监局对徐州工程学院党委、行政对开设应用化工班的高度重视和大力支持表示感谢，对化学化工学院、成人教育学院的教师们和管理干部的工作予以高度肯定。他希望各位学员毕业后能迎接

挑战,树立终身学习理念,在单位真抓实干,团结协作,在未来取得优异的工作业绩。

杨凯同学代表毕业生发言。他代表全体学员感谢学校两年多来的悉心培养,感谢所在企业提供的学习机会,表示将继续努力,提升素质,提高水平,勤奋工作,为企业、为母校发展做出自己的贡献。

39. 我校与沛县签署战略合作协议

2012年12月25日,徐州工程学院院长韩宝平教授、副院长宋农村教授一行赴沛县调研,与沛县领导研究校地合作事宜,校地双方签订了战略合作协议。沛县县委书记冯兴振、县长李晓雷等出席活动。校地双方对口单位负责同志参加了签约活动。

徐州工程学院与沛县战略合作洽谈会在沛县人民政府会议室举行。韩院长在讲话中代表徐州工程学院党委、行政对沛县科学发展取得的突出成绩表示祝贺,对沛县县委、县政府长期以来对我校事业发展予以的支持表示感谢。韩院长说,近年来,沛县县委、县政府围绕“打造转型升级示范区,建设龙城水乡新沛县”的目标,解放思想、团结一致、励精图治、攻坚克难,全县经济社会实现了跨越式发展,开创了科学发展、率先发展、和谐发展的新局面。韩院长简要介绍了我校的情况。韩院长强调,在江苏省委省政府“进一步加快振兴徐州老工业基地”战略的驱动下,相信通过双方建立校地全面战略合作关系这一契机,能够促进双方更大范围、更深程度地加强产学研合作,达成优势互补,实现合作共

赢，共谋发展新篇。

冯兴振书记在讲话中代表沛县县委感谢徐州工程学院多年来在教育服务、科技合作、人才培养等方面对沛县工作的支持，高度评价徐州工程学院作为地方院校对徐州经济发展所做出的贡献，表示希望立足长远构建面向未来的战略合作关系，坚信沛县与徐州工程学院的合作将成为徐州校地合作的典范。

李晓雷县长在讲话中代表沛县人民政府对韩宝平院长、宋农村副院长和我校专家学者来沛县调研考察、研讨合作表示欢迎。他高度评价我校发展成就。他说，“十二五”期间，沛县将按照市委市政府的要求，以高定位、新思路、实举措，全力推进沛县新一轮发展，既要固化既有优势，更要注重发挥科技、科研、人才的优势，积极与国内高等院校、科研院所展开务实合作，努力“打造转型升级示范区，建设龙城水乡新沛县”。他表示，沛县将与徐州工程学院开展全方位战略合作，共同推动沛县新一轮发展。

宋农村副院长就我校加强内涵建设，提高教育教学质量，加强师资队伍建设和科研、人才培养工作，特别是我校深化教育教学改革提高应用型人才培养质量、紧贴地方发展需求增强服务能力等做了较为详细的介绍。沛县发改委负责同志介绍了沛县事业发展情况。

座谈会后，韩宝平院长代表徐州工程学院、李晓雷县长代表沛县人民政府签订了战略合作协议。

在沛县期间，我校调研组一行还参观了沛县部分企业。

40. 加强产学研合作提升科技创新水平——我校举办年度首次"博士沙龙"

为了充分发挥我校科技创新人才优势,进一步推动产学研合作,2013年4月,我校本学期首次"博士沙龙——推进水利专项研究产学研合作研讨会"在中心校区举办。我校院长韩宝平教授,副院长宋农村教授,徐州市水务局科教处副处长、市水利学会秘书长刘奉,市水利科学研究所高级工程师范敬兰,工程师余莹莹等应邀出席会议。校科研处负责同志,环境工程学院、信电工程学院、化学化工学院的教授、博士等科研骨干教师参加活动。

韩宝平院长首先对市水利学会、水利科学研究所的专家来我校参加博士沙龙活动表示欢迎和感谢。他在讲话中指出,作为一所地方本科院校,我校高度重视与地方政府、相关学会和科研院所的交流与合作,重视我校相关专业学术力量与徐州市重大水利科研需求项目的对接,凝聚力量,共同促进高层次项目和成果的产出。韩院长介绍了前不久我校与市水务局、沂沭泗水利管理局、团市委联合举办的徐州市"世界水日""中国水周"宣传暨"水更清"行动计划进校园活动情况。韩院长强调,这次"博士沙龙"活动将进一步加强我校与市水务局、水利学会、水利科学研究所的合作,有利于各方在高层次项目和成果申报方面取得重大突破。

宋农村副院长在讲话中介绍了我校近几年科研发展和产学研合作的情况。他说，近年来，我校通过“教授论坛”和“博士沙龙”等多种形式搭建产学研合作平台，多措并举不断拓宽合作渠道，加大合作力度，合作成果较为丰硕。他希望我校相关学院相近专业人才交融汇聚，整合形成科研攻关力量，进一步加强与政府、学会、科研院所和企业的联系和合作，充分发挥我校教授、博士等高知群体的智力优势，不断提升我校科技创新能力和攻关能力，更好地为徐州经济社会发展服务。

徐州市水务局科教处刘奉副处长向我校教师介绍了江苏省水利科技项目申报和省水利科技推广示范基地创建的相关政策和要求，分析了近年来我市重大水利科研需求项目情况。市水利科学研究所范敬兰高级工程师也介绍了水科所近年来的科研情况，表达了与徐州工程学院进一步加强合作的愿望，并与我校与会博士们进行了深入交流。

会上，博士们围绕相关课题和专家们展开了深入、热烈的讨论和交流。本次“博士沙龙”活动，对进一步汇聚优势资源，深化我校的产学研合作将起到积极的助推作用。

41. 深化校企合作　共赢发展硕果——“四季沐歌”奖学金颁奖仪式在我校举行

第一期“四季沐歌”奖学金颁奖仪式在我校举行。

徐州工程学院
四季沐歌太阳能
第一期"四季沐歌班"奖学金颁奖仪式
深化校企合作
实现共赢发展
深化校企合作
实现共赢发展

42. 落实校地合作协议　服务地方经济发展——我校两教师参与徐州市沛北矿区城乡一体化规划项目建设

根据徐州市委曹新平书记批示要求，由市委政策研究室组织推进的徐州市沛北矿区城乡一体化规划项目日前启动。2013 年 6 月 13 日，我校经济学院孙勤教授、邵川副教授应邀代表徐州工程学院苏北农村发展研究院(所)、徐州工程学院区域经济研究所参加了首次调研论证会。沛县县委书记冯兴振，县长李晓雷，县政协主席刘广远，县委常委、常务副县长周广春，县委常委、纪委书记汪国强及县有关部门(镇)的负责人和徐州市规划项目组成员出席启动仪式。

徐州工程学院与沛县建立了战略合作伙伴关系。2012 年 12 月 25 日，徐州工程学院院长韩宝平教授、副院长宋农村教授与沛县领导探讨研究校地合作事宜。当日，沛县县委书记冯兴振、县长李晓雷等出席活动，校地双方签订了战略合作协议。冯兴振书记、李晓雷县长均表示，在沛县新一轮发展中，要注重发挥科技、科研、人才的优势，积极与国内高等院校、科研院所展开合作，沛县坚信与徐州工程学院进行的全方位战略合作，将务实推动沛县发展迈上新台阶。

徐州市沛北矿区城乡一体化规划项目建设旨在坚持以科学发展观为指导，认真贯彻落实中央和省、市关于城乡一体化和新型城镇化建设的战略部署，研究、提出推进沛北矿区城乡一体化规划的主要目标、基本思路、发展重点和政策建议，为市委、市政府决策提供重要依据，为推进徐州老工业基地振兴、资源型城市转型和徐州小区域城乡一体化发展提供指导和示范。

调研活动由徐州市委政策研究室牵头,市国土局、市建设局、市发改委、市规划局、市重点项目办和我校教师共9人组成市联合调研工作组。调研工作组将围绕沛北矿区城乡一体化区域的范围界定和经济、社会、文化、生态发展现状,加快推进沛北矿区城乡一体化规划项目建设发展的重要意义、有利条件和制约因素,加快推进沛北矿区城乡一体化规划项目建设发展的基本定位、主要目标和思路,加快推进沛北矿区城乡一体化规划建设项目发展的工作重点与政策措施建议等开展为期10天的调研、论证活动。

我校教师参加本次调研活动,是对我校与沛县校地战略合作协议的具体落实,是徐州工程学院苏北农村发展研究院(所)、徐州工程学院区域经济研究所取得的重要成果,标志着我校服务地方经济发展迈上了一个新台阶。

43. 项目牵线　校地携手　载体丰富　共谋发展——徐州工程学院与丰县合作关系进一步深化

2013年6月28日,为进一步深化校地合作,加强校地人才科技对接,打造区域经济发展优势,徐州工程学院院长韩宝平教授、副院长宋农村教授率我校代表团赴丰县,与丰县人民政府共谋深化校地合作事宜,双方签订了合作协议。丰县人民政府十分重视我校代表团到访,县长郭学习,副县长徐国良、刘宏军(我校挂职干部)出席活动。丰县科技局、园林局、开发区、丰成盐化工公司以及大沙河镇和我校环境工程学院、化学化工学院、科研处、院长办公室、产业处负责同志参加了洽谈会。

郭学习代表丰县县委、县政府对韩宝平院长一行来丰研讨合作表示欢迎。他介绍了丰县近年来事业发展成就,高度评价我校发展成果并感谢徐州工程学院长期以来在教育服务、科技合作、人才培养诸领域对丰县工作的全面支持。他表示丰县希望与徐州工程学院一道,构建面向未来的全方位战略合作关系。他坚信双方的合作将成为徐州校地合作的典范。他特别指出,丰县在经济快速发展的同时重视环境保护及可持续利用,县委县政府确立了“创建全国生态县”目标,将生态县建设与经济社会发展紧密结合,优化经济增长方式,多措并举推进生态环境的保护与建设。他期待丰县与徐州工程学院在“创建全国生态县”、大沙河生态景观改造工程、二坝湿地“国家湿地”建设等方面务实合作,共谋发展新篇,促进校地双赢。

韩宝平在讲话中代表徐州工程学院党委、行政对丰县科学发展取得的突出成绩表示祝贺,对丰县县委、县政府长期以来对我校事业发展予以的关注、支持表示感谢。他介绍了我校概况、优势专业学科、校企合作情况。他指出,2011年

9 月，徐州工程学院与丰县签订了战略合作协议，学校与丰县合作关系日益紧密，双方合作依托项目不断深化，产学研合作实质推进，好戏连台：我校环境工程学院参与的丰县复新河生态修复工程进展顺利；我校挂职干部牵头丰县食品行业和三轮车制造业与我校在科技攻关、共建实验室、联合申报项目等有新的突破；学校获批与丰县合办国家高等教育改革试点“3＋4”初中起点本科教育，丰硕成果证明了双方合作的可操作性与广阔空间。他强调，徐州工程学院将加大工作力度，投送关键力量，持续加大对丰县科技和智力的支持力度。他相信在江苏省委、省政府“进一步加快振兴徐州老工业基地”战略的驱动下，双方合作关系将更为紧密，成效会更加明显。

签约仪式上，我校环境工程学院与丰县大沙河镇政府签订了“校地共建产学研基地协议”；化学化工学院与丰成盐化工公司签订了“实习基地共建协议”。

在丰县考察期间，韩宝平院长一行还到二坝湿地实地调研，并现场指导了正在该地进行专业实习和社会实践的环境工程学院师生。韩院长勉励同学们要在服务地方发展中提升专业能力和素质，鼓励大家要学以致用，为区域生态文明建设贡献才智，将来为实现伟大的中国梦贡献力量。

韩宝平院长此行进一步加强了我校与丰县人民政府和企业的沟通与交流，达成了许多合作共识，思路更加拓宽，内容更加细化，举措更为扎实，为徐州工程学院与丰县的合作迈向新高度奠定了坚实的基础。

签约席

丰县黄河故道水利规划工程位置图
丰县黄河故道水利规划简介

44. 我校举行2011年度省产学研联合前瞻项目验收鉴定会

2013年10月28日下午,我校在中心校区行政楼A101室举行2011年度省产学研联合前瞻项目“工程机械焊接机器人关键技术研究及产品开发”验收鉴定会。我校宋农村副院长、江苏省科技厅产学研合作处万发苗副处长、徐州市科技局副局长谢德明出席鉴定会。徐州市科技局国际合作处周丽处长主持验收鉴定会。来自南京航空航天大学、南京工程学院、江苏师范大学、徐州工程兵指挥学院、徐州徐工随车起重机有限公司的5位专家及相关人员参加验收鉴定会。

宋农村副院长首先对省科技厅、市科技局及与会专家们对我校科研工作的关心支持表示感谢。他介绍了我校科研工作的新进展和产学研合作的情况。他说,徐州工程学院作为一所地方高校,坚持以服务地方为己任,紧密结合地方经济社会发展,注重引导、支持教师、科技人员切实走出校门,深入企业,帮助企业解决技术难题,把推进产学研合作和科技成果转化作为学校科技工作的重中之重。通过不懈努力,学校科技创新能力和攻关能力、服务地方经济社会发展的能力不断增强,水平稳步提升。

万发苗副处长充分肯定我校近年来科研工作的进步。他向与会同志介绍了省产学研联合创新资金项目设立的背景,并希望通过此类项目的设立进一步深化江苏省产学研合作工作,提高高校服务地方经济社会发展的能力,并对项目的验收提出了具体的要求。

随后,南京工程学院朱晓春教授作为专家组组长主持验收鉴定工作。验收专家组通过审阅相关资料并听取项目组的汇报,对该项目所取得的成果给予了充分肯定,认为该成果总体技术水平达到国内先进,在焊接机器人智能示教和跟踪技术等方面达到国内领先,一致同意通过鉴定验收,并对进一步推广项目成果提出了建设性的意见和建议。

会后,万发苗副处长在宋院长陪同下参观了机电工程学院工业培训中心、机电工程实验室,并对实验室建设提出建设性建议。

45. 我校和泉山区政府签约共建大学科技园和徐州 2.5 产业园

2013 年 11 月 18 日下午,我校和泉山区政府签约共建大学科技园及徐州 2.5产业园揭牌仪式隆重举行。徐州市人民政府孔海燕副市长,泉山区委赵兴友书记,我校领导花长友、韩宝平、宋农村,徐州市、泉山区及我校相关单位负责人出席签约仪式。

赵兴友书记致辞:泉山区与徐州工程学院签约成立徐州工程学院科技园发展有限公司,共建徐州 2.5 产业园,对于加快泉山区转型发展、建设“知识泉山”具有重要意义。徐州 2.5 产业园是泉山区实施创新驱动战略的重要载体,将为泉山区乃至全市的产业转型升级做出贡献。他说,区委区政府将认真落实合作协议,做好园区规划、运营管理,提供优质服务。他希望科技园发展有限公司坚持市场导向,提升创新能力,加速要素集聚,推进产学研结合,打造一流园区,创造一流品牌。

花书记介绍了我校依托学科专业优势，开展应用性研究，在学科与平台建设、科学研究、科技成果转化和服务地方等方面取得的成绩。他说，徐州工程学院大学科技园将依托我校主干专业和学科优势，融入地方科技资源，结合徐州市发展六大千亿元产业和战略性新兴产业的发展需求，重点开发新技术项目和服务项目，学校将进一步强化体制、机制建设，搭建高品质服务平台，力争把园区打造成我省具有特色的2.5产业基地、科技型中小企业孵化基地和创新创业人才培养基地。

会议隆重举行了签约仪式。韩宝平院长分别与泉山区常务副区长韩可和泉山区国有投资有限公司刘汉文董事长签订了合作共建徐州2.5产业园协议及合作组建徐州工程学院科技园发展有限公司的协议。在全场的掌声中，孔海燕副市长和花长友书记为徐州2.5产业园揭牌。

背景简介：徐州工程学院大学科技园和徐州2.5产业园由我校和泉山区国有投资有限公司合作，以学校主导、政府扶持、企业运作为原则，采取双方共同出资、共同开发、共同管理、共享成果的方式，形成责权利相统一的共建机制。2.5产业是指介于第二和第三产业之间的中间产业，既有服务、贸易、结算等第三产业管理中心的职能，又兼备独特的研发中心、核心技术产品的生产中心和现代物流运行服务等第二产业运营的职能。我校与泉山区合作共建2.5产业园，为地方发展2.5特色产业提供了重要载体，搭建了高新技术企业孵化、创新人才培养、产学研结合的支撑平台,对促进科技成果转化、打造学校学科优势和特色、增强学校核心竞争力,更好地为地方经济社会发展服务具有重要的推动作用。

46. 强化校企对接　深化产学研合作——殷惠光副院长带队赴四季沐歌太阳能技术集团有限公司,深入推进校企产学研合作

2013 年 12 月 16 日—18 日,殷惠光副院长带领第二期"四季沐歌班"考察四季沐歌太阳能技术集团有限公司(简称"四季公司"),深入了解我校毕业生工作情况,与企业共商推进产学研合作规划事宜,同时受邀参加四季公司年度庆典大会。环境工程学院第二期"四季沐歌班"42 名同学及带班负责人穆静、崔德才、张林军参加活动。

四季公司徐新建董事长、李俊总裁接待了殷惠光副院长一行,并就校企深化合作、创新人才培养模式进行了深入交流。他们高度认可我校毕业生的专业素质、综合能力和工作表现,并对今后推进校企互动、人才交流、第二期"四季沐歌班"建设等进行了探讨。其间,殷惠光副院长一行对四季公司进行了考察,与公司各部门进行了交流,亲切看望了我校 20 多位校友。他高度评价了四季公司取得的业绩,对我校毕业生在四季公司的表现感到振奋,并与环境工程学院负责同志就深化校企合作、提高人才培养质量进行了研讨,提出了指导性的意见。

19号车

我校2008年与四季公司签订共建实践教学基地协议,双方合作卓有成效:2011年双方签署"校企联合培养人才协议书",企业直接参与人才培养过程;四季公司在我校捐建"太阳能实验室",设立"四季沐歌奖学金";2012年第一期"四季沐歌班"顺利结业;今年招生的第二期"四季沐歌班"涵盖了给水排水科学与工程、机械设计制造及其自动化、电气工程及其自动化、材料成型及控制工程、土木工程等专业,现已开班上课。

47. 我校与江苏蓝丰生物化工股份有限公司共建国家级实践基地正式启动

2014年2月27日上午,徐州工程学院与江苏蓝丰生物化工股份有限公司(简称"蓝丰公司")举行国家级大学生实践基地揭牌仪式与建设研讨会。徐州工程学院院长韩宝平,蓝丰公司总经理刘宇、原总经理梁华中出席,校企双方就深化合作、共促创新人才培养等进行了深入交流。

我校与蓝丰公司的合作始于2008年,自合作以来,双方秉持互利互助、共同发展的原则,不断拓宽合作领域,先后联合申报并共同建设了省级工程技术中心,共同发表了一批对生产具有指导作用的学术论文,开展了互建"三基地"的探索工作,开办了公司技术人员的学历提升班,组织开展了化学化工学院学生的驻厂实习。尤为可喜的是,2013年,双方联合申报的国家级大学生校外实践教育基地获得教育部批准,这标志着双方合作达到了一个崭新的高度。

韩院长在致辞中代表校党委、行政对双方联合申报的国家级大学生校外实践教育基地喜获教育部批准表示祝贺。他回顾了校企双方合作6年来走过的道路。他说，徐州工程学院矢志服务地方，围绕地方经济社会发展需求，优化专业结构，强化校企合作，服务地方成效显著。此次共建国家级工程实践教育中心是双方合作发展的一个新的里程碑。该基地的建设，能更好地承担起我校化学化工学院学生的校外实践教育任务，并构建校企双方联合培养人才新机制，必将推动我校更新教育教学理念，改革人才培养模式，加强实践教学环节，提升学生的创新精神、实践能力、社会责任感和就业能力。他表示，希望校企双方以此为契机开展更广泛的交流合作，期待双方的合作结出更为丰硕的成果。

刘宇总经理对韩院长一行来公司参加共建仪式表示欢迎和感谢。他介绍了企业的基本概况和管理体系的运行情况，着重介绍了企业与徐州工程学院开展校企合作的情况，全面肯定了双方的合作成果，高度认可我校毕业生的专业素质、综合能力和工作表现。他希望与我校进一步加强交流，拓宽领域，推动双方的合作达到新水平。

韩宝平院长与刘宇总经理代表校企双方共为“徐州工程学院-江苏蓝丰生物化工股份有限公司国家级大学生实践教育中心”揭牌。

其间，韩宝平院长一行参观考察了企业厂区。我校化学化工学院与蓝丰企业有关负责同志就双方合作相关事宜进行了广泛深入的交流和探讨。

48. 我校土木工程学院与国家网架及钢结构产品质量监督检验中心举行共建研讨会暨战略合作协议签约仪式

2014 年 7 月 4 日下午,我校土木工程学院与国家网架及钢结构产品质量监督检验中心(简称“中心”)校地共建研讨会暨战略合作协议签约仪式隆重举行。张新科院长、徐州市质量技术监督局(简称“质监局”)施劲松局长,我校宋农村副院长、殷惠光副院长,市质监局李健副局长及市质监局、中心及我校土木工程学院、职能部门负责人出席签约仪式。

张院长代表学校对市质监局、中心领导来校签订战略合作协议表示欢迎和感谢。他指出,我校作为一所地方本科院校,矢志服务区域经济社会发展,大力培养区域经济社会发展所需的应用型人才。我校在办学过程中不断总结经验,注重内涵建设,推进校企地合作,提升人才培养质量和服务地方的能力和水平。他希望市质监局、中心持续关心和支持学校事业发展,提供强有力的技术支持、更为宽泛的业务帮助。他要求我校土木工程学院要利用好本次合作契机,发挥学校主体作用,完善机制,创新形式,深化合作,扩大成效,实现优势互补、互利共赢。

施劲松局长说,市质监局及中心与徐州工程学院在人才队伍建设、科学研究、学生实践锻炼等方面有着紧密的合作。市质监局、中心期待与徐州工程学院的合作更加持久、深入,共同为服务地方经济社会发展做出贡献。

国家网架及钢结构产品质量监督检验中心与徐州工程学院土木工程学院
校地共建研讨会暨战略合作协议签约仪式

国家网架及钢结构产品质量监督检验中心与徐州工程学院土木工程学院
校地共建研讨会暨战略合作协议签约仪式

国家网架及钢结构产品质量监督检验中心与徐州工程学院土木工程学院
校地共建研讨会暨战略合作协议签约仪式
实习基地

国家网架及钢结构产品质量监督检验中心与徐州工程学院土木工程学院
校地共建研讨会暨战略合作协议签约仪式

宋农村副院长说，近年来，双方合作关系更加紧密，合作领域更加广泛，合作成果丰硕，徐州工程学院注重发挥自身的学科优势和人才优势，培养了大批具有较高素质的技能型人才，希望双方今后深化合作，不断提升服务地方经济建设能力。殷惠光副院长介绍了我校与中心长期合作的做法和成效。

李健副局长在讲话中说，双方合作要充分利用好这一科学研究和人才培养平台，通力合作，协同创新，努力推动经济社会发展。合作双方表示将按照协议的内容开展工作，为培养应用型人才和服务区域经济社会发展贡献力量。

土木工程学院姜慧书记与中心谢东主任代表双方签署《徐州工程学院土木工程学院与国家网架及钢结构产品质量监督检验中心校企(地)共建研讨会暨战略合作协议》。签字仪式后，双方举行了“徐州工程学院实习基地”“国家网架及钢结构产品质量监督检验中心徐州工程学院工作站”授牌仪式。

49. 徐州工程学院与新疆泽昌集团洽谈校企合作

2014 年 7 月 8 日上午，徐州工程学院与新疆泽昌集团校企合作座谈会在我校举行。徐州工程学院院长张新科，新疆奎屯市委副书记、徐州援奎工作组组长、党委书记杨明，我校副院长宋农村，徐州援奎工作组办公室主任曹玉辉、干部人才培训处处长徐德杰，新疆泽昌集团董事长丁振泰及集团负责人出席活动。我校相关部门、学院负责同志参加座谈会。宋农村副院长主持会议。

张新科院长在讲话中代表学校党委、行政对杨明副书记一行来校洽谈合作表示欢迎。张院长介绍了我校概况和事业发展情况。他说，我校党委、行政重视、支持徐州市委市政府新一轮对口援疆工作。徐州工程学院与新疆泽昌集团自 2012 年合作迄今，合作关系内生动力，合作项目稳步推进，合作活力逐步彰显。徐州工程学院党委、行政全力支持与包括泽昌集团在内的新疆企事业单位构建合作关系，希望借杨明组长来校洽谈之机，固化双方合作关系，有机拓展合作领域，不断创新合作方式，多措并举，互惠共赢，鼎力促进新疆奎屯地区经济社会发展。

杨明副书记代表奎屯市委市政府对徐州工程学院党委、行政对援疆工作的支持表示感谢。他愉快地回忆起在校求学经历。他说，十几年弹指一挥间，感慨母校沧桑巨变。他扼要介绍了徐州援疆和奎徐两地对口交流的情况。他希望依托徐州工程学院的技术和人才优势，助推奎屯经济社会发展。

宋农村副院长介绍了我校相关学院的学科专业优势，研判了双方合作的工作方向。新疆泽昌集团董事长丁振泰、新疆春荷房地产开发公司董事长王涛分别介绍了泽昌集团与新疆江苏商会的情况。

宋农村副院长和丁振泰董事长分别代表校企双方签署合作协议。其间，杨明副书记一行参观了我校土木工程学院和机电工程学院实验室。

徐州工程学院与新疆泽昌集团校企合作座谈会

徐州工程学院与新疆泽昌集团校企合作座谈

50. 我校与海安县签署校企地合作协议

2015 年 1 月 26 日—27 日，校领导张新科、刘洋一行赴南通市海安县，与海安县县长顾国标，副县长卢忠平、杨同标等商讨校企地合作事宜。校地双方有关部门负责同志参加了活动。

在 1 月 27 日上午举行的徐州工程学院与海安县政府科技人才合作交流洽谈会上，双方签订了《科技人才全面合作协议》《共建技术转移中心协议》《共建大学毕业生就业基地协议》《共建创新创业培训基地协议》等 4 个协议。张新科、卢忠平分别发表了讲话。

张新科在讲话中高度评价海安县深厚的历史文化底蕴和经济社会发展成就。他指出，此次活动为徐州工程学院与海安县扩大交流、增进友谊、加强合作搭建了平台，徐州工程学院将与海安企业建立更为紧密的产学研合作关系，将更多科技成果放到海安转化，为海安县经济社会发展服务。

卢忠平介绍了海安县经济社会发展状况。他认为徐州工程学院的学科专业在物流、新兴产业等诸方面与海安产业发展相契合。此次签约，为海安提供了人才支撑，为海安经济社会发展和产业转型注入了活力。海安将加快创新载体平台建设，强化人才引进培养，推进双方深度合作。

在海安期间，张新科一行参观了中国人民解放军“七战七捷纪念馆”，参观了著名爱国民主人士韩国钧先生故居，考察了海安经济技术开发区。

海安县人民政府
徐州工程学院
科技人才合作交流洽谈会

海安县人民政府
徐州工程学院
科技人才合作交流洽谈会

51. 我校举行校企合作集中签约仪式

2015年1月27日下午，徐州工程学院校企合作集中签约仪式在中心校区举行。我校副院长王冬冬、徐州徐工传动科技有限公司总经理马铸、徐州徐工液压件有限公司副总经理刘邦才、徐州徐工随车起重机有限公司副总经理程磊、徐州中材装备重型机械有限公司副总经理苏元珠、徐州华东机械厂副总经理蒋茂林及我校教务处、机电工程学院有关负责同志出席签约仪式。

王冬冬在签约仪式上发表了讲话。她代表学校对莅临学校参加签约仪式的各企业负责人表示欢迎,对各企业长期以来对学校事业发展给予的关心支持表示感谢。她介绍了我校概况和学校近期在校企合作、工学结合等方面的举措及成绩,指出了学校与企业今后的合作方向。她希望通过双方的交流和洽谈,增进了解,创新思路,为校企双方开展更深层次的合作奠定坚实基础。

随后,王冬冬代表我校与参会5家企业的负责人分别签署了校企合作协议。签约仪式上,校企双方进行了深入交流,双方就企业需求人才的类型和要求、培养模式、学生实习、实战培训、资源共享等内容达成合作意向。

52. 区域产学研合作研讨会在我校成功召开

2015年5月8日,由中国职业教育产学研联盟和徐州工程学院联办的区域产学研合作研讨会在我校召开。研讨会主题为"产教融合、校企合作、协同创新"。中国职业教育产学研联盟理事长、第十一届全国人大常委会副委员长周铁农,江苏省人大常委会办公厅副巡视员叶江虹,徐州市人大常委会副主任李君超,徐州市副市长李燕,校党委书记王超、院长张新科,江苏省高校科技发展中心主任、教育厅科学技术与产业处副处长储宪国,全体校领导,中国职业教育产学研联盟、江苏省教育厅、徐州市人大、泉山区有关负责人及企业、高校代表参会。副院长宋农村主持研讨会。

中国职业教育产学研联盟理事长周铁农发表了重要讲话。周铁农首先对来徐参会表示高兴,对会议的成功召开表示祝贺,对代表们在发言中就深入探索推动职业教育发展的方法、路径、产学研平台的搭建等予以充分肯定。周铁农指出,本次研讨会内容丰富、联系实际、务实高效、操作性强,内容涵盖了政府、企业和学校3个关联中国职业教育发展的最重要因素。当前,中国职业教育发展与中国产业发展相互适应,需要大力推动。推动中国职业教育发展必须整合、依靠包括政府、教育机构和产业(企业)在内的全社会的力量,解决3个方面的问题:探索和创新有利于推动职业教育发展的体制和机制;探索和创新有利于职业教育发展的办学模式、培养方式和办学方法;探索和创新培养职业教育所需人才与社会需求关系问题。周铁农指出,本次研讨会的成果有些在实践中已初见成效,颇具推广价值,要认真归纳总结,供政府部门、教育部门、企业在探索和创新的道路上加以借鉴和参考;同时要推而广之,使之成为推动产学研进一步合作、职业教育进一步发展的催化剂,以促进国家经济结构的调整和国民经济的进一步健康发展。

8日上午,研讨会举行了开幕式,王超书记、李燕副市长先后致辞,周铁农理事长和李燕副市长共同为徐州工程学院大学科技园揭牌。

区域产学研合作研讨会

周铁农

校党委书记王超代表学校在研讨会上致辞,对莅会的各位领导、嘉宾表示欢迎,向一直以来关心和支持徐州工程学院建设和发展的各界朋友表示感谢。他强调了本次研讨会的意义,并向嘉宾简介了我校事业发展成就,特别指出了我校近年来围绕区域和企业发展需求,强化产学研合作取得的突出成绩。他希望与会领导专家对我校产学研合作提出宝贵意见和建议,一如既往地关心支持我校发展。他表示学校将利用本次研讨会的难得机遇,进一步深化校企合作内涵、拓展合作空间,不断探索符合区域发展要求、适合我校特点的产学研合作之路。

徐州市人民政府副市长李燕代表市委、市政府致辞。她介绍了徐州的历史文化传承、经济社会发展情况、创新驱动发展情况。她指出,徐州市深入开展产学研用结合,充分发挥高校人才和科技优势,多措并举全力推进创新发展。徐州工程学院作为一所地方本科院校,学校办学地位明确,携手地方政府,紧密结合区域经济及地方产业发展特点和需求,有针对性地开展产学研用结合,积极参与区域创新和企业技术创新,在地方经济社会发展中发挥了积极作用。徐州市委、市政府希望学院百尺竿头,更进一步,不断提升创新能力和服务水平,为建设新徐州做出贡献。

在会议研讨时段,我校院长张新科、泉山区委书记赵兴友、蚌埠学院党委书记于世勋、维维集团董事长杨启典、北京四季沐歌太阳能技术集团有限公司副总裁张晟耀、枣庄学院副院长李进京分别做了专题发言。

区域产学研合作研讨会

张新科院长做了题为“引领校企合作新常态,奏响产教融合新乐章”的报告。他指出,我校作为一所以工为主的本科院校,近年来在强化学生“格物致知”科学精神之时,注重“以文化人”,以实现科学与人文交融培养高素质人才的目的,在办学思路上以“大应用观”定位人才培养、“大工程观”定位学科专业建设、“大生活观”定位学生成才、“大文化观”定位大学文化;在学生培养上,在国内高校中率先提出固化落实立德树人根本任务的“五个一工程”。我校围绕地方支柱产业,构建“紧密型”科技融合体系;发挥人才智力优势,打造“服务型”科技创新团队;拓展校地合作空间,共建“开放型”科技创新平台;加强协同创新,建立协作机制;推进产教深度融合,探索“立体型”人才培养模式,产学研合作成绩较为显著。他提出了我校产学研合作实践遇到的问题和建议。

会议期间,周铁农理事长及代表们考察了校图书馆、学生公寓、土木工程学院建筑结构实验室、机电工程学院工程教育实训中心、大学科技园。

此次研讨会围绕“产教融合,校企合作,协同创新”这一主题,在相互学习、共同提高、携手发展的氛围中,开展了高层次、专业化、多维度的交流研讨,为政府、企业、高校搭建了良好的沟通与合作的平台,深化了认识,达成了共识,取得了丰硕成果。大家表示,要聚焦国家战略,整合各方资源,探索自主创新之路,为建设创新型国家做出贡献。

53. 我校与金湖县签署校企地合作协议

2015 年 12 月 24 日，副院长宋农村一行赴淮安市金湖县调研，校地双方签订了合作协议。中共金湖县委书记肖进方、副县长黄永清及淮安市科技局局长谢筱会等出席。徐州工程学院、北京理工大学及地方有关单位负责同志参会。中共金湖县委常委、组织部长刘玉春主持会议。

会上，宋农村高度评价金湖悠久的历史文化和良好的产学研合作氛围。他介绍了我校事业发展情况，重点介绍了我校作为应用型本科院校，始终把深入推进产学研合作作为学校科技工作的重点，主动服务地方经济社会发展取得的成效。他希望双方建构合作新架构，通力协作，把徐州工程学院联合技术转移中心金湖分中心打造成为高效合作平台，促进双方政产学研合作，促进科技成果转移转化，开创优势互补、互利共赢、共同发展的新局面。

肖进方在讲话中介绍了金湖县经济社会发展情况，指出了金湖县与我校建立全面战略合作关系、共建技术转移分中心的意义。他强调，校地双方在机械工程、食品工程等多学科契合点较多，双方签约标志着双方共享资源、共同努力，在校地共建、校企合作方面迈上了新台阶。他表示，金湖县委、县政府将全力为徐州工程学院科技成果转化提供支持、做好服务。

北京理工大学科技合作部部长王伟介绍了北京理工大学和我校联合共建省级技术转移中心的情况及取得的成效。校科技处处长唐翔、金湖县副县长黄永清代表双方签订“徐州工程学院-北京理工大学联合技术转移中心金湖分中心”协议;北京理工大学科技合作部、我校机电工程学院、食品工程学院负责同志与金湖县5家企业负责人签订了合作协议。

会上,宋农村、肖进方共为“徐州工程学院-北京理工大学联合技术转移中心金湖分中心”揭牌。

其间,宋农村一行调研了金湖县部分企业。

54. 徐州工程学院-阿里巴巴跨境电商人才培育基地签约仪式暨互联网+电商人才创新发展高峰论坛成功举行

2017年3月25日下午,徐州工程学院-阿里巴巴跨境电商人才培育基地签约仪式在我校逸夫图书馆举行。副校长李苏北,徐州市商务局电子商务处处长孙楠、阿里巴巴华东区项目经理刘海涛出席活动。

李苏北在讲话中对签约仪式的举行和论坛的举办表示衷心的祝贺。他说,徐州工程学院积极创新人才培养模式,主动应对新形势下电商人才供给侧改革新需要。在市政府的大力支持下,徐州工程学院将紧抓参与阿里巴巴“百城千校”的契机,精准对接地方企业需求,加强校企地多方互动,着重培养具备外贸实战能力和创新创业能力的新型电子商务从业人才,为我市打造淮海经济区跨境电商发展新高地,争创国家电子商务示范城做出积极贡献。

2017徐州工程学院——阿里巴巴跨境电商人才培育基地签约仪式暨互联网+电商人才创新发展高峰论坛

会上，李苏北与刘海涛分别代表徐州工程学院与阿里巴巴签约。李苏北与孙楠分别代表徐州工程学院与徐州市商务局为徐州市跨境电商培育基地揭牌。

签约仪式后，互联网＋电商人才创新发展高峰论坛举行。与会嘉宾就百城千校项目、跨境电商新外贸等议题展开交流与研讨。

55. 管理学院在2017年全国高校商业精英挑战赛物流管理竞赛中取得佳绩

2017年6月25日，全国高校商业精英挑战赛物流管理竞赛大陆地区选拔赛决赛在江苏经贸职业技术学院举行。

经过各赛区选拔，最终来自全国高校的78支队伍进入决赛。本次决赛分为本科组与高职组，其中本科组有68支队伍（包括浙江大学、中山大学、西南交通大学、上海财经大学等全国重点大学）、高职组有10支队伍。决赛包括10分钟案例解决方案陈述和5分钟回答评委提问两个环节，最终总成绩为案例得分与现场陈述得分加权平均值。总成绩前8名的队伍代表大陆地区高校参加10月份举行的海峡两岸物流管理专题竞赛。

在决赛中，我院学子表现优异，获全国一等奖3项，二等奖1项，三等奖1项。其中“乘风破浪”队还将代表大陆地区高校参加海峡两岸物流管理专题竞赛；我校同时荣获“优秀院校组织奖”。

为准备此次大赛，徐州工程学院在2月份组队，分别到睢宁旭旺超市仓储配送中心、徐州库派同程有限公司、睢宁沙集电商物流园、徐州远成有限公司、徐州大成物流园等地调研，调研中发现问题，找出解决问题的可行方案，最终形

成一份完整的调研报告;4 月份校内赛,选拔出 5 支参赛队伍参加全国赛,5 月初公布决赛名单,我校 5 支队伍全部进入全国总决赛;接下来的 1 个月时间,各支队伍修改调研报告,做演讲幻灯片,撰写答辩稿,进行小组方案陈述练习;最后 7 天进行封闭练习。大赛全过程均由物流教研室张兵老师进行指导。

在比赛中,我院参赛队伍在理论答辩,作品展示,现场问辩、交流中表现出众,展现了徐州工程学院学子的风采,展现出我校学子的科技实力和精神风貌,提高了我校在全国各大高校的知名度。

全国高校商业精英挑战赛物流管理竞赛大陆地区选拔赛是由中国国际贸易促进委员会商业行业分会、中国仓储与配送协会联合主办,中国国际商会商业行业商会教育培训部和中国仓储与配送协会培训部承办的在全国范围内具有影响力的检验高校物流专业人才培养水平的代表性赛事之一,每年举办一次,着重研究各种物流有关实际问题,提出解决方案,重视方案的合理性,是面向全国相关专业的大学生,考察其学习能力、洞察分析能力、团队合作能力、领导组织能力、想象力和创造力的一项赛事。参加此次比赛,促进了徐州工程学院教学与产业需求相结合,提高了学生的实践能力;通过比赛为参赛选手搭建

展示知识、发挥专业能力的平台,创造交流的机会,激发了学生学习专业知识的热情,全面提高职业能力,为以后的就业打下基础;指导老师通过指导竞赛,了解行业发展、创新思路,既丰富了教学实践,又进一步明晰了物流人才的专业培养方向和思路,对人才培养模式创新将起到积极的推动作用。

56. 王冬冬副校长考察我校校外实习基地并签订校企合作协议

2017 年 4 月 11 日—12 日，王冬冬副校长带领我校教务处、数学与物理科学学院负责人，先后到海润光伏、江阴鑫辉太阳能、太仓奥特斯维太阳能、上海育创科技等数学与物理科学学院校外实习基地进行考察。王冬冬代表学校先后与海润光伏、江阴鑫辉太阳能、奥特斯维太阳能等公司进行了校企合作的签约。

其间，王冬冬先后与上述公司高管、数学与物理科学学院已就业校友、实习生进行座谈，向用人单位介绍了徐州工程学院应用型人才培养特色，并实地考察了实习学生的实习情况、食宿情况，听取了实习基地领导对实习工作的组织、安排和实施情况汇报。她勉励学生要珍惜机会、虚心学习，认真参加企业生产和科研工作。她邀请校友经常回母校看看。王冬冬对数学与物理科学学院校外实习基地建设给予较高评价，并要求数学与物理科学学院今后要继续加强实习基地的建设，提升校企合作层次，让学校、用人单位和学生共同受益，不断提升办学水平。

57. 爱国者集团董事长冯军来我校做创业专题报告

2017 年 4 月 27 日下午，全国政协委员、民建中央委员、爱国者集团董事长、爱国者欧途欧(北京)网络科技有限公司董事长冯军应邀来我校做创新创业专题报告，为我校青年学生创业者提供新思路。刘洋副校长主持报告会。CCTV(中国中央电视台)文化中国执行主席张建民、爱国者集团副总裁吴超龙等嘉宾出席活动。徐州创新创业教育学院、环境工程学院、机电工程学院、土木工程学

院负责人与师生代表400余人聆听了报告会。

刘洋副校长为冯军董事长授予我校金牌创业导师聘书。

报告会上,冯军董事长以自己的创业经历为例,讲述了自己是如何从最初的骑自行车在中关村卖键盘到把爱国者做成让国人骄傲的民族品牌,以此来激励大学生们要有坚忍不拔的毅力和排除万难的干劲。他还针对构建互联网时代的诚信环境,分享了爱国者诚信联盟是如何利用"竞质排名"帮助中国的中小企业实现自身发展的。冯军董事长鼓励大学生要敢于创业,勇于创新,走向成功。

冯军董事长的讲座充满激情,震撼人心,对提高我校学子的创业意识,帮助他们了解行业政策、掌握就业行情、提升专业技能具有重要的借鉴意义。

58. 我校举办2017年度"高博应诺、达内科技、育创科技"企业奖学金颁奖仪式

2017年5月17日下午,我校隆重举行了2017年度"高博应诺、达内科技、育创科技"企业奖学金颁奖仪式。副校长刘洋,南京达内科技信息技术有限公司片区总经理吴小敏,苏州高博应诺信息科技有限公司市场经理李培,上海育创网络科技有限公司总裁助理孙晓妍,校学工处、发展规划处负责同志及信电工程学院师生代表参加活动。颁奖仪式由信电工程学院党委书记王朋主持。

刘洋代表学校向"高博应诺、达内科技、育创科技"企业奖学金的设立表示祝贺,向企业代表表示感谢。他说,我校始终把加强校企、校地合作作为学校发展的重要支撑。信电工程学院积极探索校企合作人才培养模式，在获得企业大力支持的基础上，赢得了学生的广泛认可。同时，他也对与会同学提出了3点希望，一要志存高远，做有理想、有抱负的时代青年；二要勤奋学习，做有知识、有才干的时代青年；三要懂得感恩，做有品德、有作为的时代青年。

刘洋代表学校向3家企业颁发了捐赠证书。会上宣读了表彰决定，与会领导、嘉宾为获奖学生颁奖。

企业代表先后发言向获奖同学表示祝贺，并表示将进一步深入加强校企合作，继续关注学校发展，关心学生成长。

获奖学生代表胡云康同学发言表示，感谢学校、企业给予的关心和帮助，获得奖学金是一个新的起点，将继续刻苦学习，勤于实践、心怀感恩，以优异成绩回报社会、回报母校。

59. 我校“互联网+”大学生创新创业大赛成功举办

2017年5月24日，徐州工程学院“百城惠杯”第三届“互联网+”大学生创新创业大赛在中心校区行政楼报告厅圆满落下帷幕。副校长刘洋出席大赛开幕式并致辞，徐州市商务局副局长季华讲话。大赛开幕式由徐州创新创业教育学院院长宋思运主持。

刘洋在致辞中指出，“大众创业、万众创新”的新形势也为创新创业工作提出了新要求，希望参加决赛的同学们能充分利用这次机会，互相学习，努力提升“互联网创新创业”能力，成为全校“互联网创新创业”优秀种子。

季华对大赛的成功举办表示祝贺,他希望同学们把这次大赛不仅作为一个学习的课堂,还作为一个交流的平台,互相交流,共同提高。徐州市商务局也会继续为大学生创新创业提供更优惠的政策和服务。

本次大赛自5月启动以来，共收到参赛作品142项，徐州创新创业教育学院组织专家评议，最终共有12个项目入围最后决赛。入围项目涵盖“互联网＋”信息技术服务、“互联网＋”商务服务、“互联网＋”公共服务、“互联网＋”公益创业、“互联网＋”制造业等领域。本届大赛更注重创业项目的实际实施和运行。经过近3个小时的激烈角逐，最终有2支团队力压群雄，荣获一等奖，另有4支团队荣获二等奖，6支团队荣获三等奖。本次大赛还评选出5个优秀组织奖、3个最具人气奖及10个优秀奖。各位评委分别向获奖的参赛团队颁发了奖金和证书。

60. 我校在第十五届“挑战杯”竞赛江苏省决赛中取得佳绩

2017年6月2日—4日，第十五届江苏省大学生课外学术科技作品竞赛暨“挑战杯”全国竞赛江苏省选拔赛决赛在南通大学举行。

来自我校土木工程学院、信电工程学院、管理学院、机电工程学院和人文学院的6支队伍参加了省赛竞技，其中3支队伍闯入决赛。经过网络材料评审、现场秘密答辩等环节的激烈竞争，我校作品脱颖而出，共获得一等奖1项、二等奖2项、三等奖3项，其中土木工程学院的作品《“遗而不忘，传有所承”——基于邳州非遗传承人保护视角下“非遗＋”体系构建的探究》晋级国赛。我校参赛成绩在省内同类高校中名列前茅。

我校高度重视“挑战杯”竞赛工作，在备赛过程中，王超书记、张新科校长多次询问、关心备赛情况，刘洋副校长主持召开动员会，对赛事工作提出具体要求并亲临决赛现场指导参赛工作;校团委认真筹划,做好组织保障工作;各参赛学院积极选拔,勤奋训练。第十五届“挑战杯”竞赛全国决赛将于今年11月在上海大学举行,我校参赛团队将继续刻苦攻关、精心备战。

“挑战杯”竞赛自启动以来,共收到12 000多个参赛作品,15万名学生参赛。据悉,本届“挑战杯”省赛由共青团江苏省委、江苏省科协、江苏省教育厅、江苏省学联、南通市政府共同主办,南通大学承办。通过校院两级比赛体系选拔,全省115所高校申报的573件参赛作品进入省赛竞技,最终90余所高校的292件作品闯入决赛,参赛人数和作品数量、质量再次创出历史新高。

61. 我校与徐州市南通商会签订战略合作暨奖学金协议

2017年6月21日下午,徐州市南通商会仲跻恒会长一行来我校考察,并与我校签订战略合作暨奖学金协议。校党委副书记沈超、副校长刘洋,徐州市泉山区委常委、人武部部长武传超出席会议,校教务处、学生处(武装部)、发展规划处(基金会)、相关学院负责人及商会企业家代表参加活动。刘洋副校长主持会议。

沈超代表学校和校教育发展基金会对徐州市南通商会一行表示欢迎,向商会对广大学子的关心帮助表示衷心感谢。他简要介绍了学校事业发展情况。他说,搭建学校与商会组织合作发展平台,推进学校与会员企业深层次合作,是实现校企资源共享、优势互补的有效途径。他表示,学校将积极发挥自身优势,通过协助商会开展技术和管理人才培训,鼓励我校创新创业人才、应届大学毕业生到商会会员企业就业等方式,支持和服务商会发展。

仲跻恒简要介绍了徐州市南通商会的基本情况。他说，徐州市南通商会目前拥有会员企业150余家，主要涉及第二、第三产业中的多个领域和行业。他希望商会与学校充分发挥自身优势，在人才培养、技术开发、学生就业、信息沟

通、资源共享等方面深化合作,实现校企互利共赢。

沈超与仲跻恒分别代表学校和商会签署合作协议。根据协议,徐州市南通商会将在我校设立"徐州市南通商会奖学金",专门资助徐州工程学院品学兼优的南通籍学生,每年25人。"徐州市南通商会奖学金"的设立,是徐州市各级各类商会组织在高校设立的首个奖学金,具有重要的开创意义和示范引领作用。

会后,仲跻恒会长一行还参观了我校逸夫图书馆、工程结构实验室及汉语言文学专业文化陈列馆。

62. "科创青春·智汇未来"——我校成功承办2017年全国大学生创业实训营

2017年7月28日,2017年全国大学生创业实训营在我校圆满落幕。本次实训营由共青团中央学校部、全国学联秘书处、徐州市人民政府主办,全国大学生创新创业联盟、共青团徐州市委、徐州工程学院、KAB全国推广办公室承办,中国青年报社、共青团江苏省委等单位支持举办。团中央学校部副部长宋来,徐州市委常委、宣传部长冯其谱,团省委副书记司勇,中青报副总编辑、KAB全国推广办公室总干事董时,校党委书记王超出席了结业典礼。

王超代表学校师生向结业营员表示祝贺。他指出,全国大学生创业实训营在我校举办,充分体现了团中央、市委市政府对我校的信任和充分肯定。来自全国各地的创新创业领军人物、知名企业家、创业明星、风投专家、大学生创业代表齐聚学校,共同促进青年创新创业,搭建交流合作新平台,谋划合作发展的新格局,意义重大。他表示,通过此次活动,大学生创新创业必将结出丰硕的果实,祝愿青年梦想成真、创业成功。

冯其谱介绍了徐州市委市政府重视大学生创新创业工作和为大学生创业就业搭建平台、提供机遇、强化保障的具体举措;并向全国大学生发出倡议,徐州将以最优厚的政策、最周到的服务、最宽松的环境,热情迎接来自全国的创业青年才俊,在徐州这方热土上干事创业,施展才华,共同收获成功,收获成长,携手共创美好未来。

宋来在讲话中充分肯定了本次活动。他指出了活动的具体特点:一是层次高、立意高;二是出实招、见实效;三是有品位、塑品牌。他结合徐州实际与大家交流了创业感悟:一是我们正处在创业的最好时代;二是徐州工业底蕴雄厚、交通优势突出、区位优势明显;三是创业面临诸多困难,同学们要继续弘扬"敢为人先、追求创新、百折不挠"的创业精神。

董时和司勇共同启动了2017年大学生创业英雄寻访活动,现场发布了《大学生创业实训指导》教材。

与会领导为优秀团队、优秀学员、最佳人气项目、最具创新项目等颁奖。

东北大学蔡建超同学与华东交通大学张亮亮同学分别进行了“非承重墙3D快速成型技术及设备”“智能轨道检测机器人”的项目路演。红曼资本合伙人、中国睢谷科技园合伙人徐永和北京航空航天大学车辆工程专业黄川博士就创业项目“智能全地形移动机器人行走平台”落地中国睢谷科技园签约，另有18个项目达成合作意向。

本次实训营，我校机电学院选送的“艺城”(artcity. shop)项目获得“最佳人气项目奖”“优秀团队奖”“最具创新项目奖”3项大奖，我校营员代表刘枫、桑梁玲等同学获得2017年全国大学生创业实训营优秀营员称号。

7月24日—28日，来自全国197所高校的300名大学生创业者参加了为期5天的实训营活动。本次实训营包括院士创业大讲堂，创业大咖论坛，全国大学生创业英雄十强分享会，商业模式画布与创业实战指导，“激扬青春，砥砺前行”——参观淮海战役纪念馆暨“重温入团誓词，传承淮海战役精神”主题活动，“科创小镇行”——走入徐州科创企业，“科创魅力之旅”——“一城一谷”政策推介及观摩交流，微创业大讲堂，“彭城论剑”——小组路演PK，“智汇徐州”——重点项目专场对接会、评估的专题交流，“等风来”——如何赢得风投主题演讲的专题培训，以及“科创青春，智汇未来”——2017年全国大学生创业实训营的开营仪式与结业典礼等。

2017全国大学生创业实训营

2017全国大学生创业实训营

2017全国大学生创业实训营

2017全国大学生创业实训营结业典礼
启动2017年大学生创业英雄寻访活动
启动2017年大学生创业英雄寻访活动

2017全国大学生创业实训营结业典礼
“科创青春 智汇未来”
2017全国大学生创业实训营
结业典礼
优秀营员
优秀营员

63. 我校获批“江苏省创业培训实训示范基地”

日前，江苏省人力资源与社会保障厅发布《关于公布2017年度省级创业培训示范基地的通知》(苏人社发〔2017〕330号)，我校被认定为“江苏省创业培训实训示范基地”。

近年来，我校全面贯彻落实中央“大众创业、万众创新”的决策部署，创新培训机制，强化工作措施，加强规范管理，落实各项扶持政策，为创业者搭建了集创业培训、创业实训、创业孵化等功能于一体的创业服务平台，探索出服务地方特色的创业培训工作思路及模式。经过学校自主申报，徐州市人社局审核推荐，江苏省人社厅组织专家评审、现场答辩以及社会公示等环节，我校成功获批“江苏省创业培训实训示范基地”，同时获得省市专项资金重点扶持建设。成功获批示范基地，是省人社厅对我校有效开展创业培训、服务地方发展工作的充分肯定，也是我校加强大学生创新创业基地内涵建设的重要突破。

据了解，此次省人社厅创业培训实训示范基地的评选，是贯彻落实《国务院办公厅关于建设大众创业万众创新示范基地的实施意见》(国办发〔2016〕35号)精神，在更大范围、更高层次、更深程度上推进大众创业、万众创新，突破一批阻碍创新创业的发展障碍，形成一批可复制可推广的创业培训管理模式和典型经验的具体成果。本次全省共有9家单位获批“江苏省创业培训实训示范基地”。

64. 我校与南京华球教育信息咨询有限公司举行战略合作和ACCA合作协议签订仪式

近日，我校与南京华球教育信息咨询有限公司战略合作和ACCA(特许公认会计师公会)合作协议签订仪式在管理学院会议室举行，此举旨在培养高素质、应用型、高层次的国际会计专业人才，强化职业教育和学历教育相结合的应用型本科人才培养模式，提升学校的影响力，提高学生就业竞争力。王冬冬副校长、南京华球教育信息咨询有限公司董事长倪渭清出席签约仪式。南京华球教育信息咨询有限公司总裁徐山昌、副总裁赵政、总经理蔡俊杰与我校教务处处长邵晓根、管理学院领导班子成员等参加签约仪式。

王冬冬副校长介绍了我校“四大观”的先进办学理念，奉行一切为了学生的办学思想，践行“大生活观”提升学生综合素养，充分利用校内外两种教育资源，使学生具备快速融入社会的职场能力和乐观生活态度，促进学生德才兼备与协调发展，希望我校特别是管理学院通过与南京华球教育信息咨询有限公司的战略合作及ACCA培养，为学生提供更多的职业技能和国际视野。

倪渭清董事长介绍了公司的经营理念与发展战略，表示将以拓展学生国际视野、培养高层次的国际会计专业人才为己任，为徐州工程学院的国际化教育发展战略贡献力量。

65. 我校与阿里巴巴及铜山区河桥镇、马坡镇等签署校企地三方城镇跨境电商帮扶助力“一带一路”备忘录

11 月 29 日下午，徐州市政府与阿里巴巴国际事业部于开元名都大酒店共同举办了淮海经济区阿里巴巴国际站跨境电子商务高峰论坛暨城镇跨境电商帮扶助力“一带一路”签约仪式。我校副校长李苏北、徐州市商务局副局长季华、阿里巴巴国际站华东区域经理刘海涛等领导出席活动。

李苏北副校长在致辞中回顾了我校与阿里巴巴的合作情况。他说，双方自签订跨境电子商务人才培育基地协议以来，合作成果显著。该基地专注打造互联网双创实训服务中心，双方在电商人才的培训、输送、服务三大环节上展开了务实合作。李苏北副校长指出，此次校企地三方签署备忘录，徐州工程学院继续教育学院将承担培养高层次复合型跨境电子商务人才的责任，通过跨境电商课程学习、模拟训练等，为当地输送专业化跨境电子商务人才，助力“一带一路”建设。

会上，我校继续教育学院院长唐翔、阿里巴巴国际站华东区域经理刘海涛及铜山区河桥镇、马坡镇等乡镇政府代表共同签署三方合约。

签约仪式后，主办方举行了淮海经济区阿里巴巴国际站跨境电子商务高峰论坛。与会嘉宾就跨境电子商务的运营与发展、多模式实操型跨境人才培育等议题展开了交流与研讨。

66. 我校获批“江苏省首批电子商务众创空间试点单位”

2018年3月,江苏省商务厅官网公示,我校获批“江苏省首批电子商务众创空间试点单位”。

近年来,我校全面贯彻落实中央“大众创业、万众创新”的决策部署,不断深化创新创业教育改革,立足区域经济发展和应用型人才培养要求,着力打造“互联网+创新创业”特色,切实加强电子商务众创空间建设,广泛开展电商创业培训,专门设立电商创业扶持基金,不断强化电商创业项目孵化,服务发展成效显著,辐射带动作用明显,为区域电商产业发展和电商创业人才输送做出了突出贡献。经过学校自主申报、徐州市审核推荐、江苏省商务厅评审以及社会公示等环节,我校被认定为“江苏省首批电子商务众创空间试点单位”。

据悉,本次省商务厅共认定全省55家电子商务众创空间作为首批试点培育对象,徐州市6家单位入选,我校是唯一一家以高校作为申报主体成功获批的单位。

67. 服务地方经济,我校被确定为徐州市校企共建新能源公共实训平台建设单位

2018年10月,我校建设的徐州市新能源工程综合实验室实训中心顺利通过答辩评审。我校成功入选徐州市校企共建公共实训平台建设院校,这是我校获批首批徐州市特需专业建设和徐州职业教育产教深度融合实训平台之后又一服务地方经济的载体。徐州市共有9家院校通过专家评审,分别领办5个校企共建公共实训平台，徐州市财政将给予各平台建设经费支持。

学校高度重视申报工作，王冬冬副校长多次组织会议进行布置。数学与物理科学学院组织新能源科学与工程、应用物理和电子科学与技术专业进行了领办申报和准备工作。学校张宁副校长作为领队参加现场答辩，我校实训实验室与设备管理处负责人参加活动。答辩会分为专业带头人汇报和现场答辩两个环节。数学与物理科学学院滕道祥院长进行了汇报陈述，进行了现场答辩。

徐州市校企共建公共实训平台建设旨在面向徐州市及淮海经济区“四新经济”发展，坚持政府引导、行业指导、校企共建、开放共享的原则，立足学校，引进或开发高新技能训练项目，提升高技能人才培养能力；辐射周边，为淮海经济区提供公共实训和竞赛服务；服务社会，强化技术服务和高新技能鉴定功能，提高促进区域经济发展和服务高端产业的能力，助推国家级产教融合试点城市创建，为徐州高质量发展和淮海经济区中心城市建设提供坚实的高技术技能人才保障。

我校将以此为契机，瞄准新能源产业发展趋势，立足区域新能源行业经济发展的需求，建设一流的品牌特色专业，全面提高人才培养质量和服务发展能力，发挥龙头辐射作用，带动相关院校办好这个专业，为我市及淮海经济区战略新兴产业发展培养更多更好的专业技术技能人才，为徐州市及淮海经济区新能源行业发展提供智力支持，实现专业建设与产业升级融合发展、协调发展。

68. 我校代表队荣获2018年全国高校商业精英挑战赛一等奖

近日,由教育部高等学校经济与贸易类专业教学指导委员会、中国国际贸易促进委员会商业行业分会主办的2018年全国高校商业精英挑战赛“智欣联创杯”国际贸易竞赛决赛在浙江举行。来自全国22个省、自治区和直辖市130所高等院校的近2 000名选手和指导教师参赛。此次竞赛内容包括参展计划书(中文)、展位海报设计与商品陈列、新产品发布会(英语及法语)、商贸配对贸易谈判(英语及法语)和展后总结报告(中文)5个部分。我校经济学院2015级国贸专业的汪鑫、徐梦琦、李聪、肖颖秀、李飞艳、倪亮6名同学入围总决赛,最终收获团体一等奖。周芳、娄锟、郑凌霄3位老师获得“优秀指导教师”奖。

69. 我校与北京四季沐歌太阳能技术集团有限公司共建产教融合实训平台

2018年6月7日,徐州工程学院与北京四季沐歌太阳能技术集团有限公司在四季沐歌连云港基地共同举行“共建产教融合实训平台签约仪式暨实训基地揭牌仪式”。李苏北副校长、四季沐歌集团常务副总裁张晟耀,四季沐歌集团有关负责人,以及环境工程学院负责同志和部分专业老师参加活动。

李苏北副校长对北京四季沐歌太阳能技术集团有限公司对学校事业发展和应用型人才培养给予的支持和帮助表示感谢。他高度评价四季沐歌公司事业发展所取得的成就及对教育事业发展的关注和支持。

李苏北副校长和张晟耀副总裁共同为“徐州工程学院校外大学生实习实训基地”揭牌;我校与北京四季沐歌太阳能技术集团有限公司共同签署了“共建产教融合实训平台”协议书;四季沐歌公司向我校赠送价值5万元的净水设备3套。

活动期间,校企双方领导参观了公司新厂区、生产车间和企业文化展示中心，观看了产品展示。

多年来，我校环境工程学院以北京四季沐歌太阳能技术集团有限公司连云港生产基地为实习、实训和就业基地，通过努力，基地建设成效显著，给排水科学与工程专业在太阳能热利用及净水技术方面的人才培养初具特色。

70. 我校代表队在 2018 年全国高校商业精英挑战赛经贸物流实践竞赛总决赛中获佳绩

2018 年 6 月全国高校商业精英挑战赛经贸物流实践竞赛总决赛在苏州举办。此次竞赛由教育部高等学校经济与贸易类专业教学指导委员会、中国国际贸易促进委员会商业行业分会和中国仓储与配送协会主办。来自全国 70 所高校的近 600 位参赛选手和辅导教师进入总决赛。由我校管理学院 2016 级学生组成的参赛队在决赛中表现优异，斩获一等奖 1 项、二等奖 4 项。我校荣获“优秀院校组织奖”。管理学院的张兵老师等荣获“优秀指导老师奖”。

管理学院高度重视本次竞赛，学院领导多次给予指导。学校在 3 月份组队后分赴多家企业现场调研，发现问题，找出方案，形成报告；4 月份进行校内选拔赛，5 月份我校 5 支队伍进入决赛；6 月份，修改报告，做幻灯片，撰写答辩稿，进行陈述练习。在比赛中，我院参赛队在理论答辩、作品展示、现场问辩交流中表现出众，展现了徐州工程学院学子的风采，提高了我校的知名度。

此次大赛，促进了教学与产业需求结合，提高了学生的实践能力，为参赛选手搭建了平台，创造了交流机会，激发了学生的学习热情，全面提高了职业能力;指导老师了解了行业发展、创新思路,明晰了专业培养方向和思路,对人才培养模式创新将起到积极的推动作用。

71. 我校与南京古檀网络科技有限公司共建创新实训室

2018 年 6 月 14 日下午,徐州工程学院与南京古檀网络科技有限公司在我校签署信息安全创新实训室共建协议。校党委书记王超、副校长刘洋、企业代表和我校相关部门负责同志及信电工程学院相关人员参加签约仪式。信电工程学院院长鲍蓉主持签约仪式。

王超书记代表学校向出席签约仪式的南京古檀网络科技有限公司领导表示欢迎，对企业出资共建实训室表示感谢。他希望双方在人才培养、平台建设、资源共享等方面进一步加强合作，优势互补，共同发展。

王超书记与企业代表共同签订信息安全创新实训室共建协议。依据协议，

南京古檀网络科技有限公司为我校学生提供软硬件设备及学习资源,培养信息安全方面的技术骨干,满足企业和社会对网络安全人才的需求。

其间,刘洋副校长与企业代表考察了信电工程学院学生创新训练基地和信息安全实训室。

参考文献

[1] 白洁.政府投资项目交易方式选择中的控制权问题研究[D].天津:天津理工大学,2013.

[2] 博克.走出象牙塔:现代大学的社会责任[M].徐小洲,陈军,译.杭州:浙江教育出版社,2001.

[3] 曹胜利,雷家骕.中国大学创新创业教育发展报告[M].沈阳:万卷出版公司,2009.

[4] 曹尉.社会资本对个人电子商务创业绩效影响因素研究[D].上海:复旦大学,2008.

[5] 曹显明.校园创业文化建设:高校创业教育机制构建的路径选择[J].学校党建与思想教育,2013(10):77-78.

[6] 陈春法.高职院校就业创业互动体系的构建实践[J].教育与职业,2011(5):34-35.

[7] 陈清龙.发展方兴未艾 改革任重道远:全国高校科技产业调研报告[J].中国高等教育,2001(3-4):31-33

[8] 陈青之.中国教育史[M].北京:东方出版社,2008.

[9] 陈秋华,张健华.旅游管理本科专业人才培养模式的探讨[J].福建农林大学学报(哲学社会科学版),2005,8(3):71-74.

[10] 陈学春,叶娅丽.论旅游管理专业的校企合作[J].成都纺织高等专科学校学报,2006,23(2):37-39.

[11] 陈晔,林铿,孙忠梅.地方高校应用型人才培养模式探索[J].中国高校科技,2012(4):45-47.

[12] 陈怡.高职院校创新创业人才培养模式研究[J].教育与职业,2015(3):34-35.

[13] 陈勇.我国高等职业教育创业人才培养模式研究[D].青岛:中国海洋

大学,2012.

[14] 程宝华.应用型本科院校大学生创新创业教育研究[D].济南:山东师范大学,2015.

[15] 程冰,赵霞.新常态背景下高校旅游管理专业学生创新创业能力培养存在的问题及对策探讨[J].河池学院学报,2015,35(4):111-114.

[16] 程丹,赵建,詹增荣.国外高校协同创新创业教育模式探讨及其对我国的启示[J].科技创业月刊,2014(12):42-44.

[17] 成中梅.学习型高校的人才培养模式研究[D].武汉:华中科技大学,2008.

[18] 戴秋花,张增年.构建创新创业实践平台 提升大学生创新创业能力:以浙江万里学院为例[J].教育教学论坛,2012(33):51-53.

[19] 蒂蒙斯.创业者[M]. 周伟民,译.北京:华夏出版社,2002.

[20] 丁金昌,童卫军,黄兆信.高职校企合作运行机制的创新[J].教育发展研究,2008,28(17):67-70.

[21] 董操.新编教育学[M].北京:教育科学出版社,1998.

[22] 董晓红.高校创业教育管理模式与质量评价研究[D].天津:天津大学,2009.

[23] 董晓红.高校创业教育的理论与实践[M].济南:山东人民出版社,2013.

[24] 董秀华.专业人才培养制度的历史分析[J].华东师范大学学报(教育科学版),2008,26(1):37-46.

[25] 杜才平.美国高等院校应用型人才培养及其启示[J].教育研究与实验,2012(6):17-21.

[26] 杜世禄.五位一体 校企合作 打造统筹地方经济社会发展的办学模式[J].教育发展研究,2004,24(Z1):113-115.

[27] 杜旭科.校企合作在高校创业教育中的作用机制研究[D].宁波:宁波大学,2018.

[28] 段远鹏.创业人才培养模式构建与运行研究[J].科技管理研究,2009,29(10):452-453.

[29] 范秀娟. 我国本科应用型人才培养的探索与研究[D]. 兰州: 兰州大学, 2010.

[30] 房国忠,刘宏妍.美国大学生创业教育模式及其启示[J].外国教育研究,2006,33(12):41-44.

[31] 冯东.地方本科院校应用型人才培养的若干问题[J].教育评论,2012(2):33-35.

[32] 冯建军.高等职业教育校企合作长效机制问题研究[J].湖北经济学院学报,2008,6(4):125-128.

[33] 高红星.发挥共青团组织优势服务大学生创业:以温州大学瓯江学院为例[J].浙江青年专修学院学报,2010(3):28-30.

[34] 高晓杰,曹胜利.创新创业教育:培养新时代事业的开拓者:中国高等教育学会创新创业教育研讨会综述[J].中国高教研究,2007(7):91-93.

[35] 葛萌萌.应用型本科大学生创新创业教育研究[D].西安:西安理工大学,2018.

[36] 龚怡祖.略论大学培养模式[J].高等教育研究,1998,19(1):86-87.

[37] 龚怡祖.论大学人才培养模式[M].南京:江苏教育出版社,1999.

[38] 苟建华.校企合作教育模式下实践教学组织与运行机制研究[J].现代商贸工业,2010,22(9):12-14.

[39] 顾征,李文.以工程实践教育为特征的产学合作经典模式:MIT 化工实践学院百年探索[J].高等工程教育研究,2010(6):29-38.

[40] 关晶,石伟平.现代学徒制之“现代性”辨析[J].教育研究,2014,35(10):97-102.

[41] 关仲和.关于应用型人才培养模式的思考[J].中国大学教学,2010(6):7-11.

[42] 郭丽.基于协同理论的高职旅游人才培养机制研究[J].四川旅游学院学报,2015(3):87-90.

[43] 郭小川.大学-企业合作技术创新行为的实证研究[D].上海:复旦大学,1997.

[44] 郭艳静.温州大学瓯江学院创业人才培养模式研究[D].保定:河北大学,2015.

[45] 何静.关于构建高职院校校企合作课程开发机制的思考[J].职业教育研究,2014(9):15-17.

[46] 贺金玉.地方新建本科院校协同创新与协同育人模式研究[M].济南:山东大学出版社,2013.

[47] 侯光明,李存金.现代管理激励与约束机制[M].北京:高等教育出版社,2002.

[48] 胡赤弟. 教育产权与大学制度构建的相关性研究[D]. 厦门：厦门大学，2004.

[49] 胡赤弟.高等教育中的利益相关者分析[J].教育研究，2005,26(3)：38-46.

[50] 胡赤弟，蔡简建.高新技术企业产学研合作的利益相关者实证分析[J].宁波大学学报(人文科学版)，2011,24(3)：70-75.

[51] 胡海青.产学合作培养人才政策与实践的国际经验与启示[J].高等工程教育研究，2014(1)：45-51.

[52] 胡昊.我国研究型大学创业教育模式研究[D].杭州：浙江大学，2011.

[53] 胡建，宋克慧，彭庆文.地方教学型本科院校人才培养模式的突出问题与改革思考[J].大学教育科学，2010,1(3)：34-38.

[54] 胡小平，张贵州，赵碧玫，等.地方性应用型普通本科院校人才培养方案制定的构建路径：以六盘水师范学院为例[J].六盘水师范学院学报，2017,29(6)：68-71.

[55] 黄兆信，宋兆辉.高校创业教育面临三大转向[J].教育发展研究，2011(9)：45-48.

[56] 季学军.美国高校创业教育历史演进与经验借鉴[J].黑龙江高教研究，2007,25(2)：40-42.

[57] 季跃东.基于产教融合的高职创业教育机制研究[J]. 现代教育管理，2015(1)：114-118

[58] 姜丽丽，崔玲，王格.旅游管理专业校企合作模式的趋势探讨[J].品牌(理论月刊)，2011(3)：90-91.

[59] 姜明.以学科链对接产业链优化研究生培养模式[J].中国成人教育，2009(13)：56-57.

[60] 姜士伟.人才培养模式的概念、内涵及构成[J].广东广播电视大学学报，2008,17(2)：66-70.

[61] 姜苑，王武年.高校与企业合作教育模式的研究[J].现代企业教育，2008(20)：25-26.

[62] 蒋炜宁，游玉增.宁大创新创业教育改革结硕果[N].宁波日报，2017-11-13(12).

[63] 鞠志宇，陈新华，贾晓红，等.应用型本科高校创新创业教育课程体系的构建[J].创新与创业教育，2015,6(1)：74-76.

[64] 克拉克.高等教育新论[M]. 王承绪，徐辉，郑继伟，等，译.杭州：浙江

教育出版社,2001.

[65] 孔德根.市场经济条件下高校创业教育的问题与对策[J].中国成人教育,2009(6):8-9.

[66] 孔繁敏,等.建设应用型大学之路[M].北京:北京大学出版社,2006.

[67] 孔繁敏,等. 应用型本科人才培养的实证研究:做强地方本科院校[M]. 北京: 北京师范大学出版社, 2010.

[68] 匡维."三螺旋"理论下的高等职业技术教育校企合作[J].高教探索,2010(1):115-119.

[69] 雷德斯多夫,迈耶尔,周春彦.三螺旋模式与知识经济[J].东北大学学报(社会科学版),2010,12(1):11-18.

[70] 雷家骕.国内外创新创业教育发展分析[J].中国青年科技,2007(2):26-29.

[71] 李波.美国大学创业教育研究:以百森商学院和斯坦福大学为案例[D].吉林:东北师范大学,2008.

[72] 李化树,黄媛媛.地方新建本科院校发展转型的战略选择[J].西华师范大学学报(哲学社会科学版),2011(2):73-80.

[73] 李剑平.报志愿,独立学院寻宝[N].中国青年报,2014-05-29(7).

[74] 李青合.美国社区学院发展的成功之道[J].现代教育科学(高教研究),2011(9):141-144.

[75] 李莎. 与职业标准相衔接的 MPAcc 人才培养模式研究[D]. 烟台:山东工商学院, 2017.

[76] 李时椿,常建坤,杨怡.大学生创业与高等院校创业教育[M].北京:国防工业出版社,2004.

[77] 李祥富.高职教育"校企合作、工学结合"保障机制研究[J].襄樊职业技术学院学报,2009,8(3):45-47.

[78] 李晓红.我国高职院校创新创业教育发展的现状、问题与对策[J].中国管理信息化,2012,15(5):87-88.

[79] 李艳艳.地方高校创业教育课程设置研究[D].济南:山东师范大学,2015.

[80] 李子建,宋萑.建构主义:理论的反思[J].全球教育展望,2007,36(4):44-51.

[81] 辽宁省标准研究院标准服务中心.我国标准化体制与级别[J].企业标准化,2005(8):57-58.

[82] 刘芳.美国MBA教育研究[D].保定:河北大学,2005.

[83] 刘芳.高校旅游管理专业中本科教育的现状及对策研究[J].经营管理者,2015(1):385.

[84] 刘伏英."洛桑模式"对我国高校酒店管理专业教学的启示[J].中国高教研究,2005(8):78-80.

[85] 刘国艳,曹如军.应用型本科教师发展:现实困境与求解之道[J].国家教育行政学院学报,2009(10):59-63.

[86] 刘红梅,张晓松.21世纪初高教人才培养模式基本原则探析[J].齐齐哈尔医学院学报,2002,23(5):589-590.

[87] 刘焕阳,韩延伦.地方本科高校应用型人才培养定位及其体系建设[J].教育研究,2012,33(12):67-70.

[88] 刘明浚.大学教育环境论要[M].北京:航空工业出版社,1993.

[89] 刘宁宁.旅游人才教育培养模式的国际比较[J].山东行政学院山东省经济管理干部学院学报,2003(3):45-46.

[90] 刘攀,姬莹.高职院校校企合作机制下的创新与创业课程开发[J].中国管理信息化,2015,18(13):254-255.

[91] 刘万伦.建构主义教学思想及其在我国的本土化问题[J].比较教育研究,2005,27(7):7-11.

[92] 刘献君.论高等学校制度建设[J].高等教育研究,2010,31(3):32-39.

[93] 刘献君,吴洪富.人才培养模式改革的内涵、制约与出路[J].中国高等教育,2009(12):10-13.

[94] 刘缨,胡赤弟.高校产学研合作教育模式探析[J].黑龙江高教研究,2004,22(8):14-16.

[95] 刘英娟."三螺旋"理论视角下地方高校创业人才培养模式研究[J].教育与职业,2013(33):39-41.

[96] 柳艾岭."三螺旋"视角下政府、高校、企业协同共建众创空间的探索实践[J].宁波工程学院学报,2017,29(4):96-99.

[97] 柳友荣.我国新建应用型本科院校发展研究[D].南京:南京大学,2011.

[98] 陆地.构建"四位一体"的大学生创业支持体系[J].学理论,2012(2):133-134.

[99] 罗蒂R,张金言.实用主义:过去与现在[J].国外社会科学,2000(4):18-24.

[100] 罗美娟,张德鹏,张春慧.旅游管理专业“校·企·社”三位一体人才培养模式设计[J].沿海企业与科技,2013(5):76-81.

[101] 罗索夫斯基.美国校园文化:学生·教授·管理[M].谢宗仙,周灵芝,马宝兰,译.济南:山东人民出版社,1996.

[102] 罗晓雯.地方本科院校应用型人才培养模式创新研究[D].南充:西华师范大学,2018.

[103] 罗易,陈明.基于校企合作模式的大学生创新创业实践思考与探索[J].科教导刊,2016(5X):178-179.

[104] 吕凤军,赵金祥.“订单式”人才培养模式的研究与实践[J].科技资讯,2008,6(4):160-161.

[105] 吕爽,杨小键,陈欣欣,等.校企合作下高校创新创业类人才培养新模式研究[J].管理观察,2016(9):89-91.

[106] 马从兵.独立学院创业教育平台构建的思考[J].中国市场,2011(18):164-166.

[107] 马国军.构建创新人才培养模式的研究[J].高等农业教育,2001(4):19-21.

[108] 马小辉.高校毕业生社会评价的架构与运行[J].中国高教研究,2010(12):64-66.

[109] 马勇,魏卫,邓念梅.旅游管理专业人才培养模式构建与实施效果评估[J].旅游学刊,2005,20(S1):62-66.

[110] 毛建国.职业学校创新教育与创业教育的关系[J].教育发展研究,2001,21(3):23-26.

[111] 梅高强.武昌理工学院“商学融合”式创业教育研究[D].武汉:华中师范大学,2018.

[112] 梅伟惠.美国高校创业教育模式研究[J].比较教育研究,2008,30(5):52-56.

[113] 梅伟惠.美国高校创业教育[M].杭州:浙江教育出版社,2010.

[114] 梅伟惠,徐小洲.中国高校创业教育的发展难题与策略[J].教育研究,2009(4):69-72.

[115] 梅友松,黄红英.地方高校转型发展研究[M].北京:光明日报出版社,2015.

[116] 梅友松,张志良,周艳华.地方高校可持续发展机制研究[M].北京:中国文史出版社,2013.

[117] 聂玉翠.浅议高职教育校企合作师资队伍建设[J].教育探索,2014(2):93-94.

[118] 牛长松.英国高校创业教育研究[M].上海:学林出版社,2009.

[119] 潘懋元.船政学堂的历史地位与中西文化交流:福建船政学堂创办140周年纪念[J].中国大学教学,2006(7):14-19.

[120] 潘懋元.产学研合作教育的几个理论问题[J].中国大学教学,2008(3):15-17.

[121] 潘懋元.应用型人才培养的理论与实践[M].厦门:厦门大学出版社,2011.

[122] 潘懋元,石慧霞.应用型人才培养的历史探源[J].江苏高教,2009(1):7-10.

[123] 潘懋元,吴玫.高等学校分类与定位问题[J].复旦教育论坛,2003,1(3):5-9.

[124] 潘锡杨.高校协同创新机制与风险研究[D].南京:东南大学,2015.

[125] 潘玉驹,廖传景.基于社会需求的应用型本科人才培养及评价[J].高教发展与评估,2014,30(5):88-94.

[126] 钱国英,徐立清,应雄.高等教育转型与应用型本科人才培养[M].杭州:浙江大学出版社,2007.

[127] 钱茜露.校企协同培养邮轮旅游人才模式的构建[J].水运管理,2017,39(6):33-37.

[128] 乔纳森.学习环境的理论基础[M].郑太年,任友群,译.上海:华东师范大学出版社,2002.

[129] 裘益明.校企深度融合的创业人才培养模式研究与实践:以宁波大红鹰学院为例[J].科教文汇(上旬刊),2016(5):5-6.

[130] 曲殿彬,许文霞.论高等学校创业教育体系的构建[J].东北师大学报(哲学社会科学版),2009(3):43-48.

[131] 饶娣清.论实用主义精神[J].湘潭大学学报(哲学社会科学版),1994(4):147-151.

[132] 任泽中.资源协同视域下大学生创业能力影响因素与发展机制研究[D].镇江:江苏大学,2016.

[133] 沈国斐.基于校企联盟的高校人才培养探索[J].高等工程教育研究,2016(3):104-107.

[134] 沈雅雯.基于"定向—双轨制"的高等院校酒店管理人才培养模式实

证研究[D].广州:华南理工大学,2011.

[135] 施冠群,刘林青,陈晓霞.创新创业教育与创业型大学的创业网络构建:以斯坦福大学为例[J].外国教育研究,2009,36(6):79-83.

[136] 施永川.我国高校创业教育十年发展历程研究[J].中国高教研究,2013(4):69-73.

[137] 史秋衡,王爱萍.应用型本科教育的基本特征[J].教育发展研究,2008,28(21):34-37.

[138] 斯特弗,盖尔.教育中的建构主义[M].高文,徐斌艳,程可拉,等,译.上海:华东师范大学出版社,2002.

[139] 宋伯宁,宋旭红.山东省高等学校分类研究[M].济南:山东大学出版社,2012.

[140] 苏俊玲.美国职业教育校企合作实践的研究[D].上海:华东师范大学,2008.

[141] 孙根年,张孝存.西方各国旅游教育的最新趋势与特征[J].陕西师范大学继续教育学报,2004(2):123-125.

[142] 孙伟,高建,张帏,等.产学研合作模式的制度创新:综合创新体[J].科研管理,2009,30(5):69-75.

[143] 孙纬业.创业型人才培养模式研究[J].教育发展研究,2010,30(1):57-60,74.

[144] 谭吉.独立学院应用型人才培养模式研究[D].武汉:华中师范大学,2012.

[145] 谭显波.校企合作模式下的职业院校师资队伍建设研究[J].职教论坛,2010(28):60-63.

[146] 汤荷花.地方本科院校应用型人才培养改革研究[D].苏州:苏州大学,2016.

[147] 汤建.安徽省应用型本科院校创新创业导师队伍建设:现状、影响因素及对策[D].合肥:安徽大学,2017.

[148] 唐平.大学生创业教育研究[M].北京:清华大学出版社,2014.

[149] 陶红林.依托校企合作 实施职业素质教育[J].中国高等教育,2008(23):43-44.

[150] 田秀萍.职业教育资源论[M].北京:光明日报出版社,2010.

[151] 童红斌.基于职业人视角的高职创新创业人才培养模式研究[J].成人教育,2012,32(8):97-98.

[152] 万钢. 学科链对接产业链 促进产学研合作新发展[J]. 上海教育,2005(7):38-40.

[153] 万光彩,张霆. 地方本科院校人才培养目标定位分析[J]. 大学(研究版),2016(Z1):46-53.

[154] 万文清. 基于 Timmons 模型的创业风险管理研究[D]. 南京:南京理工大学,2008.

[155] 王道俊,王汉澜. 教育学:新编本[M]. 北京:人民教育出版社,1999.

[156] 王峰. 地方高校大学生创业教育面临的困境及对策[J]. 合作经济与科技,2011(22):120-121.

[157] 王革,刘乔斐. 高等学校一种新的教育理念:《中国大学创新创业教育发展报告》述评[J]. 中国高教研究,2009(9):56-57.

[158] 王捷,杨永明,乐建盛. 高职院校产学合作教育模式研究[J]. 高等工程教育研究, 2008(4):135-138.

[159] 王静. 温州大学瓯江学院创业教育课程体系建设[J]. 科教文汇,2012(7):39-40.

[160] 王静宇. 大学需要什么样的创业教育[N]. 中国经济时报,2015-08-11(2).

[161] 王军胜. 建设创新型国家需要创业型大学[N]. 光明日报,2013-03-31(7).

[162] 王俊. 国内外高校创新创业教育的比较与借鉴[J]. 创新与创业教育,2016,7(4):99-103.

[163] 王木丹,周江林. 以产学研结合搭建旅游人才培养的平台[J]. 桂林旅游高等专科学校学报,2004(2):54-58.

[164] 王启龙,徐涵. 职业教育人才培养模式的内涵及构成要素[J]. 江苏技术师范学院学报(职教通讯),2008(6):21-24.

[165] 王青林. 关于创新应用型本科人才培养模式的若干思考[J]. 中国大学教学,2013(6):20-23.

[166] 王荣德. 新建本科院校应用型人才培养体系的构建与实践[J]. 高等工程教育研究,2011(6):102-106.

[167] 王爽英. "创新驱动发展"战略下高校创新创业教育人才培养优化策略[J]. 文教资料,2015(24):83-84.

[168] 王硕旺,蔡宗模. 应用型大学的缘起、谱系与现实问题[J]. 重庆高教研究,2016(2):22-29.

[169] 王通讯. 全面解读《国家中长期人才发展规划纲要(2010—2020)》[J]. 中国电力教育,2010(20):6-11.

[170] 王小兵.开展农村青年创业教育的思路与对策[J].继续教育研究，2011(11):21-22.

[171] 王亚卓，徐同文.美国高等教育国际化与应用型人才培养[J].高校教育管理，2012，6(6):54-57.

[172] 王玉萍.地方性本科院校应用型人才培养研究[D].武汉:华中农业大学，2009.

[173] 王占仁."广谱式"创新创业教育导论[M].北京:人民出版社，2012.

[174] 文汉.人才培养模式探析[J].高等农业教育，2001(4):16-18.

[175] 翁幼珍.校企合作视野下的高职课程建设与改革[J].教育与职业，2011(2):140-142.

[176] 吴全全.职业教育"双师型"教师内涵及能力结构解读[J].中国职业技术教育，2014(21):211-215.

[177] 吴树山，孔繁河，潘苏，等.我国产学研合作模式与机制及其创新[J].科技进步与对策，2000，17(7):94-96.

[178] 吴万敏，姚琳莉.论行业高职院校基于行业标准的高技能人才培养模式之必要性[J].高教探索，2010(6):108-110.

[179] 吴文婷.应用型本科院校校企深度合作的现状研究[D].南昌:江西科技师范大学，2016.

[180] 吴元欣，王存文.依托专业校企合作联盟 创新应用型人才培养模式[J].中国大学教学，2012(9):75-77.

[181] 吴中江，黄成亮.应用型人才内涵及应用型本科人才培养[J].高等工程教育研究，2014(2):66-70.

[182] 席升阳.我国大学创业教育的观念、理念与实践[M].北京:科学出版社，2008.

[183] 夏春雨.温州高校创业教育的现状、问题与出路[J].教育评论，2011(1):44-47.

[184] 夏小华.国外高校创新创业教育的经验与启示:以美国、德国为例[J].2014，14(6):4-6.

[185] 相雷.关于推进高校创新创业教育的思考[J].思想理论教育，2014(8):90-93.

[186] 肖凤翔，张弛."双师型"教师的内涵解读[J].中国职业技术教育，2012(15):69-74.

[187] 谢梅，苗青.美国高校创新人才培养模式及借鉴:以美国三所高校为

例[J].西南民族大学学报(人文社会科学版),2011,32(3):217-221.

[188] 谢维和.教育活动的社会学分析:一种教育社会学的研究[M].北京:教育科学出版社,2000.

[189] 谢源,匡德花,侯恩光,等."嵌入式"工作站校企合作模式的实践与探讨:以闽西职业技术学院为例[J].南方职业教育学刊,2012,2(3):15-19.

[190] 邢栋.美国社区学院发展历程分析[J].中国成人教育,2017(4):155-158.

[191] 徐红罡,张朝枝.中外旅游教育比较分析与启示[J].旅游学刊,2004,19(S1):26-30.

[192] 徐娟.大学生创业教育研究[D].武汉:武汉大学,2005.

[193] 徐礼伯,张雪平.高职院校校企联盟的机制构建[J].学海,2010(6):200-203.

[194] 徐同文,陈艳.英国大学应用型人才培养机制探析及启示[J].高等工程教育研究,2013(4):111-115.

[195] 徐小洲,梅伟惠,倪好.大学生创业困境与制度创新[J].中国高教研究,2015(1):45-48,53.

[196] 徐小洲,张敏.创业教育的观念变革与战略选择[J].教育研究,2012,33(5):64-68.

[197] 徐燕.基于协同理论的酒店管理专业校企教学联合体探索[J].高教论坛,2016(5):62-65.

[198] 徐章辉.中国高校创业教育体系发展研究[M].北京:中国青年出版社,2011.

[199] 许琛琛.基于QFD理论的OC学院创业人才培养质量控制研究[D].泉州:华侨大学,2017.

[200] 薛玉香,王占仁.地方高校应用型人才培养特色研究[J].高等工程教育研究,2016(1):149-153.

[201] 杨丽.新建地方本科院校应用型人才培养模式的案例研究:以X学院为例[D].南宁:广西大学,2014.

[202] 杨丽婷.基于校企联盟的高校旅游管理专业创新创业人才培养模式研究[D].沈阳:沈阳师范大学,2018.

[203] 杨涛,柳艳鸿.中美大学创业教育模式比较研究[J].中国成人教育,2008(17):23-24.

[204] 杨晓慧. 我国高校创业教育与创新型人才培养研究[J]. 中国高教研究,2010(1):39-44

[205] 叶树江,张洪田,李丹. 应用型人才培养模式视阈下课程体系的建构[J]. 黑龙江高教研究,2012,30(10):141-143.

[206] 易洪雷,薛元,张彩云,等. 基于校企合作联盟模式的校外实习基地建设[J]. 实验技术与管理,2011,28(4):139-142.

[207] 余敢才. 试谈大学生创业精神的培育[J]. 传承,2008(12):62-63.

[208] 余群英. 高职产学合作教育人才培养模式的变迁与解析[J]. 高教探索,2007(5):100-103.

[209] 余瑞玲. 对我国大学生创业教育的实证研究:以厦门大学创业教育实践为例[D]. 厦门:厦门大学,2006.

[210] 余祖光. 建立职业教育校企合作长效机制的进展、问题及其完善[J]. 职业技术教育,2008,29(33):45-46.

[211] 郁义鸿,李志能,希斯瑞克. 创业学[M]. 上海:复旦大学出版社,2000.

[212] 翟安英,石防震,成建平. 对高等教育创新型人才培养及模式的再思考[J]. 盐城工学院学报(社会科学版),2008,21(2):64-68.

[213] 张帆,张继河. 地方本科院校应用型人才培养的理论探讨[J]. 科教文汇(下旬刊),2011(6):34-36.

[214] 张弘,朱剑萍,葛敏敏. 高职校企深度合作的国际借鉴与本土提振[J]. 上海城市管理,2011,20(6):72-74.

[215] 张华. 课程与教学论[M]. 上海:上海教育出版社,2000.

[216] 张焕镇. 独立学院开展大学生创业教育的构建与实践:以温州大学瓯江学院为例[J]. 高教探索,2009(4):110-112.

[217] 张建新. 走向多元:英国高校分类与定位的发展历程[J]. 比较教育研究,2005,27(3):66-70.

[218] 张兰. 校企协同创新创业人才培养体系的研究[D]. 哈尔滨:哈尔滨理工大学,2014.

[219] 张乐. 高校创新创业教育研究:以宁波大学为例[J]. 北京教育(高教),2017(11):83-86.

[220] 张炼. 产学研合作教育:值得关注的人才培养模式[J]. 现代大学教育,2001(3):71-73.

[221] 张培茵,王玉. 旅游高等教育校企合作人才培养模式的构建[J]. 黑龙

江高教研究,2009,27(10):163-165.
[222] 张树伟.我们为什么需要补读杜威:访杜威研究专家、浙江大学教授单中惠[N].中国教育报,2007-03-01(5).
[223] 张彦.高校创新创业教育的观念辨析与战略思考[J].中国高等教育,2010(23):45-46.
[224] 张银蒲,申彦春,姚明林.基于建构主义的应用型人才培养模式的研究[J].继续教育,2011,25(5):18-20.
[225] 赵建军.地方高校特色化旅游管理人才培养模式新思维[J].旅游学刊,2005,20(S1):67-70.
[226] 赵青,周鹏.河南职院创新创业优化战略及创新机制研究[J].大众科技,2012,14(2):137-139.
[227] 赵淑梅.斯坦福大学的创业教育及其启示[J].现代教育科学,2004(11):17-20.
[228] 赵薇,马彩霞.企业家创业精神视角下高校创业人才培养模式研究[J].东岳论丛,2010,31(12):38-42.
[229] 赵志群,陈俊兰.我国职业教育学徒制:历史、现状与展望[J].中国职业技术教育,2013(18):9-13.
[230] 郑翘楚.高校的创业型人才培养模式[J].经营与管理,2008(1):79-80.
[231] 钟彬杉."校中厂"校企合作模式的探索与实践[J].黄冈职业技术学院学报,2009,11(2):26-28.
[232] 周惠.新建本科院校应用型人才培养模式的现状研究:以A学院为例[D].南昌:南昌大学,2010.
[233] 周学宝.创业文化的内涵及其在高校的培育[J].中国农业教育,2002(1):24-25.
[234] 周艳.论人力资本的内涵与分类[J].科技广场,2007(2):212-213.
[235] 周杨.试论完善高校创业教育师资队伍的三大机制[J].淮海工学院学报(人文社会科学版),2013(5):127-128.
[236] 周义龙.应用型本科旅游专业人才培养模式构建探讨和实践[J].继续教育研究,2015(1):97-99.
[237] 朱飞.高校旅游管理专业本科教育的现状及其对策[J].成都大学学报(教育科学版),2008(7):39-42.
[238] 朱士中.美国应用型人才培养模式对我国本科教育的启示[J].江苏

高教,2010(5):147-149.

[239] 祝宝江.温州人精神简明读本[M].杭州:浙江大学出版社,2009.

[240] 庄惠龙,杨淑林.本科应用型人才培养模式的探索与实践:以集美大学教育教学改革工程为例[J].集美大学学报(教育科学版),2013,14(4):58-60.

[241] ACHA V, MARSILI O, NELSON R. What do we know about innovation? [J]. Research Policy, 2004, 33(9):1253-1258.

[242] AGBIM K C, AYATSE F A, ORIAREWO G O. Entrepreneurial learning: a social and experiential method of entrepreneurship development among indigenous female entrepreneurs[J]. International Journal of Scientific and Research Publications,2013,6(3):50-53.

[243] ALVAREZ S A, BARNEY J B. Opportunities, organizations, and entrepreneurship[J]. Strategic Entrepreneurship Journal, 2008,2(4):265-267.

[244] AMIT R, BELCOURT M. Human resources management processes: a value-creating source of competitive advantage[J]. European Management Journal, 1999,17(2):174-181.

[245] BIRKINSHAW J, HAMEL G, MOL M J. Management innovation [J]. Academy Management Review, 2008(33):825-845.

[246] BONACCORSI A, PICCALUGA A. A theoretical framework for the evaluation of university-industry relationships[J]. R&D Management,1994(24):229-247.

[247] BULGACOV Y L M, DE CAMARGO D, DE MEZA M L F G, et al. Conditions for female and young Brazilian entrepreneurs: common aspects for guiding public policies for innovative ventures[J]. African Journal of Business Management,2014,8(3):89-100.

[248] BYRNE B. Structural equation modeling with LISREL, PRELIS, and SIMPLIS: basic concepts, applications, and programming[M]. Mahwah, NJ:Lawrence Erlbaum Associates, Inc,1998.

[249] CARTON R B, HOFER C W. Measuring organizational performance: metrics for entrepreneurship and strategic management research[M]. Cheltenham: Edward Elgar Publishing, 2006.

[250] CHANDLER G N , JANSEN E . The founder's self-assessed com-

petence and venture performance[J]. Journal of Business Venturing, 1992, 7(3):223-236.

[251] CHATTERJEE S, WERNERFELT B. The link between resources and type of diversification: theory and evidence [J]. Strategic Management, 1991(1):33-48.

[252] COOK S. Poetry, faith and chivalry: Alfred Mashall's response to modern socialism[J]. History of Economics Review, 2008,47(1): 20-38.

[253] CULLEN J B,JOHNSON J L,PARBOTEEAH K P. National rates of opportunity entrepreneurship activity: insights from institutional anomie theory[J]. Entrepreneurship Theory and Practice,2014,38 (4):775-806.

[254] DILLENBOURG P, HONG F. The mechanics of CSCL macro scripts[J]. International Journal of Computer-Supported Collaborative Learning,2008,3(1):5-23.

[255] ELTON L. Enterprise in higher education: work in progress looking back over the first three years [J]. Education and Training,1991 (2):4-9.

[256] ETZKOWITZ H, LEYDESDORFF L. Universities in the global knowledge economy: a triple helix of university-industry-government relations[M]. London: Cassell,1997.

[257] FINKLE T A , KURATKO D F , GOLDSBY M G . An examination of entrepreneurship centers in the United States: a national survey[J]. Journal of Small Business Management, 2010,44(2): 184-206.

[258] FISHER J, GOVINDARAJAN V. Profit center manager compensation: an examination of market, political and human capital factors[J]. Strategic Management Journal, 1992,13(3):205-217.

[259] FREEMAN C, SOETE L. The economics of industrial innovation [M]. 3rd Edition. London: MIT Press,1997.

[260] FREEMAN C,SOETE L. The economics of industrial innovation [J]. Cambridge,MA:MIT Press,1997.

[261] GHINA A. Effectiveness of entrepreneurship education in higher

education institutions[J]. Procedia-Social and Behavioral Sciences, 2014, 115:332-345.

[262] GOHRINGER A. University of cooperative education : Karlsruhe: the dual system of higher education in Germany[J]. Asia-Pacific Journal of Cooperative Education, 2002, 3(2):53-58.

[263] GRAEVENITZ G V, HARHOFF D, WEBER R. The effects of entrepreneurship education[J]. Journal of Economic Behavior & Organization,2010,76(1):90-112.

[264] GRANT R M . The resource-based theory of competitive advantage: implications for strategy formulation[J]. California Management Review, 1991,33(3):114-135.

[265] GRILO I, THURIK A R. Entrepreneurial engagement levels in the European Union [J]. International Journal of Entrepreneurship Education,2005,3(2):143-168.

[266] GULBRANDSEN M, J SMEBY J C. Industry funding and university professors' research performance[J]. Research Policy, 2005, 34(6): 932-950.

[267] HAIR J F , TATHAM R L , ANDERSON R E , et al. Multivariate data analysis[J]. Technometrics,1998,30(1):130-131.

[268] HU L, BENTLER P M. Evaluating model fit[M]// HOYLE,R H. Structural Equation Modeling concepts, issues and applications. Thousand Oaks,CA: Sage,1995.

[269] IBRAHIM A B , GOODWIN J R . Perceived causes of success in small business[J]. American Journal of Small Business, 1986, 11 (2):41-50.

[270] IBRAHIM A B , GOODWIN J R . Perceived causes of success in small business[J]. American Journal of Small Business, 1986, 11 (2):41-50.

[271] JACK S L , ANDERSON A R. The effects of embeddedness on the entrepreneurial process[J]. Journal of Business Venturing, 2002,17 (5):467-487.

[272] KADUSHIN C. Understanding social networks: theories, concepts,and findings[M]. Oxford: Oxford University Press,2012.

[273] KATRE A, SALIPANTE P. Start-up social ventures: blending fine-grained behaviors from two institutions for entrepreneurial success[J]. Entrepreneurship: Theory and Practice, 2012, 36(5): 967-994.

[274] KATZ J A. The chronology and intellectual trajectory of American entrepreneurship education[J]. Journal of Business Venturing, 2003, 18(2):283-300.

[275] KIRZNER I M. Competition and Entrepreneurship[M]. Chicago: University of Chicago Press,1973.

[276] KUNHEL S W. The impact of strategy and industry structure on new venture performance [D]. Athens :The University of Georgia, 2003.

[277] KYRIAKIDES L, CAMPBELL R J. School self-evaluation and school improvement: a critique of values and procedures[J]. Studies in Educational Evaluation, 2004, 30(1):23-36.

[278] LAURSEN K , SALTER A . Searching high and low: what types of firms use universities as a source of innovation? [J]. Research policy, 2004, 33(8): 1201-1215.

[279] LEPORI B , KYVIK S . The research mission of universities of applied sciences and the future configuration of higher education systems in Europe[J]. Higher Education Policy, 2010, 23(3): 295-316.

[280] LEWIN A Y , LONG C P , CARROLL T N . The coevolution of new organizational forms[J]. Organization Science, 1999, 10(5): 535-550.

[281] LEYDESDORFF L . The triple helix: university-industry-government relations: a laboratory for knowledge based economic development[J]. Glycoconjugate Journal, 1995, 14(1):14-19.

[282] MAN T W Y, THERESA L, CHAN K F. Home-grown and abroad-bred entrepreneurs in China: a study of the influences of external context on entrepreneurial competencies[J]. Journal of Enterprising Culture,2008,16(2): 113-132.

[283] MANFRA P. Entrepreneurship, firm size and the structure of the

Italian economy[J]. Journal of Entrepreneurial Finance, 2002,7(3):99-111.

[284] MANSFIELD E , LEE J Y. The modern university: contributor to industrial innovation and recipient of industrial R&D support[J]. Research Policy, 1996,25(7):1047-1058.

[285] MANT W Y,THERESA L. , CHAN K F. The competitiveness of small and medium enterprises: a conceptualization with focus on entrepreneurial competencies [J]. Journal of Business Venturing, 2002,17(2):123-142.

[286] MARCH J G. Exploration and exploitation in organizational learning[J]. Organization Sciences, 1991,2(1):71-87.

[287] MAYER C. Transfer of concepts and practices of vocational education and training from the center to the peripheries: the case of Germany[J]. Journal of Education & Work, 2001, 14(2):189-208.

[288] MCDONALD R P, HO M R. Principles and practice in reporting structural equation analysis [J]. Psychological Methods, 2002(7): 64-82.

[289] MELENOVSKY M J. Business process management's success hinges on business-led initiatives[J]. Gartner Research, 2005(6): 120-125.

[290] MILLER R H. Regulation of oligodendrocyte development in the vertebrate CNS[J]. Progress in Neurobiology, 2002 ,67(6):51-67.

[291] MILLS E J , KANTERS S , HAGOPIAN A , et al. The financial cost of doctors emigrating from sub-Saharan Africa: human capital analysis[J]. British Medical Journal, 2011(47):31-33.

[292] MINCER J . Investment in human capital and personal income distribution[J]. Journal of Political Economy, 1958, 66(4):281-302.

[293] MITCHELMORE S, ROWLEY J. Entrepreneurial competencies of women entrepreneurs pursuing business growth[J]. Journal of Small Business and Enterprise Development, 2013,20(1): 125-142.

[294] MORELAND R L , LEVINE J M . Progress in small group research[J]. Psychology, 1990, 41(1):585-634.

[295] MOWERY D C. The changing structure of US national innovation

system: implications for international conflict in R & D policy[J]. Research Policy 1998(27) :639-645.

[296] MURPHY G B , TRAILER J W , HILL R C . Measuring performance in entrepreneurship research[J]. Journal of Business Research, 1996, 36(1):15-23.

[297] MUZYCHENKO O. Cross-cultural entrepreneurial competence in identifying International business opportunities[J]. European Management Journal,2008,26(6):366-377.

[298] NABI G , HANDSCOMBE R D , RODRIGUEZ-FALCON E, et al. Embedding enterprise in science and engineering departments [J]. Education + Training, 2008,50(7):615-625.

[299] NICOLAOU N, SHANE S, CHERKAS L, et al. Is the tendency to engage in entrepreneurship genetic[J]. Management Science, 2008, 54(1):167-179.

[300] OKUDAN G E, RZASA S E. A project-based approach to entrepreneurial leadership education[J]. Technovation, 2006, 26(2): 195-210.

[301] ORIAREWO G O, AGBIM K C, OWOICHO M. Entrepreneurial success, knowledge workers plateauing and turnover: the impact of relatedness[J]. Journal of research in national development, 2013 (3), 154-164.

[302] PHILLIPS R A . Encouraging a more enterprising researcher: the implementation of an integrated training programme of enterprise for Ph D and postdoctoral researchers[J]. Research in Post-Compulsory Education, 2010, 15(3):289-299.

[303] PITELIS C N. A behavioral resource-based view of the firm: the synergy of Cyert and March (1963) and Penrose (1959)[J]. Organization Science, 2007 (3): 478-490.

[304] PLUMLY L W, MARSHALL L L, EASTMAN J, et al. Developing entrepreneurial competencies: a student business. [J]. Journal of Entrepreneurship Education, 2008(11):17-28.

[305] PRINCE C , STEWART J . Corporate universities: an analytical framework[J]. Journal of Management Development, 2002, 21

(10):794-811.

[306] RAUCH A, FRESE M. Let's put the person back into entrepreneurship research: a meta-analysis on the relationship between business owners' personality traits, business creation, and success. [J]. European Journal of Work & Organizational Psychology, 2007,16 (4):353-385.

[307] RINNE M B, MIILUNPALO S I, HEINONEN A O. Evaluation of required motor abilities in commonly practiced exercise modes and potential training effects among adults[J]. Journal of Physical Activity & Health, 2007,4(2):203-214.

[308] RIP A, MEULEN B J R V D . The post-modern research system [J]. Science and Public Policy, 1996, 23(6):343-352.

[309] SCHULTE P. The entrepreneurial university: a strategy for institutional development[J]. Higher Education in Europe, 2004, 29 (2):187-191.

[310] SCHWARTZ M. Incubating an illusion? long-term incubator firm performance after graduation[J]. Growth and change, 2011, 42 (4): 491-516.

[311] STEIGER J H. Structural model evaluation and modification: an interval estimation approach[J]. Multivariate Behavioral Research, 1990, 25(2):173-180.

[312] STEVENSON H H. A perspective on entrepreneurship[M]. Boston(MA): Division of Research, Harvard Business School,1983.

[313] SUDHARSON K , ALI A M , SERMAKANI A M . An organizational perspective of knowledge communication in developing entrepreneurship education for engineering students[J]. Procedia - Social and Behavioral Sciences, 2013(7):590-597.

[314] THOMAS A S,MUELLER S L. A case for comparative entrepreneurship: assessing the relevance culture[J]. Journal of International Business Studies,2000,31(2):287-301.

[315] THOMAS W Y M,THERESA L,CHAN K F. The competitiveness of small and medium enterprises: a conceptualization with focus on entrepreneurial competencies [J]. Journal of Business Ven-

turing,2002,17(2):123-142.

[316] VOSS R , GRUBER T , SZMIGIN I . Service quality in higher education: the role of student expectations[J]. Journal of Business Research, 2007, 60(9):949-959.

[317] WIBERG K , ANDERSSON M , HAGMAN A , et al. Peak purity determination with principal component analysis of high-performance liquid chromatography-diode array detection data. [J]. Journal of Chromatography A, 2004(1-2):13-20.